Estado, democracia e
administração pública
no Brasil

Marcelo Douglas de Figueiredo Torres

Estado, democracia e administração pública no Brasil

FGV
EDITORA

ISBN — 978-85-225-0480-6

Copyright © 2004 Marcelo Douglas de Figueiredo Torres

Direitos desta edição reservados à
EDITORA FGV
Rua Jornalista Orlando Dantas, 37
22231-010 — Rio de Janeiro, RJ — Brasil
Tels.: 0800-021-7777 — 21-3799-4427
Fax: 21-3799-4430
e-mail: editora@fgv.br — pedidoseditora@fgv.br
web site: www.editora.fgv.br

Impresso no Brasil / *Printed in Brazil*

Todos os direitos reservados. A reprodução não autorizada desta publicação, no todo ou em parte, constitui violação do copyright (Lei nº 9.610/98).

Os conceitos emitidos neste livro são de inteira responsabilidade do autor.

1ª edição — 2004
1ª reimpressão — 2007, 2ª reimpressão — 2008, 3ª reimpressão — 2010, 4ª reimpressão — 2013; 5ª reimpressão — 2017.

EDITORAÇÃO ELETRÔNICA: FA Editoração Eletrônica

REVISÃO: Aleidis de Beltran e Fatima Caroni

CAPA: Adriana Moreno

Ficha catalográfica elaborada pela Biblioteca
Mario Henrique Simonsen/FGV

Torres, Marcelo Douglas de Figueiredo
Estado, democracia e administração pública no Brasil / Marcelo Douglas de Figueiredo Torres. Rio de Janeiro : Editora FGV, 2004.
224p.

Inclui bibliografia.

1. Administração pública — Brasil. 2. Fiscalização da administração pública — Brasil. 3. Políticas públicas — Brasil. I. Fundação Getulio Vargas. II. Título.

CDD — 353

No início, quando tudo era promessa, habitamos o mesmo ninho. No entanto, as agruras da existência, os amores, os filhos e as emergências do cotidiano nos levaram a caminhos tão diferentes. Histórias de tropeços e sucessos, cada qual com suas virtudes e fraquezas, encontros e distanciamentos que, não raro, nos fazem parecer estranhos. Mas, paradoxalmente, a estranheza sempre soará falsa. Para sobreviver, guardo e cultivo os momentos de felicidade que partilhamos. Casos antigos, cumplicidade e companheirismo que não precisam de motivo ou explicação, histórias de família, coisas de quem se gosta. Nossas melhores lembranças me fazem mais forte e sem cada um de vocês me sentiria mais triste. Para celebrar esses preciosos laços eternos, dedico este livro aos meus irmãos Júlio, Cristina, Carlos, Fausta, Alessandro e Ana Maria.

*"Advirto ao leitor que este capítulo deve ser lido
pausadamente e que não conheço a arte de ser claro
para quem não quer ser atento."*
Jean-Jacques Rousseau, *Do contrato social*, Livro Terceiro, cap. I

Na política, defender os próprios interesses é preciso, esperado e usual. No entanto, enxergar além de seus pequenos horizontes e entender a sociedade em toda sua complexidade e desigualdade requer inteligência e sensibilidade. Neste contexto, também lutar pelos direitos dos fracos e desorganizados é dever dos que têm sabedoria e senso de justiça.

Sumário

Apresentação 11

1. **Democracia e administração pública** 15
   Democracia e burocracia 15
   Democracia x burocracia 33

2. **Transparência, informação e controle social** 41

3. **Impasses atuais das políticas públicas brasileiras** 67
   Dificuldades da ação coletiva 69
   Sociedade civil desorganizada 80
   Dificuldades da burocracia pública municipal 86

4. **Retratos de uma tragédia** 91
   Adendo 109

5. **Engenharia institucional e administração pública** 113
   Presidencialismo de coalizão 114
   Pacto federativo 125
   Execução orçamentária 135

6. **Evolução da administração pública brasileira**   139

   Administração patrimonialista   143
   1936: modernização varguista   146
   1967: DL nº 200 e reforma militar   151
   CF/88: um novo desenho institucional   161
   1990: o governo Collor   168
   1995-2002: a era Fernando Henrique Cardoso   171

Referências bibliográficas   219

Apresentação

Os seis capítulos que compõem este livro abordam, de forma inovadora, clara e didática, os mais cruciais problemas e desafios enfrentados atualmente pela administração pública brasileira. Os capítulos analisam uma série de processos, instituições e transformações, todos interligados, possibilitando uma visão ao mesmo tempo integrada, multifacetada, abrangente e original da burocracia estatal no Brasil. São abordados os mais importantes temas colocados na agenda da administração pública atual: instituições políticas, descentralização, democracia, controle social, *accountability*, reforma gerencial, transparência, tecnologia da informação, sociedade civil, reforma da previdência, governabilidade, entre outros.

A bibliografia especializada ganha uma obra que possibilita explicitar um longo e lento processo de transformação que tem marcado a trajetória tortuosa e árida da administração pública brasileira. O livro analisa também a evolução da administração pública desde a montagem de um Estado patrimonialista, fruto da histórica origem ibérica, até os esforços recentes de implantação de um modelo gerencial.

Outra contribuição importante é a intensa e proveitosa utilização do rico instrumental da ciência política, permitindo uma análise profunda da interação entre a administração pública e o arranjo institucional. Por esse ângulo, são analisadas, entre outras, as consequências da operação do regime democrático para a administração pública, a relação conflituosa entre os grupos sociais e seus desdobramentos sobre a burocracia, o acesso desigual ao Estado etc.

Assim, pelo enfoque inovador, abrangente e didático, este livro representa uma leitura inestimável para todos aqueles que vivem o cotidiano das repartições públicas, para os dirigentes políticos e, principalmente, para os estudiosos e analistas que se interessam pelas questões mais relevantes da administração pública.

O primeiro capítulo – "Democracia e administração pública" – trata de uma relação que, apesar de crucial, é muito pouco examinada pelos analistas. A tensa, dinâmica e contraditória interação entre o regime político e a administração pública revela muito das características, dimensões, desenvolvimento e da própria cultura corporativa desta última. Para melhor entender as intensas transformações que têm marcado a trajetória da administração pública desde o início do século passado, é de fundamental importância compreender a sua relação com a operação do regime democrático. Enfatizamos que, de certa forma, é ambígua e complexa a relação do regime democrático com a burocracia pública. Por um lado, a democracia requer e incentiva a participação individual, além de desenvolver as condições históricas que exigem o crescimento da administração pública. Por outro, o modelo burocrático tende a inibir, ou mesmo impedir, a participação do cidadão anteriormente mobilizado nas decisões mais fundamentais do Estado. É essa dinâmica, contraditória e pouco compreendida relação que procuramos analisar nesse primeiro capítulo.

No capítulo seguinte – "Transparência, informação e controle social" –, ressaltamos como, nas últimas décadas, têm aumentado a transparência e o controle social sobre a administração pública brasileira. Além das inovações legais, destacamos que a tecnologia da informação tem contribuído sobremaneira para esse processo, tornando-se instrumento crucial no esforço de elevar a transparência do setor público. Pelo considerável desenvolvimento da sociedade civil nas últimas décadas, especialmente no que se refere à sua capacidade de mobilização e organização de atores coletivos, o controle social tem sido uma boa novidade quanto à fiscalização dos gestores públicos.

No entanto, esses avanços não devem ser entendidos sem uma adequada qualificação, haja vista que os mecanismos de controle social encontram certos limites bem demarcados. Nesse sentido, acreditamos que a bibliografia especializada tem superestimado as potencialidades do controle social, deixando um amplo espaço à proliferação de práticas deletérias para a administração pública. Entre os principais obstáculos que os analistas usualmente negligenciam, destacamos as dificuldades que o cidadão mediano encontra para processar as informações de interesse público que lhe chegam. Apontamos também que, em geral, essas informações contêm um componente altamente técnico que muitas vezes dificulta, ou mesmo inviabiliza, o seu adequado entendimento pelos diversos atores sociais.

No terceiro capítulo – "Impasses atuais das políticas públicas brasileiras" –, abordamos alguns desafios que se apresentam à administração pública em consequência da adoção do modelo descentralizado desenhado pela Constituição Federal de 1988. O satisfatório e eficiente desempenho do modelo requer um nível de controle social que, em nosso entendimento, a sociedade ainda não atingiu, trazendo consequências perversas para a burocracia pública. Utilizando o instrumental da ciência política, analisamos dois fatores fundamentais para o entendimento das dificuldades encontradas pelo controle social: o histórico e baixo nível de organização da sociedade civil e os embaraços inerentes à ação coletiva. Por outro lado, constatamos que o modelo descentralizado exige em demasia do nível municipal, cuja burocracia pública é a mais despreparada e precariamente estruturada, em comparação com os níveis estadual e federal.

No quarto capítulo – "Retratos de uma tragédia" –, discutimos um problema crucial do Estado brasileiro, o duplo sistema de previdência social, que garante aposentadorias integrais para os servidores públicos. Apontamos os equívocos mais comuns na abordagem do problema, usualmente tratado como se fosse uma questão de contabilidade pública ou responsabilidade fiscal. Alertamos que o problema é essencialmente de natureza distributiva, ou seja, justiça social. Buscamos também fazer uma distinção entre os interesses políticos diferenciados de servidores ativos e inativos, além de destacar que os servidores com menores salários devem ser tratados de maneira diferenciada, para que não façam a defesa ingênua das aposentadorias injustas e elevadíssimas de alguns poucos privilegiados que legalmente espoliam o Estado.

No quinto capítulo – "Engenharia institucional e administração pública" –, discutimos como o atual aparato institucional contribui para moldar e estruturar a administração pública. Demonstramos como as principais características do arranjo federalista, do presidencialismo de coalizão e das normas que ditam a execução orçamentária influenciam negativamente a operação cotidiana da administração pública, em todos os três níveis de governo.

Encerrando o livro, o sexto capítulo – "Evolução da administração pública brasileira" – discorre sobre a trajetória da burocracia estatal desde a montagem do Estado patrimonialista de origem ibérica até as recentes tentativas de implantação da nova gestão pública, no governo Fernando Henrique Cardoso. Destacamos a incrível resistência da cultura patrimonialista, que se tem mostrado refratária à implantação do modelo burocrático weberiano e agora também consiste em importante empecilho para a implantação do modelo gerencial.

Finalizando o capítulo, procuramos fazer uma avaliação detalhada da reforma administrativa empreendida pelo governo Fernando Henrique Cardoso a partir de 1995. Nesse esforço analítico, apontamos alguns avanços significativos, especialmente na área de gestão de pessoal, nas mudanças constitucionais e infraconstitucionais e na utilização da tecnologia da informação para a melhoria dos níveis de transparência e de gestão na administração pública. Por outro lado, também apontamos os imensos desafios que ainda precisam ser energicamente atacados, as tarefas e transformações que ainda permanecem perigosamente inconclusas e os problemas que sequer foram enfrentados de maneira superficial.

1. Democracia e administração pública

Democracia e burocracia

A relação entre democracia, crescimento burocrático e administração pública envolve uma quantidade enorme de problemas teóricos e práticos, nem sempre satisfatoriamente tratados pela bibliografia especializada. Neste texto, abordaremos questões importantes para o funcionamento e evolução do modelo burocrático num contexto de consolidação do regime democrático, sobretudo em uma sociedade civil historicamente pouco organizada como a brasileira.

Pelo caráter didático da obra, que requer objetividade e clareza conceitual, entendemos que, inicialmente, seria apropriado fazer alguns comentários sobre o conceito de burocracia, que com frequência enseja muitos equívocos. Em primeiro lugar, é necessário destacar que, na acepção weberiana do termo, não há nenhuma conotação pejorativa, comum no entendimento mais corriqueiro do conceito. Pelo contrário, como veremos adiante, Weber faz uma defesa enfática do modelo burocrático, especialmente se comparado com as práticas patrimonialistas até então predominantes.

De modo geral, podemos constatar três acepções usualmente relacionadas com o conceito de burocracia: disfuncionalidade administrativa, caráter antidemocrático e uma técnica de administração pública.[1] Façamos um pequeno levantamento sobre essas três noções mais difundidas do conceito.

É cristalino que a percepção pejorativa é a mais difundida, uma vez que o conceito de burocracia é quase automaticamente associado à hipertrofia de estruturas administrativas, ou à superposição de uma série de etapas desnecessárias ao longo da execução de um processo ou procedimento administrativo. Por esse prisma, burocracia é entendida como sinônimo de uma estrutura essencialmente descartável, ineficiente e onerosa, pois absorve recursos financeiros e humanos que seriam mais bem empregados em áreas produtivas e finalísticas, tanto nas empresas quanto na administração pública.

Especialmente na ciência política, o conceito de burocracia também está ligado à noção de oligarquização e caráter antidemocrático. Um dos estudos mais contundentes sobre a oligarquização das organizações políticas foi feito por Robert Michels, no princípio do século XX.[2] Em seu trabalho, o autor analisa um longo processo de oligarquização e profissionalização dos quadros dirigentes dos partidos políticos socialistas. Quase inevitavelmente, esse processo leva ao afastamento e ao distanciamento da cúpula em relação às bases dessas organizações, subsidiando a clássica formulação micheliana da lei de bronze das oligarquias. Pela lenta, longa e constante operação dessa maneira de se estruturarem as organizações sociais, especialmente os partidos políticos e os sindicatos, uma elite de dirigentes profissionais vai-se apoderando das instituições e passa a controlar a estrutura, a dinâmica, o funcionamento e a diretriz política dessas organizações. Assim, a formação de uma oligarquia dirigente descolada da base das instituições, com a ampla e diversa intensidade e as gradações que este processo contempla, passa a ser percebida como uma consequência inevitável da evolução das organizações burocráticas. Por esse enfoque teórico, que tem como referência o desenvolvimento dos partidos socialistas da Europa ocidental do século passado, estabeleceu-se e difundiu-se a noção de que a organização burocrática consagra inevitavelmente um viés oligárquico e antidemocrático de engenharia institucional. Essa percepção pode ser resumida em uma conhecida

---

[1] Para uma visão mais detalhada dessas acepções, consultar Bobbio et al., 1986.

[2] Michels, 1982.

citação do final do clássico livro de Michels: "Quem diz organização diz oligarquização".

Agora resta analisar a noção propriamente weberiana do termo, ou seja, uma técnica de administração pública.[3] Os trabalhos de Weber marcam o começo da teorização mais elaborada e contextualizada do fenômeno burocrático, tendo como modelo inicial as características organizacionais introduzidas pelo exército prussiano em meados do século XIX. A análise weberiana, que se tornou referência teórica ao longo do século passado, é bastante pragmática, percebendo os avanços organizacionais do modelo burocrático como uma resposta moderna aos complexos e crescentes problemas administrativos, causados pelo crescimento vertiginoso das instituições públicas e privadas.

Em parte, a profundidade e a originalidade dos trabalhos de Weber consistem na explicitação da rica relação estabelecida entre os fundamentos que legitimam o exercício do poder e o aparelho administrativo, especialmente entre a dominação racional-legal e o modelo burocrático. Assim, há uma convergência entre as características universalistas e abstratas do modelo burocrático e a dominação racional-legal, baseada em comportamentos sociais formais e processualísticos. Como consequência dessas influências cruzadas, a relação entre política e burocracia é muito estreita, não raro tensa, significando sempre a busca de um equilíbrio necessariamente instável, na medida em que essas bases de legitimidade aumentam ou diminuem em determinados contextos históricos.

Em primeiro lugar, é necessário fazer-se uma reparação no que se refere à tão criticada defesa que Weber empreende do modelo burocrático. Quando arrola as vantagens da organização burocrática, o autor está fazendo uma comparação com os modelos patrimonial e carismático. Em seu estudo clássico acerca dos tipos de dominação política, Weber aponta três formas que são entendidas como legítimas: tradicional, carismática e racional-legal. Deixando de lado os tipos de dominação que se sustentam apenas pela utilização da força física, como no caso dos regimes autoritários, que são considerados ilegítimos, Weber aponta os mecanismos pelos quais os governantes se legitimam diante dos governados.

---

[3] Ver Weber, 1968.

Na estrutura de uma sociedade tradicional, o poder se legitima pela força do passado, pelos costumes arraigados na cultura política e pelo caráter sagrado das tradições. Nessa estrutura social, o poder se legitima pela própria reprodução infinita e automática de instituições tradicionais que definem claramente o papel de cada cidadão na sociedade. Por esse ângulo, o governante baixa leis e dirige o Estado, conseguindo a aprovação da população, que acata e reconhece este poder simplesmente pelo fato de que assim tem sido há séculos.

Pela dominação carismática, o poder se justifica pela virtude excepcional do chefe. Esse poder mítico, quase mágico, geralmente está fora do cotidiano, acima das regras normais e corriqueiras da sociedade, sendo justificado pelo caráter sagrado ou pela força heroica de um líder ou de uma ordem por ele criada ou revelada.[4]

Por fim, Weber descreve a forma moderna de legitimação que estrutura nossas complexas sociedades: o poder racional-legal. Nessa estrutura social, o poder se fundamenta por um conjunto de regulamentos e leis que se aplicam universalmente a toda a população. Essa estrutura abstrata, pautada por valores meritocráticos e técnicos, é sustentada por um conjunto de instituições que definem, determinam e regulamentam o comportamento do cidadão na vida em sociedade.

É importante observar que essas três formas de legitimação do poder são analisadas como tipos ideais, pois na realidade não se apresentam ou manifestam de forma pura e única. Em regra, sempre há uma combinação desses três elementos, com a preponderância, em determinado contexto histórico específico, de algum deles.

Assim, é pela perspectiva comparada que Weber faz a defesa do modelo racional-legal, que na sua avaliação é superior às formas de dominação carismática e tradicional. Nesse contexto, é preciso explorar uma relação estreita que se estabeleceu entre a implantação do modelo racional-legal e o desenvolvimento da burocracia.

Grosso modo, o surgimento de uma ordem racional-legal requer o estabelecimento de um conjunto de regras e instituições que implicam o desenvolvimento da burocracia, numa dinâmica de influências cruzadas que se

---

[4] Aron (1987) faz uma boa descrição desses mecanismos de legitimação do poder.

alimentam mutuamente. No contexto de intensa expansão do capitalismo no princípio do século passado, o modelo burocrático desempenhou papel fundamental na medida em que criou as condições que possibilitaram a enorme expansão qualitativa e quantitativa das funções administrativas nas esferas pública e privada. É difícil imaginar a intensa evolução das relações capitalistas, com a hipertrofia e o gigantismo das corporações multinacionais, sem a criação de uma estrutura burocrática adequada para garantir condições mínimas de administração, controle e planejamento nesse ambiente econômico tão complexo e desenvolvido.

Por esse prisma, o modelo burocrático, com suas características que veremos adiante, deve ser entendido como consequência e condição do desenvolvimento de uma ordem racional-legal que o sistema capitalista requer. Vejamos, sucintamente, quais as principais características do modelo burocrático tal como entendido por Weber. Dos numerosos componentes, analisemos a seguir os mais importantes.

- *Impessoalidade*: existência de regras abstratas e universalistas aplicáveis a todos os cidadãos, com regras previstas também para a grande maioria das situações cotidianas das relações sociais. Essas regras vinculam potencialmente o detentor do poder, o aparelho administrativo e os governados, indistintamente. Essa característica é de fundamental importância para a democratização das relações políticas e sociais, principalmente em um país patrimonialista e clientelista como o Brasil, onde as relações pessoais usualmente buscam sobrepor-se ao ordenamento legal e institucional. Quanto à essência desse comportamento, as melhores análises antropológicas identificam o famoso jeitinho brasileiro como uma resistência cultural à submissão das pessoas às regras legais universalistas. Em última instância, o jeitinho seria um modo velado de questionar, contornar e anular o ordenamento legal que contraria os interesses pessoais dos cidadãos em determinado contexto, criando uma cultura política refratária à observância do arcabouço legal.
- *Hierarquia*: toda organização burocrática se estrutura de modo hierárquico, o que não quer dizer que todas se organizam com a mesma intensidade hierárquica. Por mais esforços que se façam, tanto na iniciativa privada quanto na administração pública, no sentido de flexibilizar e delegar a autoridade, ainda persiste uma estrutura bastante verticalizada nos pro-

cessos de tomada de decisão. As relações de autoridade são parte de uma cultura comportamental amplamente arraigada e observada no mundo corporativo. Quanto à administração pública, esta cultura do modelo verticalizado é ainda muito mais forte, haja vista que a estrutura do setor público é extremamente hierarquizada, convergindo, no limite, para as decisões do presidente da República, no caso do Executivo federal.

- *Regras rígidas*: no modelo burocrático, as funções administrativas são exercidas de modo continuado, com procedimentos definidos e repetitivos, com base em um conjunto de regras rigidamente formuladas, escritas ou não, com pretensões universalistas e abstratas. No caso da administração pública, o estabelecimento de tais regras é em especial intenso, uma vez que praticamente toda ação do administrador/servidor público está prevista, de forma meticulosa, em uma vasta legislação. De modo geral, os atos administrativos discricionários, que permitem ao administrador optar por essa ou aquela alternativa, são relativamente menos numerosos na administração pública. Em regra, a maior parte dos atos administrativos é vinculada, ou seja, não permite um juízo de valor pelo servidor, que não tem autonomia para analisar a conveniência ou necessidade do ato, que está todo estipulado e previsto na legislação.

- *Especialização*: o poder e as tarefas funcionais dentro de uma burocracia são distribuídos de acordo com os conhecimentos técnicos e as aptidões profissionais que são exigidos para o desempenho de determinada atividade. Essa característica acentuou-se em demasia nas últimas décadas, uma vez que a produção científica se torna cada vez mais compartimentada. A vertiginosa produção de conhecimento e tecnologia do mundo moderno, aliada à necessidade de se encontrarem soluções cada vez mais técnicas e complexas, tem contribuído para acentuar este aspecto fundamental dentro do modelo burocrático. As modernas teorias de administração têm apontado as vantagens de líderes e gerentes com habilidades múltiplas e conhecimentos de um generalista, o que não deve ser confundido com o desempenho especializado de atividades essencialmente técnicas, característica fundamental do modelo burocrático. Assim, o modelo burocrático requer e ajuda a desenvolver uma intensa divisão do trabalho, em que as competências profissionais e jurisdicionais são claramente definidas por critérios técnicos.

❏ *Continuidade e controle*: dentro do modelo burocrático, a produção de bens e serviços é continuada, possibilitada por um corpo administrativo qualificado e permanente. Há, supostamente, um caráter democrático na estruturação desses corpos administrativos, quer pelo recrutamento universalista, quer pela valorização técnica e profissional através de concursos ou pela titulação. É claro que esse aspecto é especialmente importante em comparação com o recrutamento patrimonial, marcadamente nepotista e clientelista. Além disso, toda a enorme produção de bens e serviços está ancorada em complexos, sofisticados e rígidos mecanismos de controle, que possibilitam o gerenciamento das gigantescas corporações modernas, quer no setor público, quer na iniciativa privada.

Além das críticas importantes e justificadas que o excesso de burocracia enseja, é preciso reconhecer qualidades e mesmo um certo imperativo do modelo burocrático na organização de nossa sociedade. Imagine-se controlar, gerenciar e fazer um planejamento estratégico de uma grande multinacional que tem milhares de funcionários atuando em dezenas de países espalhados pelo mundo. É cristalino que essa estrutura gigantesca vai exigir o estabelecimento de regras e procedimentos e o desenvolvimento de uma burocracia considerável para garantir seu eficiente e competitivo funcionamento. Sem querer fazer uma defesa ingênua da burocracia, é possível apontar qualidades importantes e usualmente esquecidas que o modelo burocrático garante ou potencializa.[5]

A relação entre burocracia e controle é intensa e conhecida: níveis mais elevados e sofisticados de controle exigem, quase automaticamente, maiores e melhores estruturas burocráticas. As empresas conhecem bem esta relação e, no entanto, mecanismos de controle são cada vez mais adotados e sofisticados no mundo corporativo. Nitidamente, se os mecanismos de controle continuam sendo utilizados e desenvolvidos, é porque a relação custo/benefício aponta no sentido de que vale a pena criar e custear essas estruturas e estabelecer esses procedimentos burocráticos. Sem dúvida, essa estrutura burocrática de controle propicia conhecimentos vitais sobre a composição, o modo de funcionamento, o gerenciamento de estoques e os processos organizacionais internos das corporações.

---

[5] Para uma melhor compreensão desses argumentos, consultar Perrow, 1981.

É importante ressaltar que um aspecto, o da segurança, por si só, é um fator que demonstra uma qualidade importante do modelo burocrático, inclusive justificando sua defesa e manutenção especificamente baseadas no aumento de produtividade por ele proporcionado. Estudos demonstram que a impessoalidade, o formalismo, o controle e a rotina reduzem a insegurança e aumentam a previsibilidade dos funcionários dentro das empresas. Ao neutralizar as influências externas à cultura da empresa e trazer segurança aos trabalhadores, regras e regulamentos burocráticos contribuem para conferir segurança aos procedimentos, fator importante para a melhoria dos níveis individuais e coletivos de produtividade.

Uma análise, ainda que rápida, do modelo burocrático não pode deixar de apontar que empresas e instituições, por uma infinidade de fatores, se organizam com variados graus de burocratização. Vejamos alguns dos mais importantes diferenciais que irão determinar o nível de burocratização dentro das instituições: o tamanho da empresa; a sua área de atuação; as diferenças entre os diversos segmentos dentro da mesma organização; a natureza pública ou privada.

Em primeiro lugar, é razoável esperar que empresas e instituições tendam a maiores graus de burocratização à medida que vão crescendo. É evidente que uma multinacional terá de desenvolver uma estrutura burocrática muito maior se comparada com uma pequena empresa de atuação bastante restrita no mercado doméstico. Por isso, esta relação tem-se mostrado direta e positiva: quanto maior a empresa, maior será a necessidade de estabelecer regras, controles, procedimentos etc.

O segmento de mercado das empresas também tem forte relação com o nível de burocratização exigido para o desempenho satisfatório de suas atividades. Em princípio, uma empresa que atua na área de desenvolvimento de *software* tem melhores condições de realizar suas tarefas com um nível de burocratização menor do que o exigido por uma montadora de veículos, por exemplo. No primeiro caso, os projetos e atividades podem ser desenvolvidos por tarefas e sequer a presença física do trabalhador nas dependências da empresa é necessária. Por outro lado, tratando-se de uma montadora, onde há linhas de montagem que exigem uma logística de produção enorme e sofisticada, intensa utilização de componentes caríssimos, relacionamento com uma infinidade de parceiros e fornecedores, naturalmente haverá uma dependência maior em relação ao desenvolvimento de uma estrutura burocrática muito mais pesada.

Quanto ao nível de burocratização das empresas, até mesmo entre os numerosos setores e segmentos em que se divide uma única instituição, podemos observar importantes variações. Em uma empresa que se estrutura em três grandes áreas, como departamentos de pesquisa, marketing e produção, podemos constatar níveis diferenciados de burocratização entre esses segmentos. De modo geral, o departamento de pesquisa tem rotinas de trabalho que exigem menores controles burocráticos, se comparado com o setor de produção. A partir da análise de uma série de experiências concretas, Perrow demonstra que existe uma necessidade decrescente de burocratização, partindo do setor de produção, passando pela área de marketing e finalmente atingindo o nível menos burocrático, ou seja, o departamento de pesquisa. Assim, em vez de se fazer uma condenação generalizada da burocracia, o mais apropriado seria dizer que uma estrutura burocratizada é tão adequada para certas finalidades quanto uma estrutura menos burocratizada para outras tantas atividades.

Por fim, o fato de uma instituição estar atuando no setor público ou privado vai fazer a maior diferença quanto ao seu nível de burocratização. Por uma infinidade de razões, uma organização pública tende naturalmente a ser muito mais burocrática se comparada com uma empresa privada.

Pelo interesse social, político, econômico e cultural que a administração pública contempla, faz-se necessário criar uma estrutura diferenciada para garantir melhores e mais transparentes mecanismos de controle e interferência dos cidadãos sobre os processos de tomada de decisões. Inevitavelmente, essa necessidade implicará a criação e desenvolvimento de numerosos mecanismos, leis, departamentos e procedimentos que inflam a estrutura burocrática dessas instituições. A necessidade de prestar contas a toda a sociedade, e não apenas aos acionistas, faz da administração pública uma instituição naturalmente mais pesada e transparente, com características que lhe são bem peculiares.

Para garantir a transparência, eficiência, economicidade e publicidade, os servidores públicos são constrangidos em suas ações e processos de tomada de decisão por uma extensa legislação. Por uma série de leis, decretos, portarias, instruções normativas etc., a conduta dos administradores públicos é intensamente monitorada, visando garantir o interesse social de suas ações.

Se ao cidadão comum é lícito fazer tudo o que a lei não proíbe, ao servidor público só é permitido fazer o que determina a legislação. Assim, para cumprir com sua função social, a administração pública é regida por um conjunto extenso de regulamentos e procedimentos, o que necessariamente a torna mais burocratizada do que as empresas que atuam na iniciativa privada.

No começo do texto, dissemos que o crescimento da burocracia está intimamente relacionado com a expansão quantitativa e qualitativa das funções administrativas nas esferas pública e privada. Agora, faremos uma breve análise dos fatores que influenciaram e determinaram o crescimento da burocracia pública ao longo do século passado.

Apesar de não se encaixar nos objetivos maiores deste livro, mencionaremos, ainda que brevemente, um aspecto que tem contribuído para o fortalecimento das burocracias, sobretudo a estatal. Geralmente, os governantes se esforçam por fortalecer a burocracia pública na medida em que esse processo lhes aumenta os poderes políticos, uma vez que maiores recursos materiais, humanos e financeiros estarão disponíveis. Assim, decisões sobre investimentos, compras governamentais e gerenciamento de recursos humanos possibilitam maiores recursos políticos para os governantes, que naturalmente tudo fazem para que esses elementos de barganha sejam cada vez mais significativos.

Voltando ao foco do capítulo, observamos que a história aponta o século XIX como a idade áurea do liberalismo na Europa ocidental. Esse século é muito utilizado como cavalo de batalha pelos pensadores ortodoxos pelo fato de ter sido um período que combinou vertiginoso progresso econômico com pequena atuação do Estado. No período em questão, o Estado ficou restrito às suas funções precípuas de garantir a soberania e a segurança interna, distribuir justiça, garantir contratos e administrar a moeda.[6]

Durante esse período houve, realmente, um grande incremento das relações capitalistas, o volume do comércio internacional foi multiplicado dezenas de vezes, a Revolução Industrial introduziu um desenvolvimento tecnológico inimaginável e a produção de riquezas nunca atingira estágio tão avançado.

---

[6] Sobre esse aspecto, consultar Merchior, 1991.

Mas essas não são, infelizmente, as únicas características do século XIX, que também testemunhou a selvagem e cruel exclusão social da classe operária, ator político que contribuiu sobremaneira para que todo aquele progresso econômico fosse conseguido. Em livro clássico, Hobsbawm descreve muito bem o sofrimento e as condições desumanas a que a classe trabalhadora foi submetida nesse período de completa omissão do Estado, especialmente no que se refere ao atendimento das necessidades mais prementes da maior parte da população.[7]

O século XIX foi não apenas o século da exclusão social da classe operária da Europa ocidental, como também uma fase de muita luta política por parte dos trabalhadores. O próprio desenvolvimento do capitalismo gerou uma classe operária numerosa e relativamente mais organizada, que sacudiu a Europa numa série de rebeliões ao longo de todo o século XIX. Não por acaso, Marx começou o seu *Manifesto comunista* em 1848 alertando que um espectro rondava a Europa... (era o fantasma da classe operária).

Em sua clássica análise sobre a evolução da sociedade e da cidadania, Marshall associa o surgimento, a luta social e o desenvolvimento da classe operária à conquista sequencial de uma série de direitos.[8]

De acordo com seu trabalho, as Revoluções Americana de 1776 e Francesa de 1789 representam o coroamento de um longo processo de luta contra o absolutismo e pelos direitos mais fundamentais da humanidade, marcando definitivamente a conquista dos direitos civis. É desse período a Declaração dos Direitos do Homem, com seu amplo plexo de garantias ao cidadão, que visa demarcar uma linha sobre a qual o Estado não pode avançar no sentido de imprimir sua vontade aos cidadãos. Muito pelo contrário, certas garantias são inalienáveis e o cidadão conquista direitos que nem mesmo a razão de Estado pode suprimir. Assim, ao término do século XVIII, depois de muita luta, sangue e suor dos setores excluídos, o mundo desenvolvido consagra ao cidadão um conjunto de direitos que passam a ser entendidos como naturais. Ao cabo desse intenso processo, o direito ao tratamento digno, o fim dos maus-tratos, a garantia da intimidade, da propriedade, da

---

[7] Ver Hobsbawm, 1979.

[8] Marshall, 1967.

liberdade e da vida incorporam-se ao cotidiano da sociedade, protegendo os cidadãos das arbitrariedades cometidas pelo Estado.

Em seguida, por todo o século XIX, a classe operária lutou para conquistar os direitos políticos, ou seja, a prerrogativa de influir nos destinos do Estado. Nesse período, atuar na arena política significava lutar para conquistar o direito ao voto. Mais precisamente, o sufrágio universal era a arma política mais poderosa que os trabalhadores almejavam conquistar, uma vez que o processo eleitoral era restrito aos poucos setores privilegiados daquelas sociedades. Com a exclusão das mulheres, dos pobres e dos analfabetos, o sistema eleitoral era muito fechado na Europa do princípio do século XIX, obrigando os trabalhadores a dar suas vidas e sua enorme energia para estender a participação política a todos os membros da sociedade.[9]

Alguns mais cedo, outros mais tarde, o fato é que no início do século XX boa parte dos países da Europa ocidental já havia chegado ao sufrágio universal, estendendo a toda a população a prerrogativa de participar, pelo voto, do processo político e do destino do Estado. Portanto, ainda de acordo com Marshall, o século XIX é marcado pela conquista dos direitos políticos, emblematicamente caracterizada pela chegada ao sufrágio universal.

Depois de conquistados os direitos civis (século XVIII) e políticos (século XIX), chegou a hora de, ao longo do século XX, lutar pelos direitos sociais. Basicamente, entende-se por direitos sociais toda a estrutura legal e institucional concebida para proteger a população que mais precariamente se enquadra nas relações de mercado. Uma ampla rede de proteção social foi construída nas áreas da educação, saúde, previdência social e relações de trabalho, culminando na montagem do *welfare State* na Europa ocidental a partir do fim da II Guerra Mundial, em 1945.

Toda essa longa trajetória foi descrita a fim de demonstrar uma relação crucial para os estudos sobre a burocracia. O processo que se quer resgatar neste texto vai no sentido de enfatizar que o crescimento da burocracia pública é causa direta dos avanços democráticos experimentados pelo mundo ocidental, de maneira intensa, a partir do início do século XX. Se era possível a existência de um aparelho estatal enxuto, pequeno e desburocratizado ao

---

[9] Przeworski (1989) descreve muito bem a chegada da classe operária europeia ao sufrágio universal.

final do século XIX, hoje esta estrutura é simplesmente impensável, haja vista as enormes e complexas atribuições que a administração pública passou a desempenhar.

É interessante observar que, se a conquista dos direitos civis e políticos não implicou necessariamente o aumento do aparelho estatal, que permaneceu bem enxuto e restrito nos séculos XVIII e XIX, a conquista dos direitos sociais exigiu uma total reformulação que implicou um intenso aumento do escopo de atuação da administração pública, que passa a atender às crescentes demandas de políticas públicas de inclusão social.

O fato é que, a cada avanço democrático, com toda a sociedade lutando por espaço político e criando demandas sobre o Estado, a área de atuação da burocracia estatal foi aumentando de maneira exponencial. Assim, para fazer frente a uma avalanche de demandas justas e necessárias, as atribuições da administração pública foram crescendo, abarcando quase todas as esferas da sociedade organizada. Como resultado da democratização do Estado, a administração pública ganhou novas e complexas atuações nas áreas da saúde, educação, lazer, previdência social, relações de trabalho – enfim, criou-se uma quantidade quase infinita de setores que exigem ampla regulação, intervenção e fiscalização estatal.

Dessa maneira, para se entender o crescimento vertiginoso da administração pública durante o século passado, é preciso considerar as consequências da operação da democracia para esse processo. Nessa linha de raciocínio, é preciso ir contra o quase consenso hoje existente em atribuir à burocracia estatal uma quantidade de defeitos que, a bem da verdade, visam, por ignorância ou malícia, ofuscar o caráter democrático e socialmente igualitário que marcou a atuação da administração pública nesse período de intensa inclusão de amplos setores sociais.

Por tudo que foi dito, é inegável que a operação dos mecanismos da democracia enseja uma redefinição do papel do Estado na sociedade, tendo como consequência o alargamento de suas funções com o propósito de incorporar e proteger, cada vez mais e melhor, uma parcela sempre crescente da população de cada país. Por isso, a redefinição do papel do Estado implicou o crescimento vertiginoso da administração pública ao longo do século XX. Esse aspecto positivo e incorporador da burocracia estatal é pouco reconhecido e valorizado nas atuais análises que criticam, equivocadamente, o papel crucial que o Estado tem no arranjo de nossas complexas sociedades.

Dessa maneira, uma relação muito próxima foi estabelecida entre a conquista dos direitos sociais e o crescimento da administração pública. Com a introdução do sufrágio universal e a operação do regime democrático na Europa, praticamente houve a criação de uma estrutura governamental para cada uma das novas conquistas sociais. Ao contrário dos direitos civis e políticos, que eram garantidos com apenas quatro ou cinco ministérios, a conquista dos direitos sociais exigiu, cada vez mais, uma melhor intervenção estatal, que culminou na implantação de uma gigantesca estrutura do setor público, principalmente a partir da década de 1940. Para garantir a melhoria nas condições de vida da população, a administração pública foi ganhando mais e mais atribuições, implicando a necessidade cada vez maior de intervenção e regulação estatal. Apenas como exemplo desse crescimento das atribuições e da estrutura estatal, vamos comparar o número de ministérios existentes no Brasil hoje e na época da proclamação da República. De acordo com os dados levantados por Kurt von Mettenheim, na implantação da República Velha existiam apenas oito ministérios, número que chegou a 37 (incluindo as secretarias com atribuições ministeriais) durante o segundo mandato do presidente Fernando Henrique Cardoso.[10]

Nessa longa trajetória de desenvolvimento da administração pública, muitos problemas surgiram, colocando em questão a organização e o modo de atuação do Estado. Em meados da década de 1970, deu-se a crise do petróleo que interrompeu o intenso processo de crescimento econômico experimentado pela Europa desde o fim da II Guerra Mundial. Com o início da recessão e a queda na arrecadação de impostos que sustentava todo o processo de distribuição de renda através do *welfare State*, a administração pública sofreu as consequências da profunda crise fiscal que se abateu sobre os países em várias partes do mundo. Desencadeado pela necessidade de um rigoroso ajuste fiscal, começou a se desenvolver um forte questionamento da administração pública, chamada a prestar contas quanto à sua organização e seus métodos de intervenção. Nesse contexto, vários problemas foram levantados, especialmente os que abordavam as questões da eficiência, dos custos de manutenção, do excesso de demandas e da hipertrofia da administração pública.

---

[10] Mettenheim, 2002.

Mas seria equivocado atribuir o início da reforma da administração pública apenas à necessidade de se fazer o ajuste fiscal ou ao fato de a administração pública sofrer uma espécie de crise crônica e progressiva de desempenho, como usualmente se coloca. A ênfase modernizadora é fruto também e principalmente da relação entre burocracia e democracia que apontamos antes, uma vez que, a cada estágio mais elevado da noção de cidadania, as cobranças da sociedade por serviços públicos melhores e mais eficientes se intensificam. Não basta mais desempenhar uma quantidade enorme de atribuições sociais, é preciso atender com eficiência, economicidade e agilidade o cidadão/eleitor, que cada vez mais exige uma administração pública à altura de suas importantes responsabilidades sociais.

Assim, desde o final do século passado, o tema da reforma do Estado e da administração pública entrou na agenda política de vários países. Para uma adequada abordagem do problema, a relação entre democracia e burocracia estatal não pode deixar de ser destacada, como infelizmente tem acontecido com frequência nas melhores análises sobre o assunto. Em geral, tem-se dito que a crise fiscal do Estado contemporâneo subsidiou todo o processo de reforma da administração pública, principalmente a partir da ascensão de Margaret Thatcher na Inglaterra, em 1979, e de Ronald Reagan nos Estados Unidos, no início dos anos 1980, o que nos parece uma explicação parcial e incompleta desse complexo processo.

Pouca relevância tem sido dada ao fato de que a reforma do Estado e a melhoria dos padrões de desempenho da administração pública são frutos da evolução da própria noção de cidadania, que exige do Estado uma prestação de mais e melhores serviços públicos. Dessa forma, seria mais apropriado entender o atual processo de reforma do Estado como a consequência natural da pressão que a operação do regime democrático gera sobre a administração pública. Em vez de focalizar apenas os problemas fiscais, a melhor análise contemplaria também um longo processo de desenvolvimento da ação estatal que se vem aperfeiçoando com a democratização do Estado moderno.

Analisando o problema por essa perspectiva, é inegável que boa parte do esforço de reforma administrativa que aposta na redução do aparelho de Estado está absolutamente fora de foco, uma vez que não há caso histórico de sociedades que defendam ou busquem abertamente a redução de seus direitos sociais e a diminuição dos atuais níveis de bem-estar social. A experiência europeia do século passado mostra exatamente o contrário: a estrutura estatal aumentou à medida que o regime democrático foi sendo implementado e desenvolvido.

Mesmo depois da crise fiscal dos anos 1980 e dos esforços de implantação da Nova Gestão Pública, não houve grande impacto sobre o tamanho e as atribuições da administração pública ao redor do mundo, ou seja, as sociedades mais desenvolvidas e mais organizadas não abriram mão dos seus benefícios sociais.

Fazendo uma análise comparada das reformas gerenciais pelo mundo, Flávio Rezende aponta uma intrigante constatação: a opção pela diminuição do Estado é mais intensa nos países de baixo desenvolvimento econômico e social, ao passo que nos países ricos os gastos sociais e a intervenção estatal ou permaneceram iguais ou mesmo cresceram em relação ao período anterior às reformas. As conclusões do autor são contundentes:

> As grandes transformações no papel do Estado se verificaram mais fortemente nos países de menor renda. Nos mais ricos e nas regiões de maior desenvolvimento humano, as reformas não causaram impacto significativo nos padrões alocativos observados nos anos 70 e 80, especialmente no que se refere ao perfil dos gastos públicos, que mantém níveis significativos de intervenção em áreas como saúde, educação e previdência. O Estado não se afastou das suas funções sociais e nem reduziu significativamente sua força de trabalho, apesar das propostas de reforma.[11]

Os dados levantados pelo autor deixam claro que carecem de suporte fático as análises que identificam os projetos de reforma administrativa com a busca deliberada de um Estado neoliberal, com poucas políticas públicas sociais e quase nenhuma intervenção na economia. A experiência internacional mostra que, sob regimes democráticos, não houve redução significativa do Estado e tampouco constatamos queda no nível de bem-estar da população.

Nos anos 1980 e de maneira mais contundente na década passada, a discussão sobre o tamanho e as funções do aparelho de Estado chegou com certa intensidade ao Brasil. No caso específico do Brasil, a relação entre bu-

---

[11] Rezende, 2002:175.

rocracia e democracia torna-se ainda mais intensa, uma vez que a tarefa de incorporação social ainda está inteira por fazer em pleno século XXI, com o desafio de superar uma herança histórica perversa de se colocar o Estado a serviço de pequenos grupos sociais privilegiados. Assim, o papel que se espera da administração pública brasileira é enorme e importantíssimo, haja vista que nenhuma outra instituição seria capaz de substituir o Estado nessa crucial tarefa de incorporação social da maior parte da população. Essas colocações são importantes para evitar e contrapor as equivocadas apostas minimalistas que defendem a redução do Estado no Brasil.

Ao contrário da experiência europeia, a operação do regime democrático no Brasil é recente e tem sido intercalada por significativos períodos de ditadura, o que não deixou de postergar e restringir o processo de incorporação social da maior parte da população. Por isso, a tarefa que se apresenta atualmente para a administração pública brasileira é hercúlea, ou seja, ela terá de garantir e propiciar a incorporação de amplos setores sociais com uma velocidade e intensidade jamais vistas, buscando suplantar uma herança social altamente excludente.

Assim, seria historicamente equivocado supor que a redução do Estado e da administração pública tomaria impulso no exato momento em que assistimos ao amadurecimento e institucionalização do regime democrático no Brasil, especialmente após o fim do regime militar em 1985. Mesmo com a crise fiscal, com a recessão mundial e com a pressão das agências internacionais, seria ingênuo pensar em redução do Estado em uma sociedade altamente excludente como a brasileira. Assim, a pressão causada pelo retorno da democracia, pela convocação de uma Assembleia Nacional Constituinte e pelas seguidas eleições presidenciais jamais apontariam para uma diminuição do Estado, sobretudo em uma sociedade historicamente tão desigual como a brasileira. Nesse contexto, o papel do setor público tende a crescer e tornar-se cada vez mais importante, uma vez que ele deve empreender a grandiosa tarefa de fazer do Brasil um país menos injusto. Em poucas palavras, pela estável operação do regime democrático e pela experiência internacional recente, a tendência histórica aponta para o aumento, e não a redução, do Estado no Brasil.

Com relação ao tamanho da máquina pública e à intervenção estatal, o Brasil tem uma história bastante peculiar, haja vista que, pela própria herança ibérica, o Estado sempre desempenhou um papel muito destacado na formação econômica nacional. A tradição histórica de um Estado grande e intervencionista foi acentuada ao longo do século XX, com a tarefa de induzir o desenvolvimento do capitalismo nacional sendo cada vez mais assumida pelo governo federal. Essa política de transferência para a administração pública da atribuição fundamental de direcionar e induzir o desenvolvimento do capitalismo nacional foi crescente ao longo do século passado e atingiu o apogeu com o regime militar, entre 1964 e 1985. Assim, além da relação positiva entre democracia e administração pública que vimos apontando, o Estado brasileiro tende historicamente a ser intervencionista e pesado, pois tem assumido um conjunto muito grande e importante de atribuições econômicas ao longo dos séculos.

Dessa forma, o nosso objetivo é trazer para o debate as implicações teóricas e práticas que advêm da relação entre democracia e administração pública, nem sempre adequadamente tratada e entendida nos estudos sobre reforma do Estado no Brasil. Em certa medida, essa relação explica boa parte do fracasso dos programas de redução do papel social do Estado no Brasil e no mundo, além de ajudar a entender a natureza e a essência da Constituição cidadã de 1988, que, com seu espírito incorporador, busca elevar o país a um patamar mais civilizado de igualdade social.

Como podemos observar pela análise do processo constituinte brasileiro que resultou na Constituição Federal de 1988, as pressões sociais sobre a administração pública aumentam significativamente em um contexto democrático. As reformas do aparelho de Estado que propõem uma redução da quantidade de serviços sociais públicos disponibilizados para a sociedade encontram fortes limites no próprio comportamento do eleitor, haja vista que as chamadas forças do mercado não comparecem às urnas para votar. No momento do voto, o que vale é o cidadão em carne e osso, com carências, demandas e expectativas em relação à administração pública. Esse eleitor, ressalte-se, é extremamente sensível ao discurso incorporador e assistencialista que os partidos políticos apresentam na época das eleições, usualmente defendendo uma solução pública e estatal para a maioria dos problemas dos eleitores. O exemplo mais emblemático dessa situação pode ser buscado no ocaso do governo Thatcher na Inglaterra, que começou a ruir exatamente quando tentou a privatização do bom e universalizado sistema de saúde inglês. Nesse momento, a sociedade claramente indicou que os limites de redução do aparelho de Estado já haviam sido alcançados e que os cidadãos não estavam dispostos a abrir mão de seus direitos sociais, duramente conseguidos após séculos de luta política e da operação do sufrágio universal.

Na ciência política, é bem cristalina a relação que se estabeleceu entre as guerras europeias a partir do século XV e o surgimento do Estado-nação. Assim, na medida em que os países guerreavam, crescentemente o sentimento de nacionalidade se foi fortalecendo, o que possibilitou e incentivou a construção do Estado moderno. Por essa relação, podemos seguramente sustentar que a guerra foi componente fundamental para a construção e o desenvolvimento dos Estados nacionais.

Da mesma maneira, podemos afirmar que a operação do regime democrático potencializa o crescimento quantitativo e qualitativo das funções administrativas do aparelho de Estado, que é intensamente demandado no sentido de atender aos anseios sociais da população que, através do sufrágio universal, passa a ter voz ativa nas decisões políticas mais fundamentais.

Como observação final, é preciso destacar que a natureza da relação entre democracia e burocracia estatal que apontamos não invalida os esforços no sentido de trazer alguns instrumentos gerenciais para dentro da administração pública. Assim, é preciso não confundir o debate acerca da modernização da administração pública brasileira com os impactos causados na burocracia pela operação do regime democrático. Também é desnecessário dizer que esse diagnóstico não invalida as importantes e cruciais medidas que visam dotar a administração pública brasileira de instrumentos operacionais que tragam efetividade, eficiência e eficácia às suas ações. Pelo contrário, esses processos caminham na mesma direção, uma vez que o cidadão que vive em uma sociedade democrática crescentemente exigirá prestação de serviços através de uma administração pública cada vez mais profissional.

Democracia x burocracia

Na primeira parte deste texto, exploramos a relação direta e positiva entre o crescimento da burocracia pública e a operação do regime democrático. Agora vamos explorar outro aspecto muito pouco lembrado dessa relação, uma faceta que revela uma tensão ou antagonismo entre democracia e burocracia. Mas, antes de seguirmos adiante, seria oportuno fazer um esclarecimento quanto à utilização dos conceitos de Estado e administração pública, que em muitos casos empregaremos de maneira indistinta. Apesar de constituírem termos diferentes, esses conceitos compartilham, em algumas situações, significados semelhantes. O conceito de Estado é muito amplo, sendo abordado pelos autores com distintos, e muitas vezes divergentes, enfoques filosóficos, jurídicos (sendo Hans Kelsen um dos maiores expoentes dessa corrente) e sociológicos (a própria tradição marxista se encaixa nessa linha). Para efeito deste trabalho, utilizaremos a noção que Dalmo de Abreu Dallari expõe com clareza em seu livro clássico sobre teoria geral do Estado, em que este é entendido como uma "ordem jurídica soberana que tem por fim o bem comum de um povo situado em determinado território".[12]

Embora sintética, essa definição contempla os quatro elementos constitutivos do Estado sobre os quais a maior parte da literatura especializada converge: povo, território, soberania (aqui entendida como o poder de império, ou seja, baixar leis) e finalidade. É importante também evitar um erro conceitual muito comum nessas discussões, sendo necessário chamar atenção para a separação clara e nítida entre os conceitos de nação e Estado. O primeiro contém um aspecto ideológico, cultural e histórico que vem sendo construído desde a época da Revolução Francesa de 1789, não estabelecendo, ao contrário do conceito de Estado, nenhuma vinculação jurídica entre os cidadãos.

Apesar de diferentes, os conceitos de Estado, governo e administração pública se aproximam na medida em que o primeiro se torna operacional somente através da última, como ensina Hely Lopes Meirelles:

> Comparativamente, podemos dizer que *governo* é atividade política e discricionária; *administração* é atividade neutra, normalmente vinculada à lei ou à norma técnica. *Governo* é conduta independente; *administração* é conduta hierarquizada. O *Governo* comanda com responsabilidade constitucional e política, mas sem responsabilidade profissional pela execução; a *Administração* executa sem responsabilidade constitucional ou política,

---

[12] Dallari, 1995:101.

mas com responsabilidade técnica e legal pela execução. A *Administração* é o instrumental de que dispõe o Estado para pôr em prática as opções políticas do Governo.[13]

Valendo-nos dessa aproximação, ou da instrumentalização da administração pública pelo Estado, é que, em muitas passagens deste texto, falaremos de publicização do Estado e da administração como um processo único e muitas vezes coincidente. Feito esse reparo conceitual, sigamos adiante na análise.

Nos estudos sobre administração pública, muito se fala da importância da participação do cidadão nas decisões coletivas, defendendo a descentralização das políticas públicas como uma forma de garantir efetividade, eficiência e eficácia nas ações estatais. Em regra, acredita-se que a sociedade civil organizada seria capaz de fazer pressões bem-sucedidas sobre os formuladores e executores de políticas públicas, com os resultados positivos que este tipo de ação política sempre potencializa. Um dos fundamentos teóricos das políticas de descentralização seria exatamente a vantagem de aproximar o formulador/executor e a população atingida pelas políticas públicas, o que traria maior capacidade de controle social, aperfeiçoamentos, ajustes e democratização das ações estatais. Nesse sentido, tem sido feito um grande esforço de descentralização das políticas públicas nos moldes da CF/88. Também foram implementados esforços de organização e mobilização da sociedade civil, visando aperfeiçoar e incrementar as ações do poder público, especialmente nas áreas de saúde, educação e assistência social.

As dificuldades encontradas nesse processo são múltiplas, mas aqui gostaríamos de apontar exatamente uma faceta pouco conhecida ou abordada pelos estudiosos: o conflito entre democracia e burocracia. Por um lado, somos chamados a participar cada vez mais das decisões públicas que afetam o cotidiano de nossas vidas. Por outro, essas complexas decisões requerem tratamento especializado, profundo e técnico, que potencializa um sentimento de incapacidade, ignorância e paralisia no

---

[13] Meirelles, 1996:61.

cidadão comum. Nesse processo, acabamos entregando nosso destino às instituições preparadas para lidar com essa infinidade de complexos problemas, ou seja, aquelas formadas pelos burocratas. Em nosso engajamento como cidadãos, lutamos para que as decisões de políticas públicas passem por fóruns democráticos e sejam discutidas em arenas coletivas, mas como decidir sobre temas complexos e técnicos como taxa de juros, políticas públicas de saúde, segurança, endividamento externo, acordos comerciais, atuação dos organismos internacionais, entre outros? A verdade é que não temos como opinar sobre esses temas apenas pelo senso comum ou pelo que lemos nos jornais. A sociedade moderna é por demais complexa, diversificada e dinâmica, são milhões de pessoas com infinitos problemas conflitantes e altamente especializados que somente os técnicos e as instituições habilitadas podem atacar com alguma segurança. Por esse ângulo, a administração pública torna-se antes um conhecimento técnico distante e arrogante que uma arena de interlocução democrática e acessível. Assim, a arena de participação e mobilização anteriormente construída se dissipa diante da necessidade de dar tratamento técnico e profissional aos nossos complexos problemas, consistindo a burocracia, nas clássicas palavras de Weber, na gaiola de ouro da sociedade moderna.

Apesar de a democracia ser calcada na ideia aparentemente estapafúrdia de que todos podem e devem opinar sobre tudo, a administração pública é organizada de modo hierárquico e não democrático, ou seja, com a prevalência do técnico sobre o cidadão, como descrito tão bem por Weber em seus estudos sobre a burocracia. Este aspecto é argutamente apontado por Bobbio, em um de seus estudos sobre as dificuldades da democracia em nossas sociedades industriais:

> Um terceiro paradoxo – o mais macroscópico – é o efeito de desenvolvimento técnico, característico das sociedades industriais, não importando se regidas por economia capitalista ou socialista, ou seja, o fato de que nestas sociedades são aumentados de maneira sempre mais acelerada os problemas que requerem soluções técnicas não confiáveis senão aos competentes, donde deriva a decorrente tentação de governar através dos puros técnicos ou tecnocracia.

E mais adiante, na mesma linha de pensamento e no mesmo texto:

O protagonista da sociedade industrial é o cientista, o especialista, o *expert*; o protagonista da sociedade democrática é o cidadão qualquer, o homem de rua (...).[14]

Essa tensão tem gerado muita angústia e frustração na implementação de políticas públicas, pois demonstra, de maneira contundente, os limites da democratização da ação estatal e as dificuldades técnicas que a sociedade civil organizada encontra em participar de decisões de políticas públicas crescentemente complexas.

Um exemplo já clássico, apesar de recente, de como estruturas burocráticas altamente especializadas podem entrar em conflito com a sociedade organizada e escapar aos controles democráticos é a forte e crescente independência institucional atribuída aos bancos centrais da maior parte das nações democráticas. De modo geral, os bancos centrais têm ganhado independência para que possam, sem as pressões sociais e políticas esperadas, determinar a política monetária em bases estritamente técnicas, buscando níveis ótimos de políticas macroeconômicas, especialmente na determinação das taxas de juros, de câmbio, do estabelecimento de metas de inflação, de políticas de comércio exterior, do nível de reservas internacionais etc.

Dessa forma, através de uma série de instrumentos como o estabelecimento do mandato fixo e da quarentena para os dirigentes dos bancos centrais, a institucionalização dessa independência claramente retira do controle social, do controle político e do debate nacional parte significativa de importantes políticas públicas na área econômica. O entendimento mais comum assegura que decisões tomadas no âmbito de burocracias altamente especializadas devem estar ao abrigo de influências leigas que venham surgir no seio da sociedade organizada, ou de dentro das instituições políticas mais fundamentais da democracia, como o Congresso Nacional e o sistema partidário.

Analisando as 36 democracias mais estáveis do planeta, Lijphart constata uma importante tendência em aumentar a independência dos bancos centrais, principalmente a partir do Tratado de Maastricht e da criação do Banco Central europeu:

---

[14] Ver mais detalhes em Bobbio, 1979:41.

os drásticos aumentos de independência concedidos aos bancos centrais por muitos países, notadamente na Europa e na América Latina, na década de 1990, deveram-se em grande parte ao Tratado de Maastricht, de 1992, que determina a independência do banco central como condição para a participação na moeda comum da Europa, e também à globalização financeira, que tornou importante para os países em desenvolvimento "darem a conhecer sua capacidade de crédito" aos investidores internacionais.[15]

Utilizando-se da média de dois conhecidos índices que medem o grau de independência dos bancos centrais, o de Cukierman-Webb-Neyapti e o de Grilli-Masciandaro-Tabellini, Lijphart classifica quais democracias concedem níveis mais elevados de autonomia a seus respectivos bancos centrais. Em ordem decrescente, os cinco países que apresentam legislação que confere maiores poderes aos bancos centrais são: Alemanha (o mais independente de todos), Suíça, Estados Unidos, Áustria e Canadá. Por outro lado, as cinco democracias que possuem bancos centrais menos independentes são, também em ordem decrescente: Noruega, que tem o banco central menos autônomo de todas as democracias estudadas, seguida pela Nova Zelândia, Espanha, Japão e Itália.

Assim, parte importante da definição da política macroeconômica da maioria das democracias modernas é empreendida fora das instâncias políticas tradicionais, não sendo passível de intromissão, controle ou fiscalização por parte do cidadão, da sociedade organizada, dos partidos políticos, da imprensa, do Legislativo e nem mesmo do Poder Executivo, ressaltando ao máximo o antagonismo entre a democracia e o modelo burocrático, que caracteriza a organização do Estado moderno.

No caso específico do Brasil, a instância máxima de decisão de política macroeconômica é nomeada pelo presidente da República. A composição do Conselho Monetário Nacional, que tem como membros o ministro do Planejamento, Orçamento e Gestão, o presidente do Banco Central do Brasil e o ministro da Fazenda, todos direta ou indiretamente subordinados ao presidente da República, deixa claro, portanto, que, pelo menos em tese, esse

---

[15] Lijphart, 2003:267.

órgão está sujeito às influências da esfera política. Por outro lado, o órgão que atualmente define as taxas de juros no Brasil, o Conselho de Política Monetária (Copom), é composto pelos diretores do Banco Central, que apresenta um perfil bastante técnico e especializado, logicamente menos suscetível às pressões da sociedade civil organizada e das instituições políticas.[16]

Pela utilização desses exemplos dos bancos centrais, a intenção deste trabalho é exatamente não deixar que percamos de vista os constrangimentos legais, técnicos e institucionais que permeiam todo o processo de formulação e implementação de políticas públicas. Por esse raciocínio, o limite da participação popular que a democracia incentiva e propicia encontra um obstáculo bem demarcado no caráter essencialmente técnico que subsidia as decisões da administração pública. A não observação da tensão entre democracia e burocracia, com as limitações rígidas que são estabelecidas, pode gerar um sentimento forte de desencanto e desestímulo com relação a esse regime político. Dessa forma, esse processo pode gerar uma frustração perigosa que é basicamente causada pelo desconhecimento dos limites da participação dos cidadãos nas decisões de interesse público.

Desse ponto de vista, torna-se bastante complexa e tensa a relação entre democracia e burocracia. Pela operação e desenvolvimento desse regime político, há um chamamento à participação nas decisões de interesse público. Em sentido oposto, a natureza cada vez mais técnica e especializada da formulação de políticas públicas afasta, constrange e inibe o cidadão anteriormente chamado a tomar parte nessas decisões, como atualmente acontece com a definição da política macroeconômica de muitos países democráticos.

Essas observações são relevantes na medida em que se faz necessária uma leitura realista sobre os limites do controle social, da mobilização e organização da sociedade civil e seus impactos positivos sobre a administração pública. Todo esforço por transparência e participação é mais que válido e necessário, mas os limites dessas ações não podem ser esquecidos,

---

[16] No último capítulo do livro, na parte que trata da reforma administrativa nas áreas institucional e cultural, fazemos uma breve análise da autonomia do Banco Central do Brasil durante o governo de Fernando Henrique Cardoso.

sob pena de, mais tarde, desencadearem uma atitude excessivamente cética e desalentadora com relação à capacidade da sociedade de decidir sobre os destinos e o modo de operação da administração pública.

Assim, se essas ressalvas apontadas fazem algum sentido, acreditamos sinceramente que um certo excesso de otimismo em relação à capacidade de se controlar e influenciar a ação estatal precisa ser combatido, sob pena de acarretar frustrantes e irrealizáveis expectativas. Essa decepção, ressalte--se, por ingênua e perigosa, compromete o apoio dos cidadãos ao regime democrático, de que se passa a cobrar resultados que não necessariamente estão relacionados com os fundamentos desse regime político, ou são deles dependentes.

Finalizando, é desnecessário dizer que as dificuldades apontadas não invalidam o sempre saudável e positivo esforço na busca por níveis maiores de transparência do Estado brasileiro, seja pela utilização de adequadas ferramentas de gestão, seja pela crescente mobilização da sociedade civil.

2. Transparência, informação e controle social

Um tema importante que não tem recebido tratamento adequado da bibliografia especializada é a questão da disponibilização da informação para o cidadão/eleitor, cliente preferencial da ação estatal, e da maneira como este a processa. Nos últimos anos, um grande esforço tem sido feito no sentido de conferir transparência aos atos da administração pública. A sociedade civil brasileira evoluiu muito nestas últimas décadas e tem conseguido fazer pressões bem-sucedidas sobre os gestores públicos. Por outro lado, valendo-se principalmente da tecnologia da informação, a administração pública também tem feito um esforço enorme no sentido de se tornar mais transparente e menos fechada, criando condições favoráveis para que se aumente o chamado controle social sobre os atos dos gestores governamentais e agentes políticos.

Pela sua relevância, tanto para a administração pública quanto para a sociedade, os esforços e transformações que visam aumentar os níveis de transparência, *accountability* e responsabilização dos dirigentes públicos brasileiros requerem uma análise um pouco mais detalhada. Assim, é intenção deste trabalho apontar algumas iniciativas que têm desempenhado papel importante nesse processo, discutindo os gargalos, os equívocos e os sucessos dessa enorme transformação da sociedade que, apesar de estar apenas em seu começo, representa um potencial inestimável para a administração pública. Porém, antes de fazermos uma avaliação das principais ações na busca por níveis mais elevados de transparência e *accountability*, é necessário inventariar alguns problemas que esse tema enseja.

Em grandes linhas, a transparência e a disponibilização da informação no setor público consagram, entre outros, dois grandes objetivos: atacar o importante problema da corrupção e propiciar o aperfeiçoamento constante das ações estatais. A máquina pública brasileira, como boa parte da sociedade, sofre com o problema da corrupção. No setor público, esse aspecto assume uma dimensão especial pela virulência com que a corrupção se tem manifestado nesse segmento e pela crueldade dessas práticas, que deixa desabrigada a maior parte da população que tanto depende de algum tipo de proteção estatal. Com o aumento da transparência das ações estatais, os mecanismos de controle social são aumentados, com impactos positivos sobre a responsabilização dos governantes, o que necessariamente leva à diminuição dos níveis de corrupção praticados no setor público.[17]

Por outro lado, quanto mais intensa for a circulação da informação, maiores serão as chances e oportunidades para que as políticas públicas sejam implantadas e ajustadas de maneira a ganhar em eficiência e eficácia. A ampla difusão da informação também abre oportunidades para que o usuário/cidadão possa interagir com os formuladores/executores, com provável ganho no aprimoramento de políticas públicas.

Em regra, as informações e os bancos de dados, públicos e privados, que subsidiam a formulação de políticas públicas no Brasil evoluíram muito nos últimos anos, com ganhos enormes em confiabilidade e refinamento. Atualmente, encontramos valiosos bancos de dados em instituições como Bacen, IBGE, FJP, Fipe, FGV, Dieese, Ipea, entre outras. Desnecessário ressaltar que informação de qualidade e bem focada não dispensa a interação com os usuários, sempre importante para o aprimoramento das políticas públicas. Sem querer carregar no otimismo, acreditamos que as informações mais cruciais para a formulação de políticas públicas no Brasil são de boa qualidade, não constituindo problema de maior importância. Acreditamos que, se a execução de políticas públicas não tem atingido seus objetivos, não é por falta de informações confiáveis ou por incapacidade técnica em focalizar com precisão os objetivos e o público-alvo das ações estatais. Na

---

[17] Sobre a corrupção no Brasil, ver Torres, 2002.

média, as informações técnicas que subsidiam a formulação de políticas públicas no Brasil são de boa qualidade, com os problemas mais relevantes se concentrando na fase de implementação e execução dessas políticas.

Por esse prisma, a transparência e a informação podem ser consideradas importantes mecanismos para aprimorar a implementação de políticas públicas, assim como para amenizar e restringir as mazelas causadas pela corrupção. Apesar de importantes, esses mecanismos não devem ser analisados sem uma adequada qualificação, pois despertam questões profundas e de difícil solução, especialmente em uma sociedade com a formação histórica da brasileira.

Atualmente, acreditamos haver uma aposta excessivamente otimista em relação à eficácia desses mecanismos de controle social. Além das dificuldades que são comuns às democracias modernas, precisamos ser cautelosos e realistas, considerando em toda a sua plenitude a nossa adversa herança histórica de uma sociedade civil fraca e desorganizada.

Uma primeira grande dificuldade surge quanto à capacidade de processamento das informações disponibilizadas pela administração pública. Outro problema também importante é o desinteresse do cidadão comum pelos assuntos públicos, tema que será tratado quando analisarmos a desorganização da sociedade civil brasileira. Mas o aspecto crucial que pretendemos destacar reside no fato de que, na maioria das vezes, as informações disponíveis são excessivamente técnicas para serem entendidas e processadas pelo eleitor-padrão.

Exemplificando com uma situação bem corriqueira, imagine-se a dificuldade do cidadão em analisar a execução orçamentária de uma unidade gestora, por menor que ela seja. Atualmente, essa prestação de contas já está disponível na internet para a grande maioria dos órgãos públicos brasileiros, inclusive os municípios. Na análise desses balanços, inúmeras dificuldades surgem: é uma quantidade grande de rubricas, gestões financeiras, projetos, atividades e princípios de contabilidade pública que são quase indecifráveis para o cidadão bem informado, para não falar do eleitor mediano.

Se ocorrem grandes fraudes no balanço de empresas de capital aberto, atentamente analisadas por técnicos especializados do mercado financeiro, imaginem-se as dificuldades e sutilezas que encontramos nos documentos que demonstram a execução orçamentária de determinado órgão público.

No primeiro semestre de 2002, foi divulgado pela imprensa mundial que grandes empresas americanas estavam fraudando seus balanços. Os casos das gigantescas corporações americanas, como a companhia energética Enron, a Xerox e a empresa de telecomunicações Worldcom, chamam atenção pela facilidade com que acionistas e analistas do mercado financeiro foram enganados. O raciocínio é simples: se esse tipo de fraude acontece na iniciativa privada, também pode facilmente ocorrer com os balanços oficiais, menos fiscalizados e analisados do que os balanços das empresas de capital aberto.

Como podemos constatar, o problema é complexo e de difícil equacionamento, uma vez que a informação está disponível, mas apresenta uma natureza altamente técnica e especializada que dificulta, e no limite inviabiliza, o controle social exercido pelo cidadão, objetivo primordial desse esforço de transparência empreendido pela administração pública brasileira. Estamos destacando um aspecto específico relacionado com a administração pública, alvo preferencial deste trabalho, mas outras dificuldades adicionais existem e são comuns a todas as áreas do conhecimento.

É usual escutarmos que vivemos em uma sociedade da informação, que esta se transformou no maior patrimônio ou vantagem comparativa de profissionais e mesmo de nações inteiras. Não restam dúvidas de que as informações são infinitas e nos chegam a todo o momento e por todos os meios, mas essa é precisamente uma parte importante da questão que precisa ser respondida: estamos preparados para processar satisfatoriamente esse volume descomunal de informações? Que uso temos condições de fazer das informações que recebemos?

Nesse contexto, alguns exemplos são contundentes: atualmente existem cerca de 3 bilhões de páginas disponíveis na internet; estima-se que uma única edição diária de um bom jornal contenha mais informação do que uma pessoa comum receberia em toda sua vida ao longo do século XVII. Outra observação também curiosa dá conta de que a ignorância relativa de uma pessoa aumenta a cada dia, por mais esforços que ela faça para estudar e manter-se atualizada. Isso porque, em qualquer área do conhecimento, cresce geometricamente o processo de criação, em contraste com a nossa limitada capacidade de processar toda essa frenética produção, habilidade esta que avança em ritmo aritmético.

Com esta constatação, desejamos claramente mudar o foco do problema em relação à administração pública brasileira, ressaltando um aspecto geralmente negligenciado por boa parte da bibliografia especializada. Mais especificamente, queremos alertar que não identificamos dificuldades maiores quanto à criação e divulgação da informação na administração pública brasileira e que os problemas mais relevantes surgem exatamente no momento do processamento dessa infindável produção.

Outro aspecto usualmente levantado pela bibliografia especializada refere-se ao caráter assimétrico da informação, ou seja, atores políticos em situações diversas recebem informações diferenciadas, em decorrência de suas posições estratégicas. Assim, alguns setores têm acesso a um volume maior e qualitativamente melhor de informações que necessariamente não estão disponibilizadas para outros participantes do jogo político, resultando em uma ação coletiva muito mais rica, precisa e sofisticada por parte dos atores mais bem informados, com importantes consequências para o resultado final das disputas sociais. Enfim, o acesso à informação dificilmente é igualitário para todos os atores envolvidos em determinado contexto político, gerando resultados diferenciados quanto ao acesso e ao processamento dessa importante ferramenta, implicando ações estratégicas com níveis variáveis de racionalidade coletiva.

Da mesma forma que na democracia há uma assimetria de informações entre representantes e representados, no caso particular da administração pública também observamos o mesmo problema. É possível sustentar que o dirigente e o gestor público estão em posição tendencialmente mais estratégica e privilegiada se comparada com a população em geral, que tem uma dificuldade grande em entender as características e o funcionamento da burocracia estatal.

Especificamente no que se refere à administração pública, acreditamos que os maiores avanços foram no sentido de produzir, dar transparência e divulgação às mais relevantes informações de interesse coletivo. Como veremos em vários exemplos adiante, a sociedade civil organizada conseguiu estabelecer um nível satisfatório de transparência e disponibilização das ações estatais no Brasil, restando ainda atacar os difíceis e quase insuperáveis problemas quanto ao processamento e à natureza excessivamente técnica dessas informações.

Antes de fazer um levantamento de alguns importantes processos que visam disponibilizar informações e dar transparência às ações estatais no Brasil, teçamos algumas considerações relevantes sobre esse assunto.

Em primeiro lugar, cabe ressaltar as diferenças gritantes que observamos no processo de transparência entre os três níveis de governo e mesmo entre os poderes, além das já esperadas disparidades de natureza estritamente regional. Entre os poderes da União, podemos afirmar, em linhas gerais, que o Judiciário é o mais fechado, em perspectiva comparada com o Executivo e o Legislativo. Até mesmo pelas suas funções precípuas, o Legislativo tem-se esforçado para se abrir mais vigorosamente para a sociedade civil, processo naturalmente mais difícil e lento no Judiciário, que na sua estrutura não contempla cargos eletivos e cumpre uma função basicamente técnica e muito especializada.

Considerando que, institucionalmente, o Legislativo tem uma vocação mais transparente e o Judiciário é mais voltado para si mesmo, o Poder Executivo ocupa um lugar intermediário nessa hierarquia, com muitos avanços nos últimos anos, em especial no que se refere à elaboração, execução e acompanhamento do orçamento federal. Avanços importantes também ocorreram pela publicização das compras governamentais e pelo incentivo a maior organização da sociedade civil através da constituição dos conselhos municipais, estaduais e federais, que atuam nas mais diversas áreas.

Nesse amplo processo de transparência e aumento da responsabilização política e da *accountability* governamental, a tecnologia da informação tem desempenhado papel fundamental. Não hesitaríamos em dizer que o investimento em tecnologia da informação representa uma ótima relação custo/benefício, haja vista que os ganhos quanto à transparência dos negócios públicos no Brasil são notáveis. No entanto, alertamos que, especificamente quanto ao governo eletrônico, é absolutamente impossível sistematizar de forma exaustiva os avanços e as experiências em curso. Isso porque, nos três níveis e esferas de governo, os projetos e programas de governo eletrônico são infinitos, com um potencial inovador absolutamente fantástico, bem como capacidade para empreender uma revolução silenciosa na administração pública brasileira.

Com relação aos três níveis de governo, observamos uma diferença muito grande quanto ao processo de abertura no sentido de contemplar melhores e mais intensas ações de transparência e controle social. Até por estar mais adiantado na utilização e desenvolvimento da tecnologia da informação, com um trabalho eficiente comandado pelo Ministério da Ciência e Tecnologia, o governo federal tornou-se relativamente bem transparente quanto à formulação e execução de políticas públicas, principalmente no que se refere à execução orçamentária e financeira. Importante nesse sentido foi o desenvolvimento do Livro Verde, que fez um diagnóstico da situação tecnológica no Brasil, prevendo investimentos, priorizando objetivos e estabelecendo metas de médio e longo prazos. Resultado do trabalho de mais de 300 especialistas brasileiros e estrangeiros e fazendo parte do Programa Sociedade da Informação, que contava com mais de R$3 bilhões de investimentos previstos no Plano Plurianual (PPA) 2000-03, o Livro Verde representa, entre outros, um esforço bem-sucedido de coordenação e desenvolvimento de produtos e serviços avançados de computação, comunicação e disponibilização de informações de interesse público.

Atualmente, acreditamos haver uma relação muito estreita e direta entre o nível de desenvolvimento da tecnologia da informação e os patamares de transparência na administração pública. Acreditamos fortemente que a tecnologia da informação desempenha um papel crucial nessa área, caracterizando um instrumento de fundamental relevância no sentido de trazer transparência e possibilitar níveis mais elevados de controle social e responsabilização política dos altos administradores públicos. Como veremos em detalhes mais adiante, o governo federal tem toda a sua execução orçamentária disponível em um sistema de grande utilidade gerencial que é o Siafi, pelo qual podemos analisar completamente as contas de todos os órgãos da administração direta da União. Nenhuma compra pode ser empenhada e liquidada se não for processada através do sistema desenvolvido e administrado pelo Serpro.

Pela relevância que a tecnologia da informação tem para o processo de transparência da administração pública, analisaremos esse assunto com um pouco mais de detalhes. Fazendo um inventário dos esforços para a implantação e desenvolvimento do governo eletrônico durante a presidência de Fernando Henrique Cardoso, a então secretária adjunta de Logística e Tecnologia da Informação do Ministério do Planejamento, Orçamento e

Gestão, Renata Vilhena, revela uma transformação positiva e significativa nesse aspecto específico da administração pública brasileira.[18]

Antes de explicitar as ações mais bem-sucedidas pela utilização da tecnologia da informação no âmbito da administração pública, a autora arrola os principais objetivos do Programa Governo Eletrônico, que foi incluído do PPA de 2000-03. São eles: prestação eletrônica de informações e serviços; regulamentação das redes de informação; prestação de contas públicas, transparência e monitoramento da execução orçamentária; ensino a distância, alfabetização digital e manutenção de bibliotecas virtuais; *e-procurement*, ou seja, aquisições de bens e serviços pela internet; estímulos aos negócios eletrônicos.

Tradicionalmente, a biliografia especializada divide em três as relações possíveis através do governo eletrônico: G2G (relações intragovernos e intergovernos), G2B (*e-procurement*, ou seja, relações estabelecidas entre a administração pública e seus fornecedores) e G2C (relações entre o governo e os cidadãos). É importante destacar as enormes possibilidades que se abrem com relação à utilização bem articulada dessas ferramentas. No primeiro caso, na relação que se estabelece intragovernos e entre governos, a administração pública poderia compartilhar bancos de dados, redes de informações e cadastros que implicariam aperfeiçoamento e economicidade na implementação de políticas públicas. O exemplo mais vistoso da relação G2B é sem dúvida o pregão eletrônico virtual, todo realizado pela internet, sem nenhum relacionamento direto e pessoal entre a administração pública e o fornecedor. Os casos de relações de nível G2C são inúmeros, haja vista que atualmente muitos serviços públicos estão disponibilizados por meio eletrônico, como marcação de consultas, inscrições na rede pública de ensino, fornecimento de certidões negativas, declaração de imposto de renda, entre outros.

Apesar da ainda alta taxa de exclusão digital (para uma população de cerca de 170 milhões de pessoas, o Ibope estimou que, em 2001, havia 23 milhões de usuários da internet no Brasil), o potencial de crescimento do governo eletrônico é imenso, consistindo em instrumento de vital importância para aprimorar, com eficiência e agilidade, a implantação e o desenvolvimento de políticas públicas e prestação de serviços.

---

[18] Vilhena, 2002.

Não pretendemos fazer, neste pequeno texto, uma relação exaustiva dos avanços do governo eletrônico no âmbito da administração pública, haja vista que essas ações se multiplicam velozmente nos três níveis de governo pelo Brasil afora, tornando praticamente impossível fazer um levantamento de todas essas múltiplas experiências. Dessa forma, a nossa intenção é apenas destacar que há uma revolução silenciosa ocorrendo na administração pública no que se refere à utilização da tecnologia da informação, o que tem significado enormes ganhos quanto à transparência, agilidade, eficiência, economicidade e ganho de produtividade nas ações governamentais.

Fazendo uma breve e sucinta menção aos avanços na área do governo federal, é possível dar uma ideia mais precisa da importância e alcance do governo eletrônico na vida dos cidadãos e no cotidiano das repartições públicas. Além dos avanços ainda tímidos com relação ao desenvolvimento de uma infraestrutura segura para certificação e autenticação digital de documentos públicos, Vilhena destaca algumas ações já consolidadas e bem-sucedidas: o portal <www.redegoverno.gov.br> reúne 21 mil *links* para sites governamentais, disponibilizando 1.700 serviços nas esferas federal e estadual; a Receita Federal estima que, em 2002, processou 15,5 milhões de declarações de imposto de renda, das quais 14,6 milhões foram apresentadas pela internet; a informatização das eleições brasileiras é paradigma para o mundo todo e, em 2002, abrangeu 320.458 seções, totalizando com segurança e rapidez os votos de 115.253.447 eleitores; apenas 28% dos serviços públicos federais não estão disponíveis na internet. O problema é que, dos 72% de serviços disponibilizados, apenas 19% são interativos e quase a metade, 49%, é meramente informativa, o que indica a necessidade de se agregar qualidade aos serviços públicos disponibilizados por meio eletrônico.

A partir de janeiro de 2001, o portal Comprasnet centralizou todo o processo de compras governamentais da União, dando muita transparência a um procedimento que é crítico para a administração pública. Em 2001, o Comprasnet publicou todos os 29.092 editais e avisos de licitação da administração pública federal, enquanto a Imprensa Oficial, por determinação legal, só foi obrigada a publicar 11.122 editais (dados gerados pelo próprio sistema que podem ser consultados no endereço <www.comprasnet.gov.br>). Dessa forma, o ganho que a administração consegue pelo aumento da publicidade dos seus procedimentos de compra, viabilizado pela utilização intensiva da tecnologia da informação, é inestimável, reduzindo substancialmente os preços praticados pelos fornecedores. É importante ressaltar que o portal Comprasnet oferece um serviço de assinatura ao fornecedor, que recebe, por meio eletrônico, todos os editais e informações na sua área de atuação. Com a implantação, a partir de agosto de 2000, de uma nova modalidade de licitação denominada pregão, há a possibilidade de se realizarem compras com a participação de fornecedores de todo o Brasil via internet, com inequívocos ganhos quanto ao preço e à lisura das mesmas. Ainda segundo Vilhena, entre agosto de 2000 e abril de 2002, foram realizados 5.150 pregões (dos quais 2.270 presenciais e 2.280 eletrônicos), movimentando R$1,27 bilhões, o que possibilitou uma economia estimada em aproximadamente R$250 milhões para a administração pública federal.

É interessante ressaltar que, como dissemos anteriormente, milhares de ações estão sendo implementadas pelo Brasil afora no sentido de incrementar a utilização da tecnologia da informação como ferramenta privilegiada para aumentar a transparência e a produtividade na administração pública. O pregão é um bom exemplo dessa multiplicação de ações, uma vez que vários estados e municípios já começam também a se utilizar desse mecanismo para realizar suas compras. Em Minas Gerais, por exemplo, o pregão eletrônico foi implantado em 10 de janeiro de 2002, através da Lei Estadual nº 14.167.[19]

Para citar apenas uma ação inovadora que está em curso no Judiciário, gostaríamos de apontar a experiência de alguns tribunais superiores de justiça do estado de São Paulo, que têm utilizado o sistema de videoconferência para colher depoimentos de traficantes. Os ganhos com a agilidade processual, economia de recursos e segurança são enormes, haja vista que é extremamente difícil e caro levar esses traficantes para prestar depoimentos diretamente à autoridade judiciária.

Em regra, toda unidade gestora da administração pública federal tem uma boa página na internet, com informações importantes quanto à execução orçamentária, formulação de políticas públicas, informações sobre suas

---

[19] Para uma análise das inovações que estão sendo implantadas em Minas Gerais, consultar Pereira, 2002.

principais ações, banco de dados etc., permitindo controle social e trazendo transparência para a administração pública.

Por um conjunto de ações que culminou com a Lei Complementar nº 100, de 4 de maio de 2000, denominada Lei de Responsabilidade Fiscal (LRF), que estabelece regras de finanças públicas voltadas para a responsabilidade fiscal e para a busca de transparência, o Executivo federal capitaneou um movimento considerável de disponibilização de informações de interesse público para a sociedade. De maneira contundente, esse arcabouço legal estimula e propicia o controle social, com inegáveis ganhos quanto à qualidade dos gastos públicos.

Várias questões estão sendo levantadas quanto à efetiva observância da LRF por parte dos governadores, que não estão respeitando os limites de endividamento, gastos com pessoal e outras obrigações fiscais por ela determinadas. Com a posse dos novos governadores em janeiro de 2003, passou a ocorrer um forte movimento para que os limites de endividamento e os percentuais mensais de pagamento à União sejam revistos, levantando uma série de dúvidas com relação à eficiência e eficácia da LRF. Muitos governadores não cumpriram com suas obrigações fiscais e ainda não foram punidos, abrindo um perigoso precedente que pode jogar por terra os importantes e cruciais avanços fiscais pretendidos com a LRF.

Mas, se os problemas são graves e preocupantes em relação à questão fiscal, não atingem a mesma proporção quanto aos aspectos diretamente relacionados com a transparência, em que as contribuições da lei já são sentidas e benéficas, em muito ajudando o controle social sobre a administração pública, em todos os seus três níveis e poderes. Apesar de algumas resistências localizadas, como a estapafúrdia conduta do Tribunal de Contas do Estado de Minas Gerais, que se nega peremptoriamente a fazer sua prestação de contas anual à Assembleia Legislativa, os impactos da LRF sobre a transparência das contas públicas têm sido positivos.

Ainda quanto aos três níveis de governo, até por uma característica muito particular (os estados são menos cobrados pelos cidadãos por suas ações e políticas públicas), há um certo atraso desses entes federados em se tornarem mais transparentes e monitorados por um controle social mais rigoroso.[20] A relação do cidadão com as três esferas de governo é muito diferenciada. Um dos motivos para esta diferenciação é a natureza da car-

---

[20] Abrucio, 1998.

ga tributária dos entes federados no Brasil. Como sabemos, o município e a União cobram impostos que incidem diretamente sobre os bens ou rendimentos do contribuinte (IPTU e IR, respectivamente), ao passo que a principal fonte de renda dos estados é o ICMS, um imposto indireto e praticamente imperceptível ou inidentificável pelo eleitor. Por isso, a exigência quanto à atuação dos prefeitos é muito mais rigorosa, por ser plenamente identificável que a prefeitura é responsável pela conservação das ruas, coleta de lixo, iluminação pública etc. Do mesmo modo, a exigência quanto ao governo federal também é muito grande, pois ele é responsável pelas variáveis macroeconômicas que se refletem intensamente sobre o cotidiano do cidadão, tais como inflação, taxa de juros, desemprego etc. Assim, a relação dos governos estaduais com a população é muito menos direta e intensa, com pouca visibilidade, criando uma penumbra que dificulta a exigência desta quanto aos primeiros.

Em boa parte, é essa característica que explica um certo atraso dos executivos estaduais em disponibilizar para a sociedade civil organizada informações corretas e confiáveis, vitais para o acompanhamento e controle das ações estatais. Sempre é bom lembrar que o nível de *accountability* e disponibilização das informações governamentais é bastante heterogêneo mesmo entre os estados, com alguns mais adiantados e a grande maioria ainda começando o processo de informatização e prestação de contas de suas ações por meio eletrônico.

Até por dificuldades financeiras, operacionais e tecnológicas, os municípios encontram-se bastante atrasados nesse amplo processo de melhoria dos níveis de *accountability* da administração pública, especialmente os menores, mais pobres e mais longínquos em relação aos grandes centros. O uso da tecnologia da informação tem sido restrito até mesmo por falta de infraestrutura física, uma vez que em 2002, de acordo com dados do Ministério das Comunicações, apenas 6% dos municípios dispunham de provedores locais de internet. No mesmo sentido, a Pesquisa de Informações Básicas Municipais, publicada pelo IBGE em novembro de 2003, apontava que em apenas 1.344 municípios a prefeitura tinha uma página oficial na internet. Assim, por essa enorme carência em relação à tecnologia da informação, os municípios têm caminhado vagarosamente no sentido de se tornar mais visíveis e suscetíveis aos controles sociais que em maior grau já balizam as ações estatais nos níveis federal e estadual.[21]

No plano municipal, a recente institucionalização dos conselhos municipais tem servido para mitigar as deficiências encontradas na área da tecnologia da informação. O incentivo à criação dos conselhos vem de forma praticamente impositiva, por determinação legal, pois geralmente o repasse de verbas federais ou estaduais é condicionado à sua criação. Dessa forma, foram criados vários conselhos em todos os municípios do Brasil, com a determinação de que sejam compostos por representantes de inúmeras instituições da sociedade civil organizada, tais como associações de bairro, sindicatos, cooperativas, pais de alunos, usuários do SUS, entre outras. Para ilustrar esse crescimento dos conselhos, reproduzimos na tabela 1 os dados divulgados pelo IBGE, na Pesquisa de Informações Básicas Municipais, que pode ser encontrada no site <www.ibge.gov.br>.

Tabela 1

Área do conselho	Número de conselhos
Educação	4.072
Saúde	5.426
Assistência social	5.178
Direitos da criança e do adolescente	4.306
Emprego/trabalho	1.886
Turismo	1.226
Cultura	734
Habitação	628
Meio ambiente	1.615
Transporte	270
Política urbana	334
Promoção do desenvolvimento econômico	924
Orçamento	271
Outros conselhos municipais	1.346
Total de conselhos municipais instalados no Brasil em 2001	28.216

---

[21] O BNDES tem um importante balanço sobre o uso da tecnologia da informação nos três níveis de governo. Ver Fernandes, 2001.

Esses conselhos têm a importante função de acompanhar as ações do poder público exatamente no local onde as mesmas são implementadas, trazendo parte da população para a arena de controle e discussão das políticas públicas. Praticamente em toda cidade brasileira iremos encontrar conselhos na área da educação, desenvolvimento rural, saúde, assistência social etc., sensibilizando e mobilizando a população no sentido de exigir políticas públicas melhores e mais bem focalizadas.[22] Apesar das dificuldades ainda encontradas para o adequado funcionamento dos conselhos, que sofrem com a interferência política de prefeitos e vereadores, não restam dúvidas de que o nível de transparência e *accountability* das políticas públicas tem melhorado, inclusive com o aperfeiçoamento dos mecanismos de controle da sociedade.

Mesmo reconhecendo que os conselhos não representam um tiro certeiro e único contra o patrimonialismo e o clientelismo que caracterizam boa parte das políticas públicas, certamente seu funcionamento tem desempenhado um papel importante no sentido de combater esses males que há séculos afligem a sociedade brasileira.

Antes de listarmos outros exemplos de avanços institucionais que propiciam níveis mais elevados de *accountability*, alertamos para que se faça uma leitura realista do impacto imediato desse processo de transparência. Apesar de promissores, esses avanços devem ser tomados com cautela e moderação, pois os frutos mais perceptíveis desse longo processo de responsabilização dos administradores públicos ainda terão de esperar por anos de aprendizado e aperfeiçoamento institucional. Não se supera com rapidez uma herança histórica tão forte e adversa e muito menos se desenvolve abruptamente o capital social de uma nação, pois esses processos são necessariamente lentos e difíceis.

Não pretendemos fazer uma lista exaustiva das principais medidas adotadas e das inovações legais que apontam no sentido de democratizar e disponibilizar a informação de interesse público, visando melhorar os níveis

---

[22] Uma análise qualitativa sobre o funcionamento desses conselhos ainda precisa ser realizada. Em alguns casos, é possível que, por serem obrigatórios, os conselhos existam apenas para cumprir uma formalidade. Questões como a composição, a autonomia e a frequência das reuniões devem ser analisadas de forma detalhada para se ter uma ideia real do poder e da influência desses conselhos.

de *accountability* e controle social no Brasil. Em vez disso, faremos apenas um pequeno inventário de algumas ações importantes que têm causado um impacto positivo sobre a administração pública nos últimos anos.

O marco legal maior que dita a diretriz e os objetivos mais fundamentais do Estado brasileiro quanto à publicidade está colocado pela Constituição Federal de 1988, que no art. 37, *caput*, preceitua que:

> A administração pública direta e indireta de qualquer dos Poderes da União, dos Estados, do Distrito Federal e dos Municípios obedecerá aos princípios de legalidade, impessoalidade, moralidade, *publicidade* e eficiência e, também ao seguinte (...).

A importância desse artigo é, além de determinar uma direção e caracterizar uma vontade da sociedade brasileira, garantir que todos os atos dos entes federados sejam regidos por esse princípio constitucional. Pelo princípio da hierarquia das leis, a administração pública de estados e municípios fica obrigada a observar os fundamentos da publicidade dos atos de autoridades públicas. É oportuno observar que, de acordo com o que foi visto anteriormente, a adoção rigorosa e enfática do princípio da publicidade pela administração pública resolve de modo satisfatório o problema da disponibilização da informação, lembrando mais uma vez que essa transparência tem eficácia limitada pelos constrangimentos e dificuldades quanto ao processamento de um volume enorme de informações técnicas.

É certo que, quando há a vontade deliberada de fraudar e esconder as informações de interesse social, o princípio da publicidade é o primeiro a sucumbir na administração pública. Combinada com o uso de uma linguagem excessivamente técnica, a não observância do princípio da publicidade causa danos enormes à capacidade da sociedade de monitorar as ações do governante mal-intencionado. Vejamos concretamente um caso de vontade deliberada de truncar e esconder informações que deveriam, por princípio constitucional, ser públicas e inteligíveis.

Na Assembleia Legislativa de Minas Gerais temos um caso clássico de tentativa de enganar o contribuinte pela sonegação de informações de interesse público. Entre 1999 e 2000, presidida pelo deputado Anderson Adauto, a Assembleia fez uma série de manobras jurídicas para elevar os salários dos deputados a padrões até cinco vezes maiores do que a remuneração dos deputados federais, chegando o presidente da Assembleia a receber salários de até R$95 mil por mês. Para fugir do controle social exercido pelo cidadão, a publicação das decisões que aumentavam os salários não eram propriamente publicadas no *Diário Oficial* de Minas Gerais, mas apenas mencionadas ou cifradas. Para ilustrar como se foi tão longe na intenção de enganar e de esconder informações do cidadão, destacamos uma dessas publicações dos chamados "decretos secretos", tal como reproduzida pelo jornal *Folha de S. Paulo*, de 15 de janeiro de 2003:

> É tomada a deliberação da Mesa nº 1.773, que altera a deliberação da Mesa nº 1.674, de 1999, de modo a restabelecer o anexo único da deliberação da Mesa nº 1.555, de 1998, que trata do fundo fixo.

Deve-se lembrar que as reuniões da Mesa Diretora eram também secretas, impedindo que mesmo os outros deputados tivessem conhecimento claro das decisões que estavam sendo tomadas em seus nomes. Felizmente, acreditamos que casos deliberados de má-fé e descaso com o princípio da publicidade como este têm diminuído no Brasil, pela própria capacidade da sociedade em cobrar uma postura mais transparente dos seus governantes. Por outro lado, esse comportamento prova cabalmente que a publicidade e o controle social são eficazes. O raciocínio é simples: se há a vontade deliberada em esconder e escamotear a informação, é sinal de que, uma vez conhecida, ela poderia implicar o cerceamento da ação deletéria dos parlamentares.

Nesse contexto, é preciso fazer uma observação de fundamental importância, alertando para a necessidade de se disponibilizarem informações estruturadas e gerenciais com que se possa trabalhar. Informações brutas e bancos de dados desorganizados não representam nada para o controle social, pela dificuldade que impõem para seu manuseio e processamento. Geralmente, quando autoridades mal-intencionadas pretendem elevar os custos da ação coletiva e do controle social, disponibilizam informações excessivamente técnicas, aleatórias e em grande quantidade, inviabilizando ou dificultando ao extremo o seu processamento e sua utilização para fins de responsabilização dos gestores públicos.[23]

---

[23] Sobre esse aspecto, consultar Abramo, 2002.

Avanços consideráveis também são observáveis quanto aos níveis mais elevados de *accountability* na relação entre Estado e sociedade no Brasil, em que podemos constatar progressos tanto na *accountability* vertical quanto na horizontal. No caso da primeira, o controle social e a institucionalização da democracia contribuem muito para que a população crie e desenvolva mecanismos de controle sobre o Estado e a administração pública. Poderíamos enumerar várias experiências positivas que indicam uma melhor articulação e organização da sociedade civil. Apenas como ilustração, é possível falar dos movimentos dos consumidores, das associações de bairro, do vertiginoso crescimento do terceiro setor, dos sindicatos, da expansão do voluntariado, da fixação dos perfis dos partidos políticos etc., que se traduzem em importantes ganhos quanto à capacidade de demandar mais ética, responsabilidade e transparência dos gestores da *res publica*. Os recentes processos de cassação ocorridos no Congresso Nacional nos últimos anos não deixam dúvidas quanto aos avanços, haja vista que figuras importantes do Parlamento foram cassadas diante de forte pressão popular clamando por transparência e austeridade.

Mesmo no Judiciário, poder menos transparente, mais corporativista e fechado sobre si mesmo, algumas mudanças positivas são observáveis. Pela primeira vez na história, em 2 de abril de 2003, os juízes do Superior Tribunal de Justiça, além de afastá-lo, abriram um Processo Administrativo Disciplinar (PAD) contra um de seus pares, o magistrado Vicente Leal, acusado de vender *habeas corpus* para traficantes de drogas.

Também no caso da *accountability* horizontal, entre os poderes constituídos, houve significativo progresso. De modo geral, a sociedade civil organizada tem conseguido fazer com que os poderes se controlem e se policiem, como no modelo idealizado dos *checks and balances*, ou freios e contrapesos, da democracia norte-americana. Nesse aspecto, o caso mais cabal é, sem dúvida alguma, o impedimento do presidente Fernando Collor em 1992, que representa uma das formas mais contundentes de controle mútuo entre o Legislativo e o Executivo.

Como dito anteriormente, a tecnologia da informação tem desempenhado papel relevante no sentido de trazer transparência e disponibilizar as informações públicas que a sociedade tanto requer. Os órgãos oficiais federais contam com boas páginas na internet que prestam serviços *on-line* aos cidadãos, além de disponibilizar sua execução orçamentária e financeira, tornando-se mais suscetíveis ao controle social. O avanço do governo eletrônico foi muito intenso nos últimos anos, colocando o Brasil entre os países que estão bem posicionados na prestação de serviços públicos por meio eletrônico, além de garantir um considerável grau de transparência na administração pública.

Não só a internet tem sido importante nesse sentido, com também os canais institucionais de televisão prestam enorme serviço à cidadania com suas transmissões. Como exemplo, podemos citar os canais da Justiça, da Câmara Federal, do Senado, de várias assembleias legislativas, do Executivo federal, entre outros, que com suas transmissões, muitas vezes ao vivo, cumprem a importante tarefa de trazer transparência às instituições públicas. No caso das TVs Câmara e Senado, é possível fazer o acompanhamento ao vivo de todas as votações do Congresso. A única ressalva é que essas transmissões não estão disponíveis nos canais da televisão aberta, apenas para os assinantes de TVs pagas, como Sky, Net etc., limitando o alcance dessas ações que estimulam o controle social.

O amadurecimento da imprensa nacional não poderia deixar de ser mencionado neste texto, uma vez que, desde a volta da democracia em 1985, a imprensa tem ocupado um lugar privilegiado quanto à tarefa de informar e democratizar a informação, especialmente a de interesse público. Importantes veículos da imprensa nacional cultivam uma característica independente e investigativa que muito contribui para trazer transparência aos atos da administração pública, com inegáveis ganhos quanto ao incremento da capacidade da sociedade de controlar os governantes e os administradores públicos. Desde a campanha pelas Diretas Já em 1984, passando pelo impedimento do presidente Collor em 1992, a grande imprensa tem cumprido um papel fundamental na busca da moralização da administração pública, ao trazer à tona casos de corrupção e disponibilizar informações vitais para que a opinião pública se posicione e busque a condenação dos envolvidos.

A análise da cobertura das eleições gerais de 6 e 27 de outubro de 2002 ilustra bem essa grande transformação da imprensa nacional. Em comparação com as eleições presidenciais de 1989, observamos importantes avanços na cobertura jornalística das disputas eleitorais. Constatamos ganhos significativos quanto à isenção dos meios de comunicação, quesito especialmente importante tendo em vista a cobertura tendenciosa da imprensa nas eleições presidenciais de 1989.[24] Constatamos também que houve um certo aprofundamento da discussão sobre os programas dos partidos. Houve razoável investigação da experiência administrativa dos candidatos, a natureza das composições eleitorais e partidárias foi razoavelmente debatida etc., envolvendo, instruindo e ajudando o eleitor a se posicionar entre as várias opções pessoais e partidárias incluídas na disputa pelo poder.

Inventariando os avanços institucionais das últimas décadas, é fundamental mencionar as mudanças ocorridas no Ministério Público. Com a Constituição de 1988, o Ministério Público incorporou inúmeras e importantes atribuições, tornando-se uma instituição de vital importância para a democracia brasileira, não apenas em seu aspecto formal, mas principalmente pelo ordenamento das relações cotidianas dos cidadãos. O suporte legal para esse amplo leque de ação está claramente delineado nas atribuições constitucionais do art. 127, *caput*:

> O Ministério Público é instituição permanente, essencial à função jurisdicional do Estado, incumbindo-lhe a defesa da ordem jurídica, do regime democrático e dos interesses sociais e individuais indisponíveis.

Naturalmente, é direito indisponível da sociedade contar com uma administração pública honesta, transparente e eficiente. Essa determinação constitucional aproxima o Ministério Público da população, que tem recorrido aos promotores e procuradores para reprimir ações nefastas dos gestores públicos. Instrumento importante para que o Ministério Público possa atuar nesse amplo raio de ação que lhe foi atribuído pela CF/88 é a ação popular, que incentiva e possibilita o questionamento judicial das ações dos administradores públicos. O texto constitucional, art. 5º, inciso LXXIII, é inequívoco:

> Qualquer cidadão é parte legítima para propor ação popular que vise a anular ato lesivo ao patrimônio público ou de entidade de que o Estado participe, à moralidade administrativa, ao meio ambiente e ao patrimônio histórico e cultural, ficando o autor, salvo comprovada má-fé, isento de custas judiciais e do ônus da sucumbência.

[24] Conti, 1999.

A importância dessas determinações constitucionais e da atuação do Ministério Público para a administração pública ainda carece de estudos mais detalhados, mas o fato de existirem, nas procuradorias estaduais, ações de improbidade administrativa contra mais de 2 mil prefeitos (quase um terço do total no país) é bastante sintomático. Em muitos casos, como em Minas Gerais, houve inclusive a criação de uma procuradoria especializada em crimes de prefeitos. Dessa forma, a sociedade conta com mais esse importante mecanismo que poderíamos chamar de controle social, além das instituições propriamente encarregadas de zelar pela correta utilização dos recursos públicos, como o Tribunal de Contas da União, os tribunais estaduais e municipais.

Outro importante mecanismo de transparência e controle social sobre a administração pública são as experiências positivas obtidas através do orçamento participativo, adotado em várias capitais e importantes cidades brasileiras nas últimas décadas. Por essa sistemática, parte dos recursos de investimentos das prefeituras é colocada para discussão junto à população interessada, que decide quais as obras prioritárias para aquela cidade. Basicamente, o orçamento participativo representa a retirada de parte da peça orçamentária dos centros tradicionais de decisão, diga-se, o Executivo e o Legislativo municipais, disponibilizando-a para debates junto à sociedade organizada. Das críticas que usualmente se fazem a esse mecanismo, duas merecem um pequeno comentário.[25]

Em primeiro lugar, cabe reconhecer que realmente a quantidade de verba disponibilizada para os programas é bem pequena, muitas vezes não passa de 5% do orçamento municipal. Esse é um problema sério e de difícil solução, uma vez que as despesas obrigatórias nas áreas de saúde e educação, com a folha de pagamento dos servidores, além dos gastos com custeio da máquina, dificilmente deixam alguma quantia significativa para investimento, e isso ocorre não apenas no nível municipal. Assim, esse processo de democratização do orçamento público encontra claros limites na rigidez orçamentária brasileira. Observe-se que, em nenhuma hipótese, essa limitação implica

---

[25] Para uma visão geral do orçamento participativo, consultar Avritzer e Navarro, 2002.

colocar em xeque as enormes virtudes do orçamento participativo, que se tem revelado um instrumento de fundamental importância para o exercício da cidadania e oportunidade excepcional para o aperfeiçoamento institucional da democracia brasileira.[26]

Outra crítica usual refere-se ao atrito que o orçamento participativo potencialmente desenvolve com as câmaras municipais, que têm a prerrogativa constitucional de aprovar o orçamento municipal. Os vereadores claramente perdem pelo menos uma parte de seus poderes e prerrogativas, uma vez que parcela de recursos é aplicada sem a interferência ou participação do Legislativo municipal, diminuindo o espaço de manobra e patronagem política dos políticos locais. Por essa superposição de funções, as câmaras costumam transformar-se em considerável elemento dificultador dos projetos de implantação do orçamento participativo.

Assim, essa resistência velada e nem sempre declarada das câmaras tem caracterizado o processo de implantação do orçamento participativo, dificultando, ou até mesmo inviabilizando, o seu amadurecimento ou desenvolvimento. Dependendo da intensidade dessa resistência, o orçamento participativo pode ser muito esvaziado. Obviamente, se importantes lideranças locais vinculadas aos partidos políticos deixam de interagir na elaboração do orçamento, este será comprometido em um dos fundamentos desse processo que é a participação popular.

É inegável que, apesar das dificuldades e das resistências culturais encontradas, o processo do orçamento participativo tem contribuído sobremaneira para trazer transparência, incentivar a participação popular e aperfeiçoar os mecanismos de controle social disponíveis sobre o Estado, especialmente a administração pública municipal. Desse aprendizado nem sempre linear e usualmente difícil, provavelmente resultará um Estado mais transparente e democrático e uma sociedade civil mais organizada e participativa.

Dos muitos avanços que experimentamos quanto ao grau de *accountability* da administração pública, poucos são tão importantes quanto a centralização orçamentária e financeira em um único sistema eletrônico, que é o Sistema

---

[26] Sobre o funcionamento do orçamento participativo em Belo Horizonte, consultar Somarriba e Dulci, 1997.

Integrado de Administração Financeira (Siafi), utilizado pela administração direta de todos os órgãos do Executivo federal. O Siafi vem sendo implantado e aperfeiçoado desde 1986 e seu estágio atual permite um completo e confiável acesso aos gastos de qualquer órgão a ele interligado. Dessa forma, nenhum empenho (que, na linguagem técnica, significa a contratação de bem ou serviço pela administração pública) ou pagamento são feitos sem que haja o registro no sistema. Desde contratações maiores, passando pelas licitações e até mesmo o pagamento de pequenas despesas, todos os gastos estão disponíveis no sistema para consultas. O Siafi também permite verificar o preço praticado pela administração pública na compra dos inúmeros itens que ela utiliza, inclusive com o valor unitário de cada bem adquirido.

Por tratar-se de dados complexos e técnicos, é compreensível que o cidadão comum não tenha interesse, acesso nem mesmo habilidade para processar esses números, mas o controle social é exercido através do Congresso Nacional. Todos os deputados federais e senadores têm livre acesso à senha mais alta do Siafi, que permite a consulta irrestrita dos gastos do Executivo federal. Pelas dificuldades técnicas inescapáveis, os parlamentares dispõem de assessores especializados na matéria para fazer o acompanhamento da execução orçamentária e financeira, tornando inteligíveis e disponíveis as mais relevantes informações sobre a qualidade dos gastos e as prioridades da administração pública federal. De modo geral, o uso da tecnologia da informação tem possibilitado um significativo avanço na disponibilização de todo o processo de execução orçamentária da administração pública.

Ainda no plano federal, o desenvolvimento do Sistema de Serviços Gerais (Sisg), programa que controla preços, gastos e empenhos e gerencia todo o processo de compras do governo federal, também utilizado com algumas adaptações por estados e poucos municípios, representa uma evolução enorme quanto ao controle e à transparência. Nenhum gasto é feito sem que seja contabilizado e processado no sistema, com pequenas exceções como suprimentos de fundos, cartões de crédito corporativos etc.

Por outro lado, depois da CF/88, o próprio Plano Plurianual, a Lei de Diretrizes Orçamentárias e a Lei Orçamentária de cada ano representam um claro indicativo dos rumos políticos do Estado brasileiro. Se bem analisados, esses documentos representam uma boa radiografia do Estado e da sociedade. Infelizmente, a discussão sobre a execução orçamentária fica muito restrita ao Congresso Nacional mas, à medida que esse assunto começa a ser expandido para a sociedade, os mecanismos de controle e acompanhamento são aprimorados, com enormes ganhos quanto à qualidade do gasto público no Brasil. Acreditamos firmemente que a sociedade terá muito a ganhar quando, de forma efetiva, começar a se interessar por esse assunto que, apenas aparentemente, é superficial, burocrático e pouco revelador.

Nesse contexto, como apontamos antes, as informações mais cruciais sobre a execução orçamentária já estão à disposição da sociedade através do Congresso Nacional e são qualitativamente confiáveis. Com o fim da inflação em julho de 1994, depois da implantação do Plano Real, a peça orçamentária brasileira tornou-se muito mais realista, confiável e suscetível de controle, comparações, análises etc., uma vez que a inflação galopante dos anos anteriores inviabilizava um estudo mais detalhado dessa importante radiografia dos gastos públicos.

Ainda quanto ao orçamento, mais um aspecto merece ser analisado. Ao longo da execução orçamentária existem, basicamente, dois tipos de transferências de recursos da União para estados e municípios: transferências constitucionais e transferências voluntárias. As primeiras são repasses que a Constituição determina e são obrigatoriamente transferidos através, por exemplo, dos fundos de participação dos estados e municípios, gastos mínimos em educação, saúde etc. Como não há margem de manobra ou barganha política nas transferências constitucionais obrigatórias, o espaço de atuação política e patronagem fica restrito às transferências voluntárias. Para manter, ampliar e melhor controlar a sua base de sustentação política no Congresso, o Executivo se utiliza das transferências voluntárias para garantir apoio político dentro do sistema de presidencialismo de coalizão.

A transparência e o controle das transferências voluntárias são também importantes pela grande quantidade de recursos que é repassada através dos convênios, instrumentos por excelência para fazer o repasse de recursos de um ente a outro da Federação. A LRF define transferências voluntárias como "a entrega de recursos correntes ou de capital a outro ente da federação, a título de cooperação, auxílio ou assistência financeira, que não decorra de determinação constitucional, legal ou os destinados ao Sistema Único de Saúde". De acordo com dados da Secretaria do Tesouro Nacional, as transferências constitucionais somaram, no exercício financeiro de 2001, R$61,36 bilhões, ao passo que as voluntárias totalizaram R$5,56 bilhões.

Visando trazer transparência e visibilidade a esse mecanismo razoavelmente suscetível e mais vulnerável da execução orçamentária, o Congresso Nacional aprovou uma lei que obriga uma ampla divulgação de toda e qualquer transferência voluntária para o Executivo municipal. É importante ressaltar que a prefeitura municipal que recebe verbas da União deve divulgar, para toda a sociedade organizada, o recebimento dos recursos para desempenhar ações públicas determinadas pelo instrumento que possibilitou o repasse. É uma pena que esse importante mecanismo de controle social venha sendo pouco utilizado e divulgado pela sociedade civil. Vejamos textualmente o que preconiza a Lei nº 9.452, de 20 de março de 1997, art. 2º:

> A Prefeitura do Município beneficiário da liberação de recursos, de que trata o art. 1º desta lei, notificará os partidos políticos, os sindicatos de trabalhadores e as entidades empresariais, com sede no Município, da respectiva liberação, no prazo de dois dias úteis, contado da data de recebimento dos recursos.

No mesmo sentido, a Lei nº 8.666, de 21 de junho de 1993, que estabelece normas gerais para contratos e licitações para todos os três poderes e níveis de governo, abriga esse importante mecanismo de controle social. Assim, todo repasse de verbas deve ser comunicado às respectivas casas legislativas, de acordo com o art. 41, §2: "Assinado o convênio, a entidade ou órgão repassador dará ciência do mesmo à Assembleia ou à Câmara Municipal respectiva".

Poucas leis no Brasil estabelecem uma relação tão intensa entre a administração pública, o fornecedor e o cidadão quanto a lei dos contratos e licitações. Essa lei regula todo o processo de compras da administração pública e legisla sobre boa parte das transferências de recursos intergovernamentais, além de prever as cláusulas mínimas para a elaboração dos contratos firmados entre a administração pública e os seus fornecedores. Por motivos óbvios, é do maior interesse para a sociedade que as compras governamentais e a relação administração pública/fornecedor sejam as mais transparentes possíveis. Esse é um mecanismo importante no sentido de garantir qualidade nos gastos públicos, trazendo para a sociedade o modo de operar de cada unidade gestora, haja vista a ampla publicidade que a lei prevê para todas as etapas da despesa pública feita através de uma das seis modalidades de licitação (concorrência pública, tomada de preços, convite, leilão, concurso e, recentemente, o pregão, instituído no âmbito federal pela Medida Provisória nº 2.026, de 4 de maio de 2000, convertida na Lei nº 10.520, de 17 de julho de 2002, sendo regulamentado pelo Decreto nº 3.555, de 8 de agosto de 2000).

Pela Lei nº 8.666/93, são vários os mecanismos de controle social disponíveis para uma melhor vigilância cidadã sobre a administração pública. Entre os vários artigos da lei que prevê o controle social, vejamos a redação do art. 41:

> Qualquer cidadão é parte legítima para impugnar edital de licitação por irregularidade na aplicação desta lei, devendo protocolar o pedido até 5 (cinco) dias úteis antes da data fixada para a abertura dos envelopes de habilitação, devendo a Administração julgar e responder à impugnação em até 3 (três) dias úteis, sem prejuízo da faculdade prevista no parágrafo 1º do artigo 113.

Exemplos como esses que analisamos podem ser buscados em várias instituições, na vasta legislação existente e na própria organização da sociedade civil, todos convergindo na direção de ressaltar avanços consideráveis no que se refere ao grau de transparência e *accountability* da administração pública. O caminho é longo e tortuoso, mas importantes passos estão sendo dados no sentido de fazer da sociedade civil organizada e mobilizada um importante mecanismo de controle político e administrativo da *res publica* no Brasil.

O impedimento de um presidente da República, as várias cassações de senadores e deputados no Congresso Nacional, os vários processos tramitando pelas instâncias do Ministério Público e o comportamento da imprensa, entre outros exemplos possíveis, não deixam dúvidas de que algo mudou na sociedade brasileira. Seguramente essa mudança implica a transformação e abertura do Estado brasileiro, que crescentemente tem sido cobrado no sentido de assegurar políticas públicas empreendidas de maneira transparente, econômica e eficiente, com todo o impacto positivo que esse processo desencadeia sobre a administração pública.

Assim, não desconhecendo as dificuldades quanto ao processamento da informação de interesse público levantadas anteriormente, acreditamos que a sociedade brasileira tem avançado muito no sentido de lograr níveis mais elevados de *accountability* e responsabilização política na sua intensa, difícil e dinâmica relação com a administração pública.

Para finalizar, gostaríamos de externar uma preocupação que pode ser traduzida da seguinte maneira: os esforços no sentido de implementar e desenvolver os mecanismos de controle social não podem significar o abandono ou esquecimento, como vem atualmente acontecendo, do aprimoramento das instituições tradicionalmente responsáveis pelo controle interno e externo. Infelizmente, as apostas no controle social vêm atrasando e mesmo adiando uma discussão em torno de uma melhor qualificação, aparelhamento e modernização dos instrumentos e instituições de controle, notadamente o Tribunal de Contas da União e os tribunais de contas dos estados.

Uma visão realista e inteligente não pode pretender suplantar o controle externo pelo controle social. Ao contrário, a situação ideal aponta para uma ação conjunta e articulada entre as instituições responsáveis pela transparência e *accountability* na gestão pública. A execução orçamentária e a vasta legislação que rege o cotidiano da administração pública são muito complexas e técnicas, requerendo instituições especializadas para garantir a melhor, mais eficiente e mais efetiva aplicação dos recursos públicos.

Atualmente, os órgãos de controle interno de cada poder e os tribunais de contas apresentam uma infinidade de deficiências e vícios patrimoniais que são históricos e graves. No entanto, nenhum esforço mais consistente tem sido feito para aprimorar, dar transparência ou viabilizar a valorização institucional dos tribunais de contas, que continuam ainda bem caracterizados pela conhecida frase de Vargas, que os entendia como o lugar onde se arquivam os amigos. O grande equívoco que percebemos depois da CF/88 é que o controle social tem recebido o merecido e adequado tratamento por parte da bibliografia especializada e dos atores políticos relevantes, condenando ao ostracismo e ao esquecimento um aparato institucional ainda crucial que, por décadas, tem permanecido imerso na mais completa tradição patrimonial da administração pública brasileira.

3. Impasses atuais das políticas públicas brasileiras

Apesar dos significativos avanços que relatamos no capítulo anterior, algumas dificuldades históricas ou impasses políticos ainda persistem, obstando a tarefa de fazer da administração pública brasileira uma organização democrática e eficiente. Ao analisar a estrutura administrativa, o padrão cultural e mesmo a filosofia de formulação, implementação e gerenciamento de políticas públicas que vem sendo montada no Brasil depois da CF/88, constatamos alguns problemas conceituais e institucionais que se colocam de maneira contundente. São empecilhos culturais, históricos, políticos e administrativos de difícil superação, que somente com o transcorrer do tempo, através do aprendizado cotidiano e do amadurecimento institucional, serão suplantados.

Acompanhando uma tendência internacional que se vem delineando desde meados da década de 1970, com os esforços de implantação da nova gestão pública, a engenharia institucional da administração pública brasileira concebida pela CF/88 se assenta sobre dois pilares fundamentais: descentralização e controle social. Quanto à descentralização, observamos um aumento enorme das atribuições constitucionais dos municípios, que ficam responsáveis pela operacionalização, implantação e gerenciamento das mais importantes políticas públicas do Estado. Nesse novo arranjo federativo, a União praticamente se retira das tarefas de execução de políticas públicas, tendência que já vinha sendo desenhada desde o Decreto-lei nº 200/67, permanecendo apenas com as funções de formulação, financiamento, normatização e fiscalização. Uma olhada rápida no art. 30 da CF/88, que lista as competências dos municípios, já demonstra de maneira inequívoca a relevância, abrangência e atribuições da esfera municipal no arranjo federativo brasileiro.

Quanto ao controle social, é um princípio que permeia toda a Constituição Federal e se estende pela vasta estrutura legal que dispõe sobre a formulação e implantação de políticas públicas no Brasil. O objetivo é aumentar a mobilização e organização da sociedade civil, rompendo séculos de inércia, apatia e dependência em relação ao poder público, em qualquer de seus três níveis.

Apesar dos avanços observáveis na sociedade e na administração pública, o processo de implantação desse modelo descentralizado e dependente da eficácia do controle social tem encontrado importantes entraves de natureza histórica, cultural e institucional.

São inúmeros os obstáculos e desafios que este modelo necessita superar para ser bem-sucedido e produzir seus melhores frutos. O objetivo deste capítulo é analisar alguns estrangulamentos defrontados pela administração pública, em decorrência do vertiginoso processo de descentralização administrativa desenhado pela Constituição de 1988.

Entre os vários problemas e dificuldades, entendemos que três antagonismos enfrentados atualmente pela administração pública merecem uma análise um pouco mais detalhada. Em grande medida, esses estrangulamentos confrontam a administração pública com um enorme dilema: ou supera as dificuldades apresentadas por nossa cultura política e pelo arranjo institucional descentralizado, ou a sociedade estará condenada a conviver ainda por muito tempo com um aparelho estatal clientelista, ineficiente e patrimonialista.

Da complexa e rica engenharia institucional brasileira, este capítulo irá concentrar-se em três variáveis que têm influenciado, de maneira intensa e negativa, a atuação da administração pública, comprometendo o desempenho do modelo descentralizado instituído pela CF/88: as dificuldades da ação coletiva; a sociedade civil desorganizada; as dificuldades da burocracia pública municipal.

Dificuldades da ação coletiva

No âmbito da ciência política, poucos temas são entendidos de maneira tão equivocada pela população e por muitos analistas quanto à questão da ação coletiva, que normalmente é tida como automática e suficiente para a transformação política das sociedades. Como o foco desta obra é a administração pública, vamos analisar apenas as dificuldades da ação coletiva de atores sociais sobre o Estado, deixando de lado os aspectos mais abrangentes que a teoria da ação coletiva desenvolve para as mais variadas relações sociais.

Neste pequeno trabalho, argumentamos que um dos maiores desafios para a superação dos males da administração pública brasileira consiste exatamente em não dar adequado tratamento teórico ao dilema da ação coletiva. Em nossa opinião, o grande equívoco consiste em dar como resolvidos, ou pelo menos bem encaminhados, os problemas da ação coletiva. Em certa medida, existe uma concepção de que o processamento das pressões sociais e a formulação das políticas públicas se dariam da seguinte maneira:

Ação coletiva ⇒ Estado/administração pública ⇒ políticas públicas

Por esse entendimento, a sociedade se mobiliza por grupos de interesse e, através de uma ação coletiva organizada e concatenada, pressiona o Estado para que este implemente políticas públicas direcionadas aos atores políticos previamente articulados.

O grande problema, ainda não processado adequadamente pelos formuladores das políticas públicas, é o fato de que muitos fatores intervenientes atuam no sentido de quebrar a lógica dessa sequência por eles esperada. O modelo de ação estatal concebido pela CF/88 contempla uma armadilha perigosa: conta com a eficiência e a racionalidade dos atores sociais quando vão empreender suas demandas sociais na arena pública. Assim, o primeiro estágio de tal esquema apresenta muitas variantes inesperadas, ou seja, a lógica da ação coletiva muitas vezes contraria a atitude esperada de ação política.

A ação coletiva, muitas vezes empreendida de maneira incorreta e infrutífera, pode contrariar os próprios interesses dos grupos envolvidos e pode também, como é mais usual, simplesmente não ocorrer. Como o modelo concebido conta com a organização e mobilização da sociedade, quando há problemas com a ação coletiva ou falha nos mecanismos de pressão política, boa parte das demandas e a implementação de políticas públicas ficam comprometidas. Essa é uma das explicações para as dificuldades que temos encontrado para aprimorar o Estado, conferindo eficiência, transparência e *accountability* à formulação e execução de políticas públicas. Esse aspecto precisa ser mais bem analisado pelos estudiosos, que tomam os dilemas da ação coletiva como resolvidos. Pela importância dessa matéria no contexto atual da sociedade e da administração pública, analisaremos como esse problema é tratado na bibliografia especializada e de que maneira ele tem afetado a democratização do Estado brasileiro.[27]

Para efeito da teoria da ação coletiva, a sociedade é, em geral, dividida em três grupos que normalmente se sucedem de acordo com seu nível de organização social.[28] Em primeiro lugar, chamamos de *categoria social* um grupo que reúne pessoas que têm apenas algumas características em comum, como, por exemplo, gostar de viajar, ter olhos azuis ou possuir um animal de estimação. É cristalino que não existe necessariamente um interesse ou organização em comum entre os vários componentes desse grupo social. O estágio intermediário, denominado *grupo latente*, em geral composto por grandes conjuntos, representa pessoas que claramente têm algum interesse comum, como estudar na mesma escola, morar na mesma cidade ou integrar o enorme grupo dos consumidores de determinado país. Nesse estágio, apesar do interesse comum, ainda não observamos nenhum tipo de ação coletiva sincronizada. A terceira e última categoria, o *grupo organizado*, representa já um grupo de interesse organizado, com mecanismos de decisão e capacidade de ação coletiva, ou seja, possui habilidades e meios para demandar políticas públicas. Em outras palavras, o grupo organizado representa um grupo latente com capacidade de mobilização de seus integrantes.

O grande problema teórico que surge dessas observações seria o entendimento das condições, pré-requisitos e mecanismos que levam um grupo latente a se tornar um grupo organizado capaz de, eficientemente, fazer

---

[27] Boa parte deste livro está ancorada em um livro clássico de Mancur Olson (1999).

[28] Essa divisão é adotada por Boudon e Bourricaud, 2000.

pressões bem-sucedidas sobre o Estado, que, em resposta, implementaria políticas públicas voltadas para o atendimento de suas demandas.

Por si só, uma característica de nossas modernas sociedades, como já apontava Madison nos *Papéis federalistas*, age naturalmente contra uma melhor articulação dos grupos de interesses: a grande multiplicação dos atores políticos em nossas complexas sociedades. Efetivamente, cada cidadão desempenha uma quantidade enorme de papéis sociais, o que pulveriza seus interesses por uma vastidão de situações políticas e instituições sociais. Assim, pela quase infinita quantidade de grupos latentes a que um cidadão naturalmente pertence, fica menos visível a necessidade de ação em cada um deles. Também surge com intensidade o problema da priorização, ou seja, a difícil opção de escolher em quais grupos e associações o indivíduo irá atuar com mais dedicação, haja vista que é, naturalmente, impossível participar de todas as instituições que defendem alguns de nossos interesses.

Também fica cada vez mais acirrada a disputa por fatias de poder ou políticas públicas por parte de um número enorme de atores sociais, cada qual buscando o melhor atendimento para suas demandas. Ainda seguindo o raciocínio de Madison, quanto maior for a quantidade de atores sociais, menores as chances de predomínio de um deles. É esse o funcionamento do mecanismo que o autor descreveu como controle da maioria pela multiplicação das minorias. Assim, o cidadão moderno não defende apenas um interesse manifesto, mas uma infinidade deles. Naturalmente, essa multiplicação de papéis sociais, que pulveriza o interesse do cidadão, dificulta a percepção dos atores e desestimula a sua ação em um desses grupos de interesse.[29]

Outra questão, lembrada por Karl Marx, é o fato de que nem sempre o interesse individual e o coletivo são coincidentes. Imagine-se uma situação em que um capitalista tem de tomar a decisão de fazer ou não determinado investimento para incrementar sua produção e conquistar uma fatia maior do mercado. É evidente que, nessa situação específica, o interesse do capitalista é conflitante com o de seus demais concorrentes, uma vez que, para ele, a situação ideal é que seus concorrentes não façam investimentos visando a expansão da produção.

---

[29] *Os Pensadores*, 1979.

Para efeito de ilustração, vamos considerar uma fictícia situação de excesso de determinado produto agrícola de lavoura perene. Vamos imaginar também que, como forma de atacar o problema, uma associação dos produtores aconselha a erradicação de parte das plantações, como medida para equilibrar a relação produção/consumo. Com grande probabilidade, a melhor opção individual é exatamente ampliar a área plantada e aproveitar a possível melhora futura das cotações enquanto os concorrentes erradicam suas lavouras. O exemplo deixa claro que não basta haver o interesse comum dos produtores para que determinada ação coletiva seja empreendida com sucesso. Todos desejam a melhora da cotação, mas o capitalista individual tem uma visão diferente do restante do seu grupo de interesse. Nesse contexto específico, fica evidente o antagonismo entre a racionalidade individual e a coletiva. Sabemos também que em outras situações, como fartamente demonstrado na bibliografia econômica, a racionalidade individual pode, com facilidade, se traduzir em uma irracionalidade coletiva, antagonizando muitas vezes os interesses do indivíduo e os do grupo ao qual ele pertence.

Como podemos observar, há uma noção ingênua de que, havendo o interesse comum, o resultado será uma ação política na defesa desses interesses, como explicitado na sequência a seguir.

| Interesse comum ⇒ tomada de consciência ⇒ ação coletiva |

Normalmente, analistas e gestores públicos não elaboram bem a explicitação dos fatores que impedem, ou dificultam, o desenvolvimento dessa sequência aparentemente lógica e esperada. Constatamos que a existência do interesse comum é necessária, mas não suficiente, para a ação coletiva, que é provavelmente o mais adequado mecanismo de pressão política sobre o Estado. Na tentativa de explicitar melhor esses problemas, vejamos a seguir alguns constrangimentos à ação coletiva enumerados pela bibliografia sociológica.

Não percepção

Com frequência, ocorrem situações em que as pessoas podem simplesmente não reconhecer, de imediato e com facilidade, os próprios interesses.

Por isso, a tomada de consciência dos membros de um grupo latente fica comprometida, impedindo a implementação de ações coletivas que visem fazer demandas junto ao Estado. Em várias circunstâncias do cotidiano deparamos com a esdrúxula situação em que a pessoa, por ignorância ou por decisão própria, age contra seus mais caros interesses. O aluno já maduro que toma a decisão de não mais estudar, o motorista que dirige de maneira irresponsável e coloca sua vida em risco, o fumante que não abre mão do seu prazer imediato etc., todos esses são exemplos de situações nas quais o interesse pessoal não está sendo adequadamente percebido ou defendido.

Quantas vezes não desperdiçamos oportunidades importantes em nossas vidas apenas por desconhecer o real e mais importante significado de cada uma das opções que nos são apresentadas em determinado contexto de escolhas? Se essa espécie de equívoco acontece no plano individual, em que questões menos complexas estão envolvidas, imagine-se no plano coletivo, caracterizado pelo contexto heterogêneo que abriga um número geralmente enorme de variáveis, que exigem níveis elevadíssimos de racionalidade para que o melhor caminho seja encontrado.

Em trabalho clássico da ciência política, Rousseau expõe bem a dificuldade que as pessoas ou grupos sociais encontram para reconhecer com precisão os próprios interesses. Em duas passagens exemplares do *Contrato social*, os equívocos e perigos de uma opção política que contraria os próprios interesses são claramente apresentados:

> Conclui-se do precedente que a vontade geral é sempre certa e tende sempre à utilidade pública; donde não se segue, contudo, que as deliberações do povo tenham sempre a mesma exatidão. Deseja-se sempre o próprio bem, mas nem sempre se sabe onde ele está. Jamais se corrompe o povo, mas frequentemente o enganam e só então é que ele parece desejar o que é mau.[30]

No mesmo sentido e logo adiante no livro, o autor reforça essa preocupação com a falsa percepção dos próprios interesses:

---

[30] Rousseau, 1991:46.

Como uma multidão cega, que frequentemente não sabe o que deseja porque raramente sabe o que lhe convém, cumpriria por si mesma empresa tão grande e tão difícil quanto um sistema de legislação? O povo, por si, quer sempre o bem, mas por si nem sempre o encontra. A vontade geral é sempre certa, mas o julgamento que a orienta nem sempre é esclarecido.[31]

Defecção

Em muitas situações, apesar de ter a clara percepção de seus interesses, o cidadão, por uma série de fatores, se acomoda e opta por não agir no sentido de lutar para que seus interesses sejam atendidos. Por acomodação, descrença ou apatia, a inércia pode ser mais provável que a ação, fazendo com que a pessoa busque os atalhos mais fáceis para a resolução de seus problemas.

Essa situação pode ser bem exemplificada pela opção que a classe média brasileira fez, ao migrar para as escolas e planos de saúde particulares. Pelo cálculo da relação custo/benefício, diante da deterioração dos serviços públicos de saúde e educação, a solução mais fácil, imediata e cômoda para a classe média foi migrar para as escolas particulares e adquirir planos de medicina privada.

Assim, em vez de lutar pela melhoria dos serviços públicos através de uma ação coletiva coordenada, a defecção tornou-se a opção política preferida pela classe média, que simplesmente não se articulou e deixou que todo o sistema de políticas públicas para a educação e saúde fosse sucateado pelo Estado. Mesmo pagando caro e sacrificando o orçamento da família por serviços ainda ruins na rede particular, a classe média optou por não se organizar na demanda por melhores serviços públicos, preferindo resolver o problema por vias transversais, atuando de maneira individual, imediatista e desorganizada.

Tamanho do grupo latente

Para o bom entendimento das dificuldades de se empreender a ação política organizada, considerar o tamanho do grupo latente é fundamen-

---

[31] Rousseau, 1991:56.

tal. Com relação a essa variável, dois problemas são cruciais no sentido de desestimular a ação coletiva: se o grupo é demasiado grande, a contribuição marginal da participação individual tende a ser nula; por outro lado, se o grupo é muito pequeno e poucos participam, o resultado da ação coletiva tende a ser pífio e os custos individuais da participação são crescentes.

Vejamos alguns exemplos. Vamos considerar o movimento pelas Diretas Já, em 1984, e procurar entender a posição de um cidadão que está analisando a necessidade da sua participação para o êxito do movimento. O raciocínio mais corriqueiro nessa situação é que a sua participação individual nas passeatas não fará a menor diferença, haja vista que centenas de milhares de pessoas estão lotando as praças públicas pelo Brasil afora. Por isso, pelo enorme tamanho do grupo latente, a lógica pura e fria indica que o mais racional é que o movimento não precisa da sua participação individual, o que incentiva a apatia e exige graus elevadíssimos de mobilização e incentivos ideológicos para que a ação política aconteça. O enorme nível de abstenção observado nos países em que o voto não é obrigatório também pode ser, em parte, explicado por esse tipo de raciocínio. Nas eleições *midterm* realizadas nos Estados Unidos em novembro de 2002, a abstenção chegou a 72% dos inscritos para votar. Sem dúvida, isso demonstra um certo descrédito das instituições democráticas, mas também pode ser explicado pelo fato de que o voto de um único eleitor não fará a menor diferença no resultado, o que desestimula o cidadão a sair de casa para participar do pleito.

Em um grupo latente muito grande, o problema do *free rider* surge com muita contundência, uma vez que a ação individual, ao contrário do que defende a teoria mais difundida dos grupos sociais, não se dará através de um cálculo racional e estratégico, muito antes pelo contrário. Por dois motivos esse comportamento individual pode ser explicitado: primeiro, como o grupo é muito grande, a necessidade da ação individual de cada membro para o sucesso do pleito é nula, pulverizada entre milhares de cidadãos; segundo, em geral, os benefícios e ganhos resultantes da ação coletiva de um grande grupo não podem ser individualizados, contemplando indistintamente quem participou e quem não participou das mobilizações. Dessa forma, do ponto de vista individual, é mais racional não participar da ação coletiva e esperar pelos ganhos futuros que a todos serão distribuídos indistintamente. Nesse caso, a ação coletiva pode até ocorrer, mas não depois de um cálculo racional e estratégico do cidadão tal como concebido pela teoria econômica. Provavelmente, ela virá através de um apelo cultural, político, psicológico ou religioso, entre outros.

Em uma passagem exemplar, Olson retrata bem essa situação do cidadão dentro de um grande grupo social:

> Assim, no grupo latente um indivíduo não pode, por definição, fazer uma contribuição perceptível a qualquer esforço grupal e, já que ninguém no grupo reagirá se ele não fizer nenhuma contribuição, ele não terá incentivo para contribuir.[32]

Já na outra situação, se o grupo de interessados é muito pequeno, a participação de cada membro se torna crucial e os custos individuais tendem a ser maiores. Supondo que um pequeno e importante setor de uma empresa tem interesse em algum tipo de reivindicação, a participação de todos os membros do setor é fundamental para o sucesso do pleito. Por outro lado, a posição de cada um dos participantes é com facilidade identificável pela direção da empresa, o que torna o custo de participar do movimento pessoalmente alto, pois a resposta da direção pode ser logo focalizada e direcionada sobre os membros que adotaram atitudes julgadas impertinentes pela empresa. Como podemos perceber, também em um grupo pequeno, como nos grupos muito grandes, existem vários óbices que dificultam, e no limite inviabilizam, a ação coletiva que busca a defesa dos interesses políticos e sociais dos mais diversos grupos da sociedade.

Lembremos, por fim, que o trabalho de Olson, que tão bem elucida os problemas da ação coletiva, é especialmente voltado e teoricamente aplicável aos grandes grupos, uma vez que, em geral, a ação coletiva tende a ser mais eficiente e bem-sucedida nos pequenos grupos.

Custos altos

Um fator pouco lembrado pelos formuladores de políticas públicas e estudiosos da mobilização popular é que os custos da ação coletiva são

---

[32] Olson, 1999:63.

variados e altos. Faremos uma análise não exaustiva de alguns desses custos individuais da participação política.

Em primeiro lugar, é preciso tratar da questão fundamental que é a informação. Como sabemos, só existe boa ação política se esta estiver bem informada, se as decisões forem tomadas depois de uma complexa e acurada análise da conjuntura, das possibilidades de ação, dos atores sociais envolvidos, das alternativas que se colocam, dos riscos de cada atitude etc. O grande problema passa a ser, então, a busca da boa informação e o desenvolvimento da capacidade de processá-la adequadamente.

Assim, vejamos algumas das dificuldades mais comuns nessa tarefa crucial de buscar, analisar e interpretar corretamente a boa informação. Como sabemos, a informação é um bem precioso e por isso muito caro, especialmente para os setores mais carentes da população. Atualizar-se exige ter contato com revistas, jornais, livros, internet, televisão a cabo etc., que são serviços caros e nem sempre de fácil acesso, pois muitas cidades brasileiras não têm provedores locais de TV a cabo e de internet, alguns bons jornais nacionais só chegam com muito atraso etc.

Além do dinheiro, a aquisição da informação exige tempo e disposição. É preciso dedicar horas cada vez mais escassas para se manter informado, o que é especialmente complicado para a maior parte da população trabalhadora do Brasil, que não dispõe de tempo para se dedicar a esse luxo.

A participação política também exige sacrifícios pessoais consideráveis que usualmente o cidadão comum não está disposto a fazer. O custo pessoal da ação política de um trabalhador que, por exemplo, pretende acompanhar as assembleias do orçamento participativo do seu município é relativamente alto. Para acompanhá-las, muitas vezes ele terá de fazer deslocamentos longos e caros, deverá abrir mão do seu escasso tempo de lazer, não poderá ficar com a família no aconchego de sua casa, entre outros sacrifícios pessoais.

Por outro lado, o exercício da democracia e da ação política também é consideravelmente problemático do ponto de vista da conduta individual. Normalmente, a participação política requer um alto grau de exposição individual, tolerância para com os adversários, argumentação em condições nem sempre favoráveis, convivência com pessoas desagradáveis ou notadamente arrogantes, desonestas etc.

Lógica temporal

Outra dificuldade quanto ao empreendimento de uma ação política organizada na defesa de determinados interesses consiste na diferença entre os momentos da ação e dos benefícios dela advindos. Muitas vezes, os custos da ação coletiva são imediatos e os ganhos são de médio ou longo prazos. Por isso, a lógica temporal (custo imediato e benefício futuro) pode ser desanimadora. Para a melhoria do sistema público de saúde, educação, segurança, meio ambiente etc., a nossa ação deve ser pronta e imediata, mas dificilmente veremos alguns resultados positivos num curto espaço de tempo. Portanto, é difícil mobilizar o cidadão para sair de sua casa nesse momento a fim de evitar que determinada área verde seja degradada, trazendo consequências que só poderão ser percebidas daqui a décadas ou séculos. Esse paradoxo pode muito bem ser exemplificado pela seguinte situação: não é razoável para uma família lutar pela melhoria da escola pública de seu bairro pensando apenas na educação de seus filhos. É possível que, quando a melhora do nível de ensino for perceptível, seus filhos já não necessitem mais dessa escola, talvez já estejam na universidade.

Custos individuais, ganhos coletivos

Geralmente, nos movimentos de ação coletiva, os ganhos obtidos são perceptíveis e distribuídos para toda categoria social, independentemente da participação individual, incentivando o comportamento *free-ride* anteriormente citado. Em uma greve dos trabalhadores de uma empresa por aumento salarial, os possíveis ganhos atingirão todos os funcionários, independentemente da participação individual no movimento de reivindicação. Se o ganho é coletivo, o mesmo não acontece com os custos da participação, que são individualizados. Cada operário terá de enfrentar a resistência do chefe, terá de abrir mão de seu tempo livre para participar das assembleias, correrá o risco de sofrer represálias etc. Exemplo clássico dessa característica é o corte do ponto do funcionário grevista, com a consequente redução no salário, que atinge individualmente o operário participante do movimento de reivindicação.

Para contornar esses constrangimentos inibidores da mobilização e estimular a participação dos filiados, organizações sindicais, partidos e associações apelam para a distribuição dos chamados incentivos seletivos, que são naturalmente individualizados. Esses incentivos podem ser positivos ou negativos. Os primeiros geralmente são postos de atendimento médico, escolas para filiados, convênios com farmácias e empresas de transporte, clubes de lazer, entre outros, e visam garantir a fidelidade dos associados, além de manter o mínimo de articulação e mobilização na defesa dos interesses de determinada categoria social. Os incentivos seletivos negativos são punições ou alguma coerção aplicada sobre os não associados, como a necessidade de se filiar ao Conselho Regional de Medicina, Odontologia ou Engenharia, para o exercício da profissão. Na prática, não fossem esses benefícios oferecidos no intuito de garantir a participação individual para a conquista de interesses coletivos, o raio de atuação e a intensidade das ações políticas dessas instituições seriam ainda mais restritos.

Finalmente, cabe ressaltar um aspecto que merece ser bem explicitado. É inequívoco que as pessoas envolvidas nos processos de tomada de decisões, tanto na iniciativa privada quanto no setor público, conhecem muito bem todas as dificuldades de se empreenderem ações políticas concatenadas e organizadas na defesa de interesses particulares e coletivos. Por conhecerem bem essa realidade, ao tomar suas decisões, os dirigentes e gestores públicos contam com a inércia da sociedade, dos grupos políticos, sindicatos, consumidores etc.

Nesse aspecto peculiar, a bibliografia marxista sobre a ação coletiva é bastante atenta às questões que arrolamos. Especialmente a produção teórica de Lênin é muito consciente dessas dificuldades. Ao destacar o papel dos *líderes e intelectuais orgânicos* na organização do partido e das massas, o autor reconhecia e buscava contornar todas as dificuldades levantadas pela teoria sociológica. Assim, a tarefa da luta política organizada e revolucionária tinha de ser obra de profissionais preparados para esse tipo de ação, pois Lênin já desconfiava da atitude pouco efetiva e espontânea das massas operárias.

Na intenção de evitar equívocos e interpretações apressadas com relação às dificuldades da ação coletiva, alguns pequenos comentários precisam ser elaborados. Em primeiro lugar, parece-nos claro que as dificuldades apontadas pela teoria não necessariamente inviabilizam a tomada de consciência política e a organização dos vários setores na busca e defesa de seus interesses. Se os pressupostos apontados pela teoria fossem imperativos, decididamente não haveria ação coletiva, o que é com facilidade desmentido pela enorme evolução experimentada pela sociedade brasileira nos últimos anos.

A realidade é que, não obstante os obstáculos apontados, existem vários outros elementos que incentivam e propiciam ações coletivas bem articuladas e eficientes. Além dos incentivos seletivos mencionados, que são eficientes, há uma infinidade de apelos ideológicos, culturais, religiosos, sociais e políticos que são bem-sucedidos na tarefa de mobilizar e organizar a sociedade, fazendo com que os cidadãos se envolvam na defesa de suas concepções e interesses. Dessa forma, a organização social, institucional e política de determinada sociedade provavelmente vai ser a diferença da equação entre os empecilhos e dificuldades inerentes à ação coletiva e a capacidade de associações, sindicatos, partidos políticos etc. em mobilizar e articular os vários setores que compõem a sociedade. Se a capacidade de articulação e mobilização for suficiente, haverá a ação coletiva; por outro lado, nenhuma ação política será empreendida se os mecanismos de convencimento e apelos culturais, sociais, ideológicos ou étnicos forem insuficientes.

É evidente que essas dificuldades organizacionais são mais acentuadas para os estratos mais carentes, desinformados e desorganizados da sociedade, que acabam alijados dos benefícios da ação estatal, sendo preteridos em favor dos grupos mais organizados e inseridos da sociedade.

No Brasil, temos um agravante fundamental a toda essa enorme quantidade de obstáculos que os cientistas sociais têm apontado para o sucesso e a eficácia da ação coletiva. O problema é histórico e está fincado em nossas mais profundas raízes: a herança patrimonialista da colonização portuguesa, que iremos abordar em seguida.

Sociedade civil desorganizada

Como já apontado, um dos grandes problemas para a formulação, implementação e gerenciamento de políticas públicas eficientes, eficazes e bem-sucedidas no Brasil é a aposta no que podemos chamar de espírito da CF/88. Saindo de um longo período de centralização política, com a completa anulação dos papéis dos estados e municípios durante o regime militar, a CF/88 apresenta um espírito descentralizador muito forte. Nesse contexto, várias políticas públicas importantes nas áreas da saúde e educação foram descentralizadas.

Acompanhando o processo de descentralização, foram estabelecidos e incentivados inúmeros mecanismos de controle social. Por toda a Constituição, constatamos um apelo constante à participação da população no controle das políticas e dos gastos públicos. Dos inúmeros exemplos que poderíamos destacar, a criação dos conselhos estaduais e principalmente dos municipais merece menção mais detalhada.

Como vimos no capítulo anterior, praticamente todos os repasses e transferências vinculadas para estados e municípios exigem o acompanhamento de algum conselho municipal, especialmente criado para a fiscalização e o controle da utilização dessas verbas na implementação de políticas públicas. Normalmente, esses conselhos se compõem de membros do Executivo e do Legislativo municipais, bem como de representantes do público-alvo das políticas públicas, sindicatos, partidos políticos, associações de moradores, enfim, de toda a comunidade organizada e envolvida no processo de implantação dessas políticas públicas. Existem os conselhos municipais de saúde, de educação, de desenvolvimento rural sustentado, entre outros, com a tarefa de exercer o controle social dos gastos públicos. Em muitos casos, há um treinamento para a formação dos conselheiros, explicitando os fundamentos dos programas governamentais e quais serão as tarefas dos conselhos, que dão a palavra final nas mais relevantes matérias, como prestação de contas, definição de prioridades, alocação de recursos etc.

Por esse mecanismo, que busca a aproximação entre o público-alvo das políticas governamentais e os responsáveis pelo controle e acompanhamento das mesmas, instrumentos de controle social são superpostos aos mecanismos tradicionais de fiscalização. O ideal seria a convergência de ações de controle social com os tribunais de contas da União e dos estados, além dos órgãos de controle interno responsáveis pela unidade gestora. Como sabemos, a malversação de recursos persiste porque os mecanismos de controle interno e externo – este último exercido pelo Congresso Nacional no âmbito federal, auxiliado pelo Tribunal de Contas da União – apresentam as falhas que tanto conhecemos.

Essas mazelas já são bem conhecidas e analisadas. A dificuldade adicional que enfrentamos é dramaticamente representada pelas falhas e deficiências na implementação do controle social, ponto nevrálgico de acompanhamento de políticas públicas previsto pela CF/88, em especial diante das deficiências dos mecanismos e instituições tradicionais de controle. O cerne da questão pode ser colocado da seguinte maneira: o controle social previsto e esperado para a fiscalização das políticas públicas prevê um nível de organização e mobilização social que, a bem da verdade, a sociedade brasileira ainda não alcançou. Nesse aspecto específico, a herança colonial portuguesa deixou uma marca cultural muito negativa e de difícil superação, colocando obstáculos consistentes para a implementação bem-sucedida do controle social.

A herança colonial portuguesa deixou-nos como legado um Estado pesado e empreendedor que fundou uma sociedade sobre um imenso vazio geográfico. No Brasil, por nossa tradição ibérica, sempre tivemos um Estado grande e empreendedor que capitaneou boa parte do processo de desenvolvimento econômico nacional e de nossa formação política. A máquina estatal brasileira sempre teve como característica uma vocação reguladora e controladora muito forte. É apropriado dizer que esta característica foi acentuada em demasia pelo regime militar entre 1964 e 1985. Assim, temos um setor público bastante grande, que esteve à frente de um intenso processo de desenvolvimento econômico a partir de meados dos anos 1960.

Ao contrário da tradição norte-americana, no Brasil o Estado antecedeu a sociedade e a moldou com suas características patrimoniais. Dessa forma, temos uma sociedade civil fraca e desorganizada, com insuficientes mecanismos de pressão e vigilância sobre o Estado, em todos os seus três níveis e poderes. Esta incapacidade de controlar o Estado propicia, logicamente, um ambiente favorável ao florescimento e intensificação de práticas inescrupulosas de se explorar a nação. Também contribui de modo negativo outro aspecto da tradição patrimonial ibérica na qual as esferas pública e privada não são bem delimitadas, levando o governante a utilizar-se indistintamente de seus bens privados e das riquezas do Estado que administra.

Nesse ambiente adverso, o desenvolvimento dos mecanismos de controle social torna-se muito lento e encontra dificuldades hercúleas, possibilitando ainda hoje que a execução das políticas públicas seja marcada por toda sorte de clientelismo e patrimonialismo, com todos os males que essas práticas favorecem ou potencializam. Muitas vezes, o Poder Executivo contorna ou inviabiliza a ação dos conselhos municipais, abrindo caminho para a corrupção, o nepotismo e a patronagem política, comprometendo a eficiência, eficácia e economicidade na implementação de importantes e fundamentais políticas públicas, especialmente para a parcela mais carente da sociedade.

Em toda essa discussão, não devemos perder de vista algumas características históricas e mesmo antropológicas da sociedade brasileira. Em contraste com uma cultura política cívica e participativa dos Estados Unidos, a sociedade brasileira é muito dependente da ação estatal, estabelecendo uma relação súdita com o poder público. Normalmente, este é responsabilizado por todas as ações da sociedade, que permanece inerte, apática e dependente, fugindo do seu importante papel na organização do espaço público. Do Estado tudo é cobrado, sem que nenhuma contribuição ou contrapartida sejam oferecidas pelo cidadão. Esse raciocínio é verdadeiro em especial para a classe média, haja vista que ela representa, em comparação com os setores populares, um grupo social extremamente cético em relação ao Estado, decididamente abrindo mão de cobrar por serviços públicos dignos e de qualidade.

Basicamente, a opção da classe média pela escola particular, pelos planos privados de saúde e pela segurança também privada dos condomínios não deixa dúvidas de que esse importante ator político preferiu suas próprias soluções, abrindo mão de se organizar e cobrar do poder público alguma saída estatal institucionalizada. Vários outros indícios comuns em nosso cotidiano apontam nessa direção. Entre eles, um dos mais relevantes é o total desprezo da classe média pelas reuniões de condomínio, em que seus mais imediatos e prementes interesses estão em jogo. Mesmo assim, a participação é mínima, demonstrando absoluto descaso pelos espaços públicos e pelas soluções negociadas.

Por todas essas dificuldades, temos de percorrer um longo caminho no sentido de realmente desenvolvermos mecanismos eficientes de controle social sobre a ação do poder público. Alertamos ainda que a descentralização das políticas públicas tem sofrido fortes pressões clientelistas, que necessitam de uma atenção especial por parte da bibliografia especializada e dos formuladores e executores das ações governamentais. Em trabalho recente, ao fazer uma rápida avaliação sobre as condições que favoreciam a combinação virtuosa do processo de descentralização com a operação do regime democrático, Abrucio aponta, com precisão, a necessidade de um ambiente político mais favorável:

> Além disso, a existência de um sistema político mais republicano e competitivo, contrário às práticas oligárquicas, garante a democratização que, por sua vez, pressiona os governantes a melhorarem o desempenho estatal. Caso não vigore um cenário como esse, a descentralização não será por si só produtora nem de democracia nem de eficiência.[33]

Assim, como podemos constatar sem muita dificuldade pelos infinitos casos de corrupção e ineficiência noticiados diariamente, o ambiente político brasileiro, sobretudo no nível municipal, palco mais relevante das políticas públicas inclusivas, não tem sido republicano o suficiente para garantir uma ação estatal eficiente e isenta de manipulações, corrupção e patronagem política. Acreditamos que há uma certa assincronia entre a descentralização das políticas públicas e a aposta nos mecanismos de controle social, em contraste com o efetivo nível de desenvolvimento organizacional e mobilização política da sociedade. De maneira inadvertida, nosso capital social foi tomado, pelos constituintes de 1988, como razoavelmente avançado e suficiente, erro que pode ser observado com facilidade pela vasta utilização da administração municipal para práticas de patronagem política e enriquecimento ilícito.

Nesse aspecto específico da nossa trajetória, a experiência que temos com um tipo de descentralização administrativa não é muito abonadora. A administração pública passou por um intenso processo de descentralização depois do Decreto-lei nº 200/67, que retirou funções da administração direta e as transferiu para a chamada administração indireta. É consensual entre os pesquisadores que uma das explicações para as dificuldades desse modelo foi exatamente a perda de controle sobre as unidades descentralizadas, que implicou um excesso de autonomia, descontrole orçamentário, ausência de coordenação, níveis baixos de desempenho e *accountability*, resultando em uma completa desarticulação entre os ministérios e as unidades descentralizadas.

---

[33] Para melhor compreensão do argumento, ver Abrucio, 2002.

Paralelo à questão do controle social e também um exemplo de que ainda estamos em um patamar insuficiente de organização, mobilização social e desenvolvimento de noções mais sofisticadas de cidadania, é o resultado de uma pesquisa realizada sobre a satisfação dos usuários dos serviços públicos no Brasil. Entre setembro e outubro de 1999, o Ministério do Planejamento, Orçamento e Gestão, através da Secretaria de Gestão, contratou o consórcio formado pelo Instituto Vox Populi e a Mori Brasil para realizar a Pesquisa Nacional de Avaliação da Satisfação com os Serviços Públicos. Foram avaliados os serviços prestados em três áreas cruciais para a população de baixa renda: a educação fundamental, os serviços da Previdência Social e a prestação de serviços na área da saúde. O resultado da pesquisa é muito revelador quanto ao nível de organização e consciência política da sociedade. Como média geral, a aprovação dos usuários chegou aos incríveis 71,8%.[34]

Assim, apesar dos precários serviços públicos prestados, a avaliação do usuário foi muito positiva. Da análise dos resultados da pesquisa, podemos constatar que o elevado percentual de aprovação decorre do baixo nível de exigência do usuário, que se sente bem atendido mesmo diante do desempenho sofrível da administração pública. Para essa população, a simples oferta gratuita e universal dos serviços já basta para satisfazê-la, demonstrando ainda uma postura súdita com relação ao poder público. É interessante notar que a avaliação positiva dos serviços prestados é maior entre os usuários se comparada com os não usuários, haja vista que a classe média, que praticamente não se utiliza desses serviços, é muito mais exigente, consciente e politicamente esclarecida, apesar de pouco exercer a capacidade de cobrar por serviços públicos de melhor qualidade.

Desse ponto de vista, acreditamos que essas deficiências encontradas em relação à cobrança por bons e adequados serviços públicos, fruto de uma noção rudimentar e súdita de cidadania, se repetem com a mesma intensidade quanto ao controle social. Nitidamente, apesar dos inques-

---

[34] Na tentativa de desenvolver e aprimorar instrumentos de participação e avaliação de políticas públicas, o governo federal instituiu, através do Decreto nº 3.507, de julho de 2000, o Sistema Nacional de Avaliação da Satisfação do Usuário dos Serviços Públicos, criando indicadores objetivos para aferir a satisfação da população com os serviços estatais prestados.

tionáveis avanços das últimas décadas, a participação da sociedade na implementação e no controle de políticas públicas não tem sido suficiente para dar conta do amplo processo de descentralização experimentado recentemente, deixando enorme espaço para práticas corruptas, clientelistas e patrimonialistas.

Dessa forma, uma atenção especial deve ser dispensada a essas deficiências observáveis na efetiva maneira de se empreender o controle social no Brasil, que precisa ser reavaliado, incentivado e fortalecido, para não comprometer de modo irreparável o intenso processo de descentralização de políticas públicas que o país tem experimentado, com alguns êxitos e muitos fracassos, nos últimos anos.

Dificuldades da burocracia pública municipal

Uma questão adicional a ser atacada pela bibliografia sobre a descentralização das políticas públicas no Brasil diz respeito às dificuldades burocráticas dos municípios, especialmente os mais carentes e distantes. O processo de transferência de responsabilidades e atribuições para os municípios tem encontrado forte estrangulamento na precária, sucateada, ineficiente e desmotivada burocracia pública municipal. Inequivocamente, dos três níveis de governo, o municipal é o que encontra as maiores dificuldades na implantação de uma estrutura burocrática eficiente e apta a desenvolver as importantes políticas públicas que lhe foram atribuídas pela Constituição Federal de 1988. *Grosso modo*, as competências desse ente federado foram substancialmente incrementadas, restando ao nível estadual poucas funções constitucionalmente atribuídas.

Nos últimos anos, no âmbito federal, houve um esforço considerável para dotar a administração pública de quadros qualificados e de uma infraestrutura minimamente aparelhada para o desempenho de suas funções. Esse processo é bem detalhado no último capítulo do livro, mas algumas mudanças importantes serão aqui apenas mencionadas.

As carreiras definidas como típicas de Estado têm recebido aumentos salariais diferenciados que serviram para incentivar e motivar os quadros mais importantes da burocracia federal, encarregados das atribuições de formulação de políticas públicas, fiscalização, arrecadação, defesa jurídica da União, negociações internacionais, inteligência policial, entre outras competências.

Além de uma recomposição salarial, essas categorias de servidores também foram contempladas com o aumento de vagas nos quadros das carreiras e pela reposição dos servidores aposentados. Assim, houve uma certa oxigenação da alta administração pública federal, com a realização de concursos com certa regularidade estipulados pela legislação, permitindo que as pessoas interessadas em entrar para a administração pública possam fazer um planejamento e se preparar para o ingresso nas carreiras. Entre 1995 e 2002, houve a contratação de 51.613 servidores no âmbito do Executivo federal, sendo contempladas de maneira acentuada as carreiras do ciclo de gestão, auditores fiscais da Receita, da Previdência e do Trabalho, assistentes jurídicos da Advocacia Geral da União, agentes da Polícia Federal e professores universitários.

Incluindo os civis da administração direta, autarquias, fundações, Banco Central do Brasil e o Ministério Público da União, os servidores do Executivo federal totalizavam 469.192 em 2002. Dessa forma, as contratações dos últimos oito anos representam uma renovação de aproximadamente 11% da força de trabalho. Considerando que são carreiras de nível superior, de concursos muito disputados, essa renovação representa uma considerável e importante contratação de servidores mais qualificados, motivados e com ideias novas, tão vitais para a oxigenação da opaca cultura conservadora e patrimonial da administração pública brasileira.[35]

Paralelamente a esse movimento, houve uma considerável melhora na infraestrutura geral da administração pública federal. Houve a renovação da frota de veículos oficiais, reformas e melhorias consideráveis nas repartições públicas e avanço especialmente intenso na área da tecnologia da informação, que recebeu muito investimento, possibilitando ganhos enormes de produtividade. De modo geral, a maioria dos órgãos está bem estruturada em relação a computadores, possui suas redes de comunicação interna, bons bancos de dados e páginas razoáveis na internet, para prestação de infor-

---

[35] Esses dados constam do *Boletim Estatístico de Pessoal*, n. 77, set. 2002. O *Boletim* é editado pela Secretaria de Recursos Humanos do Ministério do Planejamento, Orçamento e Gestão.

mações e serviços ao cidadão. Exemplo mais acabado e bem-sucedido desse movimento é o programa do imposto de renda desenvolvido pela Secretaria da Receita Federal, que é todo informatizado e tem servido de referência para vários países. Também a informatização do processo eleitoral brasileiro representa um caso bem-sucedido de serviços públicos empreendidos de maneira econômica, confiável e eficiente.

Por outro lado, a situação no nível municipal é bem distinta. Um número gigantesco de servidores (3.629.948 da administração direta e 221.930 da administração indireta, totalizando 3.851.878 servidores públicos municipais no Brasil em 2001, de acordo com a pesquisa já citada do IBGE) constitui, em sua grande maioria, recursos humanos desmotivados, mal remunerados, sem treinamento ou profissionalização, sem planos de carreiras, muitas vezes com salários e décimo terceiro atrasados. É cristalino que essa imensa massa de servidores despreparados não está à altura de prestar serviços complexos, de qualidade e vitais para a população nas áreas de saúde, educação etc., desprotegendo o cidadão carente que tanto depende dos serviços gratuitos prestados pelo Estado.

Não se trata, obviamente, de dizer que a administração pública federal está em ótimas e perfeitas condições de trabalho, com um quadro de pessoal altamente qualificado e motivado. Argumentamos apenas e tão-somente que a situação é razoável em comparação com as burocracias estaduais e municipais, especialmente eficiente se comparada com a burocracia pública municipal. Parece-nos claro que o empuxo modernizador da Emenda Constitucional nº 19, de 4 de julho de 1998, se fez sentir com um pouco mais de intensidade no âmbito federal, seguido em alguma medida pelos estados e chegando com pouco alcance aos municípios.

Desnecessário dizer que nossos municípios são muito desiguais, com fortes variações regionais, potenciais financeiros diversos, área territorial e densidade populacional heterogêneas etc., que exercem forte impacto sobre a qualidade da burocracia pública municipal. Por isso, quando falamos de burocracia pública municipal, referimo-nos a uma média nacional, que contempla estágios muito diferenciados, com alguns municípios oferecendo serviços públicos de excelente qualidade e com boas burocracias governamentais.

Por outro lado, o quadro já preocupante da burocracia pública municipal foi extremamente agravado pela criação desenfreada de novos municípios depois da Constituição de 1988. Como apontamos em detalhes no quinto capítulo, houve a multiplicação de municípios que não apresentam as condições mínimas de governança.

Nessa mesma linha de raciocínio, dois exemplos são contundentes. Apesar das enormes carências sociais, alguns programas do governo federal não estão sendo implementados e os recursos não são repassados para os municípios. Isso vem acontecendo simplesmente porque estes não conseguem fazer a prestação de contas dos gastos ou não atendem às exigências legais necessárias para a liberação dos recursos. No começo do exercício de 2002, o Ministério da Educação teve de suspender o repasse de verbas para o programa de merenda escolar em um número grande de municípios porque os prefeitos não conseguiram prestar contas dos gastos do exercício anterior. Exemplos como esse podem ser encontrados em abundância nas mais variadas áreas governamentais, destacando-se que a prestação de contas não apresentava necessariamente problemas de malversação de recursos públicos, apenas não havia burocracia para fazê-la com profissionalismo e agilidade.

No mesmo sentido, podemos chamar atenção para as empresas especializadas em fornecer consultoria a prefeituras do interior. Recentemente, houve uma verdadeira enxurrada dessas empresas que, com preços nada módicos, fazem todo o trabalho administrativo das prefeituras: processam a folha de pagamento, elaboram o orçamento e as demonstrações contábeis exigidas pela Lei de Responsabilidade Fiscal, organizam concursos públicos, preparam projetos de reforma administrativa etc. Além de absorver recursos escassos que deveriam ser mais bem aplicados na área social, essa dependência das prefeituras com relação às empresas de consultoria na área administrativa demonstra, de maneira contundente e irretocável, a falência e a incapacidade da administração pública municipal, constatação especialmente verdadeira e cruel para as prefeituras mais novas, carentes e distantes desse Brasil tão heterogêneo e desigual.

Em poucas palavras, é possível argumentar que, no quadro institucional que se vem delineando desde 1988, o município passou a ter muitas atribuições importantes, pouca arrecadação e nenhuma competência burocrática. Assim, são preocupantes as consequências perversas e explosivas que essa combinação potencializa, especialmente para a população carente que tanto depende da ação estatal municipal em áreas sociais cruciais.

Por tudo isso, parece-nos haver um inescapável e perigoso descompasso entre a capacidade burocrática e gerencial do município e a necessidade de desempenhar as importantes políticas públicas que foram descentralizadas sem que se fizesse qualquer estudo, programa ou esforço no sentido de aparelhar melhor as máquinas administrativas das prefeituras. Pelo contrário, o processo de multiplicação de municípios agravou intensamente os problemas de governança na esfera municipal.

Para finalizar, gostaríamos de fazer alguns comentários que podem evitar equívocos ou interpretações apressadas. De tudo que foi dito no texto, é incorreto entender essa análise como uma crítica ao processo de descentralização de políticas públicas que experimentamos nos últimos anos. Pelo contrário, apontamos as dificuldades existentes exatamente para que possamos aperfeiçoar a estrutura institucional que um bem-sucedido processo de descentralização requer. Dessa forma, incrementando o processo de mobilização e organização da população, qualificando e estruturando ainda mais a administração pública, sobretudo a municipal, que necessita urgentemente adquirir capacidade operacional e gerencial, será possível vencer os importantes obstáculos colocados pela descentralização de políticas públicas.

Assim, todo esforço deverá ser feito para que possamos sofisticar e ajustar ainda mais nossas políticas públicas, que devem realizar a enorme e urgente tarefa de tornar o Estado brasileiro mais democrático, justo e eficiente, ressaltando-se que parte importante dessa tarefa está concentrada na esfera municipal, tão sobrecarregada e absolutamente desaparelhada para cumprir com suas gigantescas e inadiáveis responsabilidades sociais.

4. Retratos de uma tragédia

> *No Brasil, a relação da sociedade com o Estado é uma questão de oportunidade. Para a grande maioria fraca e desorganizada, restam as migalhas. Os setores intermediários sobrevivem. Os atores fortes, coordenados e poderosos se locupletam.*

A contundente vitória de Luiz Inácio Lula da Silva para presidente gerou um sentimento de otimismo e esperança quanto à possibilidade de se redefinir o Estado e minimizar a enorme desigualdade social brasileira. São vários os caminhos e os mecanismos que levaram à oligarquização e privatização do Estado brasileiro, muitos tão ou mais importantes quanto a questão da Previdência Social que aqui analisamos.

No entanto, a simples constatação de que outros problemas igualmente relevantes persistem não deve eximir-nos da obrigação ou da determinação de buscar soluções para este ou aquele problema específico. Nada mais conservador ou imobilista do que a velha premissa que postula a correção total e simultânea de todos os males que afetam determinada sociedade. É claro que o governante deve eleger prioridades e atacá-las de acordo com sua força política, habilidades, parceiros e instrumentos disponíveis.

A defesa de velhos e insustentáveis privilégios geralmente se esconde sob o seguinte argumento: se é para corrigir o problema A, também deveremos atacar simultaneamente os outros problemas B, X, Y ou Z. É cristalino que esta posição é absolutamente fundada na defesa do *status quo*. Na prática, o raciocínio se estabelece da seguinte maneira: se é preciso acabar com os privilégios dos funcionários públicos, também devemos resolver as questões da sonegação fiscal e dos incentivos tributários, da corrupção, dos favorecimentos na execução orçamentária, dos subsídios aos grandes agricultores, dos empréstimos camaradas do BNDES, dos lucros aviltantes do setor financeiro e assim por diante.

No caso específico da reforma previdenciária, os argumentos que procuram encobrir, falsear ou inviabilizar as mudanças poderão surgir com várias gradações, partindo principalmente de numerosas instituições representativas de servidores que defendem o *status quo*. Entre os inúmeros argumentos conservadores, gostaríamos de abordar alguns que parecem mais presentes ou que se manifestam com maior intensidade.

Em primeiro lugar, é possível apontarem que o principal problema da Previdência Social no Brasil esteja relacionado com a sua gestão. Nesse esforço, é comum sustentar que há muita informalidade no país, reduzindo a base de arrecadação, que o nível de sonegação é altíssimo, que as execuções da Fazenda pública são morosas e ineficientes (a dívida ativa do INSS saltou de R$23,9 bilhões em 1998 para R$79,2 bilhões em 2003, sendo muito concentrada, uma vez que apenas 6% dos devedores são responsáveis por 84% da dívida), que a máquina administrativa está carente de uma infraestrutura adequada, que o corpo de funcionários é insuficiente e está desmotivado etc. Seguindo o raciocínio, a melhor solução seria atacar essas deficiências de gerenciamento, que resolveriam o problema das contas da previdência sem a necessidade de alterar as atuais regras da aposentadoria dos servidores públicos.

De modo geral, a argumentação está correta, haja vista que os problemas apontados realmente são concretos e comprometem a viabilidade, justiça e eficiência da Previdência Social. O grande equívoco ou trapaça está exatamente no momento em que se utiliza esta argumentação como precondição ou alternativa para se atacar o problema da aposentadoria integral dos servidores públicos. O fato é que os esforços de melhoria de gestão são tão necessários quanto sempre foram e devem ser buscados com todo o empenho e a máxima determinação política. O problema é que esta postura procura desviar ou inviabilizar as propostas de reforma, encobrindo o nó górdio da questão: o problema maior da previdência não é de gestão, sustentabilidade e muito menos de responsabilidade fiscal, como normalmente postulam os argumentos corporativos dos servidores. Como veremos adiante, o problema maior da previdência é de natureza distributiva e não de contabilidade pública.

Outro argumento que visa mascarar e falsear o problema é disparado pelas associações dos servidores que recebem os maiores salários da administração pública, especialmente os do Judiciário, e está relacionado com os níveis de corrupção dentro do Estado brasileiro. Em regra, o raciocínio é desenvolvido da seguinte maneira: servidores que ocupam posições estratégicas dentro do Estado (juízes, fiscais de tributos, procuradores da Fazenda pública etc.) devem ser bem remunerados, até depois de se aposentar (*sic*), para que não se rendam à corrupção. A crueldade dessa postura seria cômica se não fosse trágica, especialmente para a imensa classe de despossuídos do Brasil. Equívocos grosseiros aparecem nessa tentativa de fraude ideológica que se utiliza de subterfúgios para escamotear e defender privilégios insustentáveis.

Nessa tentativa, omite-se o ponto mais relevante, fundamental e elementar: corrupção se combate com leis, com os códigos de ética e penal, com os controles interno e externo, através do controle social, com corregedorias eficientes e também, e principalmente, com firmeza ética e moral. Nunca, jamais e em hipótese nenhuma com o privilégio da aposentadoria integral. Além do mais, raciocinando de maneira fria, é provável que o aumento dos gastos pela suposta e improvável intensificação dos níveis de corrupção fique mais em conta do que a manutenção dos atuais privilégios.

Não deixa de ser contraditório que a defesa mais veemente das aposentadorias integrais baseada na necessidade de se ter uma aposentadoria digna venha do Poder Judiciário, que abriga as aposentadorias mais altas. Exatamente eles que se aposentam e vão trabalhar em escritórios de advocacia, geralmente ganhando bons salários que se somarão à aposentadoria. Quando não vão advogar de maneira inescrupulosa e incestuosa nos tribunais em que atuaram quando estavam na ativa. O retrato mais acabado dessa espoliação legal é o fato de 18 ex-ministros do Supremo Tribunal Federal e do Supremo Tribunal de Justiça atualmente atuarem em 529 processos nos tribunais superiores em que trabalharam em Brasília.[36]

Não restam dúvidas de que esse posicionamento político de defesa do *status quo* inviabiliza qualquer tipo de avanço social e institucional, que por

---

[36] *Folha de S. Paulo*, 9 mar. 2003.

definição ocorre de maneira lenta, estratégica, seletiva e gradual. Enfim, governar é eleger prioridades e o processo de mudanças deve começar por algumas áreas ou atores sociais, como aconteceu quando a reforma da previdência foi escolhida como de fundamental importância para o governo Lula.

O que se pretende neste capítulo é exatamente apontar apenas um dos grandes males da sociedade brasileira. Ressalte-se que a análise deve ser empreendida lembrando sempre, obviamente, uma das principais características dessa sociedade: nossa evolução política é marcada pela construção de um Estado historicamente capturado por inúmeros interesses particularistas que lhe retiram boa parte da autonomia e independência que todo Estado deve almejar.

Por último, farão a defesa do *status quo* utilizando a experiência internacional que acusa a convivência de mais de um sistema previdenciário em alguns países, especialmente no caso dos militares. Nada mais ridículo e insustentável, haja vista que a existência de sistemas injustos em outros países não pode servir de justificativa para a reprodução de uma iniquidade histórica aqui no Brasil. Por outro lado, os sistemas diferenciados são mais comuns em países desenvolvidos, homogêneos e socialmente mais justos, que se podem dar ao luxo de pagar altos salários a seus aposentados do setor público.

Dessa forma, como o problema crucial não é de contabilidade pública ou responsabilidade fiscal, o governo precisa fazer a reforma da previdência, devendo ser intransigente em não aceitar nenhum regime de exceção, que tem perpetuado iniquidades. É esperado o argumento, por parte das associações representativas do funcionalismo, de que suas respectivas categorias apresentam especificidades que justificariam regimes especiais. Assim, os juízes sustentarão que suas funções são diferenciadas e os militares insistirão em contribuir apenas com o teto de 7,5%, todos esquecendo, ao defender seus interesses corporativos de maneira míope, que a tarefa de inclusão social no Brasil é de toda a sociedade. A reforma é absolutamente necessária para se começar, com séculos de atraso, a saldar a imensa dívida histórica da sociedade brasileira para com a população mais carente.

Assim, um dos maiores desafios para reordenar o Estado brasileiro é a necessidade de se atacar a situação de parte dos servidores públicos. Para que tenhamos uma ideia da gravidade do problema, vejamos alguns dados. Trabalharemos apenas com os grandes agregados dos três poderes da União, ressaltando que esta situação de iniquidade e espoliação do Estado se repete, mais ou menos com a mesma intensidade, nos níveis estadual e municipal, que agregam o maior número de servidores públicos no país, e que também enfrentam os mais dramáticos problemas para liquidação da folha de pagamento do funcionalismo.

Em grandes números, a receita primária da União para o exercício de 2003 está estimada em R$327,9 bilhões (além de outras receitas menos importantes, são R$220,9 bilhões arrecadados pela Receita Federal e R$78,3 bilhões da arrecadação da Previdência Social). Desse total, ainda de acordo com a Lei de Diretrizes Orçamentárias de 2003, cerca de R$76,4 bilhões serão gastos com o pagamento de 1.869.194 servidores dos três poderes da União, abrangendo os gastos com os militares, que representam 626.418 servidores, incluindo inativos e pensionistas.

De acordo com o *Boletim Estatístico de Pessoal* nº 70, de fevereiro de 2002, elaborado pela Secretaria de Recursos Humanos do Ministério do Planejamento, Orçamento e Gestão, na média para os três poderes, somente 49,9% deste efetivo são compostos de funcionários da ativa (28,9% são aposentados e 21,2% são pensionistas). A proposta orçamentária também estima que cerca de R$33,6 bilhões serão gastos em aposentadorias integrais, contemplando aproximadamente 937.389 mil servidores e pensionistas.

Repare-se que este volume de dinheiro é superior aos R$30 bilhões que foram gastos em 2002 com *todos os programas sociais do governo federal*, que focaliza o atendimento para os brasileiros absolutamente excluídos. Apenas com o intuito de reforçar o aspecto injusto do Estado brasileiro, vamos listar, no quadro 1, os 12 programas sociais do governo federal, lembrando que alguns foram estabelecidos pela Constituição de 1988 e outros, como o Auxílio-Gás, o Peti e o Bolsa-Escola, foram implantados no segundo mandato do presidente Fernando Henrique Cardoso. Ao todo, em 2002 foram 37,6 milhões de benefícios, atingindo 30 milhões de brasileiros (alguns cidadãos podem ser beneficiados por mais de um programa).

Quadro 1

Programa*	Público-alvo	Valores	Beneficiários
Bolsa-Alimentação	Crianças com até seis anos, gestantes e mães no período de amamentação	R$15 por criança (até três)	1.300.000
Erradicação do trabalho infantil (Peti)	Crianças entre sete e 15 anos envolvidas em trabalho forçado ou penoso	R$25 por criança no campo e R$40 nas cidades	810.769
Bolsa-Escola	Crianças entre seis e 15 anos em famílias com até meio salário *per capita*	R$15 por criança (até três)	8.633.354
Auxílio-Gás	Famílias de baixa renda	R$7,50 ao mês, pagos a cada dois meses	8.108.758
Brasil Jovem	Jovens entre 15 e 17 anos residentes em comunidades de baixa renda	R$65 por mês	105.000
PIS/Pasep	Para trabalhadores com renda de até dois salários mínimos por mês	1 salário mínimo	4.343.328
Bolsa-Qualificação	Trabalhador com contrato suspenso, matriculado em cursos	Base nos últimos três salários	10.400
Seguro-Desemprego	Trabalhador dispensado sem justa causa	De um salário até R$336,78	4.686.233
Seguro-Safra	Família em situação de risco na área da seca	R$100/parcela, até seis parcelas	938.000
Aposentadorias e pensões rurais	Trabalhadores rurais	1 salário mínimo	6.370.547
Benefício de prestação continuada	Idosos a partir de 67 anos e portadores de deficiência com renda inferior a 1/4 do mínimo	1 salário mínimo	1.450.660
Renda mensal vitalícia	Idosos com mais de 70 anos ou inválidos sem meios de subsistência	1 salário mínimo	724.124

Fonte: Brasil, 2002b.

* Em 20 de outubro de 2003, através da MP nº 132, o presidente Lula unificou quatro programas de transferência direta de renda, sob a denominação programa Bolsa-Família (houve a unificação do Bolsa-Escola, Bolsa-Alimentação e Auxílio-Gás, criados por Fernando Henrique Cardoso, e do Fome Zero, criado pela Lei nº 10.689, de 3 de junho de 2003). Para uma melhor avaliação do gasto social do governo federal, consultar o excelente trabalho do Ministério da Fazenda realizado em novembro de 2003.

Fazendo a conta da injustiça social brasileira que o Estado perpetua: na média, para cada um dos cerca de 900 mil aposentados e pensionistas do setor público federal (incluindo civis, militares, servidores do Legislativo e Judiciário), o governo gasta anualmente R$35.825, ao passo que o gasto individual com os 30 milhões de excluídos é de apenas R$1 mil *per capita* por ano. Vejamos a mesma radiografia por outro ângulo: o déficit estimado da previdência do setor público federal para o ano de 2003 é de R$27,8 bilhões (R$5,8 bilhões de contribuições pagas pelos servidores contra R$33,6 bilhões em benefícios aos inativos; incluindo estados e municípios, o déficit da previdência pública sobe para R$54,1 bilhões em 2003), ou seja, apenas o déficit da previdência pública da União representa pouco menos de todo o dinheiro gasto nos programas sociais do governo federal. De mais um ponto de vista essa iniquidade pode ser descrita: 0,5% da população é contemplada com 10,24% do orçamento da União, ao passo que 17,14% contentam-se com 9,14% dos recursos públicos no nível federal.

O problema dos inativos do setor público tem gerado muita miopia, mal-entendidos e controvérsia, além de representar um tema tabu na política brasileira. Por força do art. 40, §8º, da CF/88, a remuneração dos inativos será revista na mesma proporção e na mesma data dos reajustes que forem concedidos aos servidores ativos. Esse mecanismo contempla uma perversidade muito grande na medida em que criou dois tipos de cidadãos no Brasil: o trabalhador do setor privado (20,9 milhões de benefícios, dos quais 13,5 milhões recebem até um salário mínimo e o restante com o valor médio da aposentadoria de R$346 por mês) e os servidores públicos, com regimes de aposentadorias radicalmente diferentes.

Segundo uma tendência mundial, durante o governo Fernando Henrique Cardoso o sistema de aposentadorias do Regime Geral de Previdência sofreu algumas alterações para se tornar mais racional e autossustentável. A principal transformação foi a introdução do chamado fator previdenciário, que, combinando em seu cálculo o tempo de contribuição e a expectativa de vida do segurado, desestimula as aposentadorias precoces e aumenta o tempo de contribuição dos trabalhadores, fazendo com que estes se aposentem mais tarde, viabilizando o sistema previdenciário brasileiro.

Por outro lado, os servidores públicos se aposentam com a remuneração integral, sendo a média dessa remuneração, incluindo ativos e inativos, variável entre os poderes: R$6.684 no Judiciário, R$6.361 no Legislativo,

R$2.528 no Executivo e R$2.228,00 para os militares.[37] Considerando-se só o valor das aposentadorias, a média é a seguinte: R$7.308 no Judiciário, R$6.969 no Legislativo, R$2.171 para os civis do Executivo e R$4.024 para os militares.

Devido à maneira irracional, emotiva e tendenciosa de se abordar esse assunto, mesmo dentro do setor público existem alguns problemas pouco discutidos e analisados. Em primeiro lugar, cabe ressaltar que os interesses dos servidores da ativa são, sim, diferenciados em relação aos dos inativos. Normalmente, os sindicatos de servidores lutam indistintamente pela defesa dos servidores ativos e inativos, o que nos parece um contrassenso. É claro que os interesses dos servidores da ativa são prejudicados pelos enormes recursos destinados aos servidores aposentados, forçando um achatamento dos salários dos servidores que estão trabalhando. Não vemos problema algum em reduzir a remuneração dos inativos para que se possa remunerar melhor quem está trabalhando e não teve as enormes facilidades dos servidores aposentados.

Estes últimos aproveitaram-se de uma legislação leniente e de um rudimentar sistema de controle para elevar seus contracheques com inúmeras vantagens pessoais, gratificações, contagens camaradas de tempo de serviço, aposentadorias precoces, incorporações de cargos de confiança, anuênios, apostilamentos, vantagens acumuladas, decisões judiciais corporativas etc. Destaque-se que um dos artifícios mais utilizados para engordar as aposentadorias era ocupar um cargo de chefia pouco antes de se retirar, levando como privilégio a incorporação da função exercida por poucos meses. Esse artifício foi vastamente utilizado pelos atuais aposentados, representando uma fraude enorme contra o contribuinte brasileiro.

Assim, ao contrário do que supõem associações de servidores, sindicatos e analistas, o primeiro passo para começar a resolver o problema da previdência pública seria separar a situação de atores que são radicalmente diferentes, ou seja, ativos e inativos têm perspectivas diferenciadas e mesmo antagônicas.

Em verdade, a administração pública mudou muito nestes últimos anos e os problemas e desafios de quem está trabalhando são muito di-

---

[37] *Folha de S. Paulo*, 12 jan. 2003.

ferentes em relação ao servidor que já se aposentou há 10 ou 20 anos. Em perspectiva comparada, os servidores que ingressam atualmente na administração pública encontram uma estrutura muito mais complexa e produtiva, especialmente se comparada com as mazelas e deficiências do setor público de décadas atrás. Pela relevância desse aspecto, façamos um rápido inventário de algumas das transformações mais importantes que subsidiam este raciocínio.

O desenvolvimento e a consolidação do regime democrático brasileiro depois de 1985 têm propiciado níveis mais elevados de mobilização e organização da sociedade civil. Como consequência desse crescimento organizacional e institucional, a salutar cobrança da sociedade por melhores e mais eficientes serviços públicos tem sido muito maior, forçando a administração pública no sentido de se estruturar de maneira mais profissional e eficiente. Pelo avanço institucional, normativo/legal e organizacional da sociedade, a burocracia pública tem evoluído muito, exigindo que os servidores acompanhem e implementem essas mudanças, que necessitam de saltos de qualidade cada vez mais significativos. Parece-nos cristalino que a exigência em relação aos atuais servidores é radicalmente mais profunda, especialmente se comparada com o clima amador, paternalista e burocrático que dominou a administração pública até bem pouco tempo atrás. É cristalino que níveis mais elevados de cidadania implicam cobranças mais efetivas sobre a administração pública, tornando-a cada vez mais aberta, profissional e eficiente.

Depois da CF/88, que realmente universalizou o concurso como via única de acesso ao serviço público, a qualificação exigida para o ingresso nas carreiras tem crescido de maneira exponencial. Combinando a democratização de oportunidades que o concurso público abriga e as altas taxas de desemprego, a disputa pelas boas vagas na administração pública tem-se acirrado cada vez mais, permitindo uma seleção rigorosa dos melhores, mais qualificados e talentosos quadros profissionais. Dessa forma, quem hoje ingressa na administração pública geralmente tem curso superior e apresenta qualificação profissional bastante elevada. Por outro lado, a esmagadora maioria dos servidores aposentados ingressou no serviço público através das mais diversas formas de clientelismo, patronagem política e práticas nepotistas, tão comuns no cotidiano da administração pública por vários séculos.

Também a competitividade pelas boas posições na burocracia pública tem sido muito intensa. Os melhores cargos de confiança e as funções mais estratégicas são disputados por técnicos competentes, num ambiente de muita agressividade, demonstrando que há muita gente qualificada buscando seu lugar ao sol. Por outro lado, os ganhos de produtividade que podemos constatar na administração pública nos últimos anos são significativos, aproximando-se, em alguns setores, aos ganhos de produtividade da iniciativa privada. Alavancados por novas ferramentas como o governo eletrônico e a tecnologia da informação, os ganhos de produtividade são hoje infinitamente maiores do que há 10 anos, exigindo cada vez mais que o servidor da ativa se esforce para acompanhar toda essa intensa, necessária e positiva modernização do Estado.

Assim, pelos motivos expostos, não vemos razão para se atrelarem os interesses dos servidores aposentados e da ativa, tratando de maneira isonômica atores sociais que são radicalmente diferentes. Os servidores não são os mesmos, a administração pública e a sociedade evoluíram muito, a competitividade, a produtividade, o profissionalismo e o contexto histórico e cultural são radicalmente diferentes, em nada justificando o tratamento igualitário e homogêneo que se quer dar ao conjunto dos servidores públicos. Em certa medida, esse tratamento isonômico contraria até mesmo um dos fundamentos do modelo burocrático weberiano, em que cada profissional deve ser tratado de acordo com suas habilidades técnicas, capacidade de trabalho, formação profissional, desempenho etc. Na burocracia, o que deveria valer não são os princípios da isonomia; pelo contrário, os servidores precisam ser percebidos e tratados de acordo com suas posições necessariamente diferenciadas nas organizações públicas ou privadas.

Pelos aspectos analisados, acreditamos que a visão atualmente predominante entre sindicalistas, grupos de pressão e estudiosos representa um grande equívoco político e estratégico dos atores sociais que estão diretamente envolvidos na defesa dos interesses dos servidores públicos. Essa visão equivocada tem inviabilizado, pelo atrelamento dos interesses de ativos e aposentados, avanços e melhorias que poderiam ser implantados com ganhos significativos para os servidores e, o que nos parece mais importante, melhora na prestação de serviços públicos para a população, especialmente a mais carente, que é mais dependente dos serviços gratuitos disponibilizados pelo Estado.

Outro equívoco que ocorre sempre que se discute essa questão é o tratamento indistinto dado à multiplicidade de servidores aposentados. Em geral, tratam-se os aposentados como um grupo único e uniforme, o que não é correto, apropriado e muito menos justo. Exemplo contundente dessa postura são as superaposentadorias, percebidas e defendidas com ênfase e firmeza como equivalentes à situação de boa parte de servidores que se retira da repartição pública com níveis salariais próximos ao teto pago pela Previdência Social ao setor privado (R$1.561,56 em janeiro de 2003). A faixa de remuneração dos servidores civis do Executivo da União é assim distribuída: 58,4% dos aposentados ganham até R$1.500, 13% entre R$1.500 e R$2 mil, 19,4% entre R$2 mil e R$5.500 e 9,3% ganham mais de R$5.500 por mês.

Assim, 71,4% desses servidores nada têm a perder com o fim das aposentadorias integrais; pelo contrário, ganhariam com a reforma que tornaria o sistema muito mais racional e sustentável. Dessa forma, camufla-se um problema político grave e um erro estratégico agudo muito comuns na discussão desse assunto. Por ignorância, falta de informação ou mesmo problemas de comunicação, a esmagadora maioria dos servidores acaba por fazer automaticamente a defesa ingênua e tola de um sistema injusto que permite a alguns cidadãos privilegiados espoliar o Estado, com o apoio maciço dos servidores públicos aposentados com baixa ou média remuneração. Parece-nos que a diferenciação desses atores é crucial e importante para que esse grupo de baixa e média remuneração se torne um aliado, não um inimigo das mudanças propostas.

O aspecto da viabilidade do sistema previdenciário também precisa ser melhor analisado pelos servidores públicos, que provavelmente acabarão por não ter suas aposentadorias porque o atual mecanismo de concessão de benefícios está fadado ao colapso, por pura e simples falta de recursos e de sustentabilidade. O déficit da Previdência Social (incluindo os setores público e privado) vem aumentando ano a ano (em 2002 o déficit foi de R$12,8 bilhões e em 2003 já está estimado em R$19,6 bilhões) e não há garantias de que o Tesouro Nacional cobrirá eternamente essa diferença, donde se conclui que uma reforma no momento atual seria mais estratégica e lucrativa do que a manutenção de um sistema condenado à derrocada. Dessa forma, os servidores públicos precisam conscientizar-se de que um sistema de benefícios menores, mais confiável, racional e sustentável é melhor do que um sistema injusto, deficitário e condenado ao colapso num futuro não tão distante. Por uma visão de médio e longo prazos, a adequação e reformulação da previdência pública seria preferível para os servidores como atores sociais que atuam de maneira mais estratégica e inteligente.

Entre os aposentados, encontramos várias situações, inclusive um número muito grande de pessoas que não contribuíram para a previdência ou contribuíram com muito pouco (a contribuição foi instituída em 1990). Temos também as aposentadorias precoces, em que servidores param de trabalhar com 40, 50 anos de idade e receberão vencimentos integrais por 25, 30 anos, inviabilizando qualquer tipo de sistema previdenciário, haja vista que a expectativa de vida do brasileiro tem crescido continuamente nas últimas décadas. Segundo os dados do IBGE, a expectativa de vida do brasileiro saltou de 62,7 em 1980 (década em que foi promulgada a Constituição que instituiu o atual regime de previdência) para 68,9 anos em 2001, sendo a expectativa de vida média das mulheres um pouco mais elevada que a dos homens – 72,9 para as primeiras e 65,1 para os últimos.

Jamais podemos esquecer, como apontamos antes, que esses vencimentos dos inativos foram em geral inflados através de vantagens pessoais, decisões judiciais, incorporações questionáveis e uma série de subterfúgios legais habilmente aproveitados. Diante desse quadro, uma solução razoável para esta injustiça – que inclusive prejudica os servidores da ativa que poderiam ter melhores salários – seria desvincular os vencimentos de aposentados e ativos do serviço público.

Entre as inúmeras alterações legais que poderiam ser feitas e estão sendo discutidas, e apesar do caráter sacro que a questão estranhamente levanta, ousamos sugerir uma alteração bem abrangente: o estabelecimento de um teto constitucional para que a remuneração dos inativos representasse algo em torno de 60, 50% dos vencimentos de quem está na ativa, regressivamente para os servidores que detêm os melhores salários. Assim, poderia ser fixada uma escala para que os limites dos vencimentos da inativa correspondessem, de acordo com o nível salarial, a um percentual definido pela Constituição. Da mesma forma como a CF/88 determina que o salário do deputado estadual seja equivalente a, no máximo, 75% dos vencimentos dos deputados federais, poderíamos estabelecer alguma escala também com relação aos salários dos servidores ativos e inativos. Sabemos das dificuldades políticas e corporativas que o problema suscita, sem esquecer que nem mesmo a contribuição dos inativos foi aprovada pelo Congresso, nas várias tentativas empreendidas pelo presidente Fernando Henrique Cardoso. No entanto, se se pretende atacar o problema de forma definitiva e justa, mudanças constitucionais e legais profundas deverão necessariamente ser buscadas e negociadas no Congresso Nacional.

Sem desconhecer as dificuldades legais que a reforma fatalmente enfrentará, o governo precisará de toda a sua legitimidade de começo de mandato para obter êxito nesta grandiosa tarefa. Vejamos como se apresenta o principal obstáculo do ponto de vista jurídico. Para garantir a eternidade da espoliação constitucionalmente instituída, o art. 60 da CF/88 deverá tornar-se cavalo de batalha no *front* legal, haja vista que é um primor de eficiência na tarefa de manter o Brasil como uma sociedade de castas. Textualmente, art. 60, §4º: "Não será objeto de deliberação a proposta de emenda tendente a abolir: (...) Inciso IV – os direitos e garantias individuais". Espera-se que o arauto da injustiça social brasileira, o STF, se atenha ferreamente à letra da lei para defender os direitos da magistratura, que já se articula freneticamente e deve representar um dos grandes inimigos de qualquer mudança mais significativa e socialmente justa. É inacreditável como os servidores públicos conseguiram tantos privilégios e ainda garantiram mecanismos constitucionais na tentativa de torná-los eternos, em prejuízo da população mais carente.

Ressalte-se que nem a cobrança dos inativos tentada pelo governo de Fernando Henrique Cardoso, através de medida provisória declarada inconstitucional pelo STF em setembro de 1999, nem a mudança do regime de previdência para quem está entrando agora para o serviço público resolverão o problema, que deve ser atacado com a intensidade, seriedade e energia requeridas pelo tema. Para os reformadores, além de determinação política, é preciso também muita sensibilidade social para enxergar a sociedade brasileira além dos interesses mais imediatistas e corporativos dos servidores públicos. Por isso, o Estado e a sociedade devem ser vistos em toda sua plenitude, buscando redirecionar o Estado e os enormes recursos de que dispõe no sentido de empreender a urgente e grandiosa tarefa de incorporação social que a sociedade tanto requer.

Um equívoco presente nas inúmeras propostas de reforma em discussão é exatamente o erro de se enxergar o problema principalmente pelo lado da inviabilidade do sistema de previdência, pelos imensos déficits que causa e pela absoluta capacidade de desarranjar completamente qualquer tentativa de racionalidade, controle e austeridade das contas públicas nacionais. Pelo nosso entendimento, o maior problema é de justiça social, ou seja, as aposentadorias integrais do setor público são um retrato perfeito e acabado da injustiça que o Estado perpetua contra sua população mais carente. Em outras palavras, o problema não é de contabilidade pública ou de natureza fiscal, mas principalmente de equidade distributiva.

Também questão de justiça social e outra face do mesmo problema são os supersalários de uma parte muito privilegiada de funcionários públicos da ativa, especialmente lotados no Judiciário e no Legislativo. Um crime contra o povo brasileiro é a não regulamentação da EC nº 19/98, que, através do art. 39, §4º, da CF/88, prevê a estipulação de um teto para os salários dos servidores públicos. As primeiras negociações para a fixação do subsídio máximo – que, de acordo com o art. 48, inciso XV, da CF/88, exige uma lei de iniciativa conjunta dos presidentes da República, do Senado, da Câmara Federal e do STF – giravam em torno de R$13 mil mensais. Como não houve interesse do Judiciário e do Congresso, o teto não foi estabelecido, permitindo que servidores dos três poderes e dos três níveis de governo embolsem salários de R$40 mil, R$50 mil e até mesmo R$90 mil por mês, como acontecia na Assembleia Legislativa de Minas Gerais até pouco tempo.

Atualmente, noticia-se que o salário dos ministros do STF, que seria referência para a fixação do teto, é de cerca de R$17 mil, o que é falso, pois acrescida a essa remuneração há uma enormidade de penduricalhos, como vantagens pessoais, adicionais, indenizações, decisões judiciais, anuênios etc. Uma vez estipulado o subsídio único, que acaba com os penduricalhos e vantagens pessoais, seria muito fácil fazer o ajuste dos supersalários, não restando alternativa legal ou administrativa para que esse privilégio continue. É só acertar os sistemas informatizados de pagamento para que essa vergonha nacional seja abolida, reprimindo para baixo e em cascata os salários aviltantes que as folhas de pagamento dos órgãos públicos contemplam.

Quanto à isonomia e às decisões judiciais, é preciso fazer uma pequena consideração, haja vista que este é um capítulo à parte na história do Estado brasileiro. Por um dispositivo constitucional (art. 37, inciso XII), os servidores são regidos pela isonomia, devendo haver também tratamento isonômico entre os servidores do Executivo, Legislativo e Judiciário: "os vencimentos dos cargos do Poder Legislativo e do Poder Judiciário não poderão ser superiores aos pagos pelo Poder Executivo".

Em comparação com a redação antiga do art. 39, §1º, o avanço é considerável:

> A Lei assegurará, aos servidores da Administração Direta, isonomia de vencimentos para cargos de atribuições iguais ou assemelhados do mesmo Poder ou entre servidores dos Poderes Executivo, Legislativo e Judiciário, ressalvadas as vantagens de caráter individual e as relativas à natureza ou ao local de trabalho.

Apesar de mitigado pela Emenda Constitucional nº 19, que lhe alterou a redação e o relativizou, o princípio da isonomia ainda continua bem impregnado na cultura da administração pública, especialmente no Judiciário, que tem apresentado suas decisões apegado ao princípio isonômico, agravando distorções e dificultando a implantação de um ambiente cultural mais profissional, pautado pelo desempenho e comprometimento do servidor.

O fato é que o princípio da isonomia tem servido principalmente como trampolim para que milhares de servidores ganhem na Justiça ações que advogam equiparações nas concessões de aumentos salariais e enquadramentos em carreiras de melhor remuneração. Assim, estamos emaranhados em uma situação em que um aumento no Judiciário desencadeia aumentos nos outros dois poderes. Da mesma forma, uma majoração de determinada carreira no Executivo gera questionamentos judiciais impetrados por outras carreiras preteridas. Se um abono é dado aos juízes federais, rapidamente chega aos membros do Ministério Público Federal, da AGU, do TST etc., criando um modelo todo amarrado e gerador de benefícios em cascata que se retroalimentam.

Por mais que pareça incrível, a coisa funciona mais ou menos assim: através da Lei Ordinária nº 10.474, de 27 de junho de 2002, foi concedido um reajuste para a remuneração da magistratura, elevando o salário dos membros do Supremo Tribunal Federal para R$17.172 por mês. O incrível e mais dramático é que este reajuste foi retroativo a 2 de junho de 1998, gerando um crédito nada modesto de cerca de R$250 mil por magistrado.

Como o princípio da isonomia norteia e encadeia toda a administração pública, por uma série de vias transversas mas legais, esse aumento logo se estendeu por uma vastidão de órgãos do Judiciário.[38] Por outro lado, o Legislativo, que votou o aumento sabendo que mais tarde também seria beneficiado, requereu o seu quinhão e foi buscá-lo, como aconteceu no final da legislatura de 2002 (em janeiro de 2003), o que novamente gera uma onda de aumentos no Judiciário, que se estende pelo Executivo, que volta ao Legislativo, que atinge as assembleias legislativas e as câmaras municipais, e assim por diante, infinitamente.

Neste aspecto particular, o Judiciário e o Legislativo ficam em uma situação de extrema comodidade, haja vista que normalmente legislam e julgam em defesa de seus próprios interesses. Uma brincadeira que costumo fazer com meus alunos não é apenas uma triste caricatura, mas uma realidade da indústria de ações judiciais impetradas pelos milhares de servidores públicos contra a União e corporativamente julgadas por quem de direito. São incontáveis as ações na Justiça reivindicando reenquadramentos, ascensões funcionais, diferenças, resíduos, equiparações, isonomia etc., empreendidas por excelentes escritórios especializados, mas de ética duvidosa, que inundam o Distrito Federal. A brincadeira tem mais ou menos o seguinte enredo: imagine-se que, por um acaso, um contínuo desavisado do Supremo Tribunal Federal tome o mesmo elevador que o presidente da instituição. Se o contínuo entrar na Justiça pedindo equiparação salarial e contratar um bom e bem relacionado advogado (de preferência, um magistrado aposentado do STJ ou STF), ele fatalmente ganhará, inclusive com data retroativa ao primeiro dia em que pisou no prédio do STF. Uma das explicações para o crescimento vegetativo da folha de pagamento da União (que saltou de R$40,8 bilhões em 1996 para R$76,9 bilhões em 2003) são essas decisões judiciais absolutamente injustas e descabidas, mas que acabam sendo julgadas e pagas.

Dessa forma, estamos diante de um sistema de espoliação que se reveste de uma arquitetura legal e assalta o Estado com o apoio decisivo e importante

---

[38] Aviltando ainda mais a sociedade, em 12 de dezembro de 2002, pela Resolução nº 245, o STF, entendendo o abono como de natureza indenizatória, isentou o recolhimento do INSS e IR sobre o valor a receber por esse aumento retroativo, o que nos pareceu algo absolutamente inusitado, covarde e cruel contra a sociedade brasileira.

dos poderes constituídos, tudo dentro da mais alta qualidade da boa técnica jurídica. São ações legais, mas ilegítimas e imorais, manchando a imagem nem tão boa do Poder Judiciário, que, julgando de maneira extremamente corporativista e parcial, tem atuado na linha de frente na defesa dos incluídos e privilegiados da sociedade brasileira.

Não hesitamos em considerar que esses servidores que se aposentam precocemente com enormes salários representam uma elite dentro da sociedade brasileira, em nada devendo ao sistema de castas indiano, catedral da desigualdade social. Lembremos que esses privilégios se tornam quase hereditários, uma vez que perpassam gerações através das pensões vitalícias, condenando o Estado brasileiro a ser o valhacouto de um muito reduzido grupo de cidadãos.

Sabendo que a reforma da Previdência Social é um dos programas mais importantes do governo que ora se inicia e que o debate está sendo colocado, gostaríamos de contribuir de alguma forma com essas ponderações. Nesse sentido, resumindo o que foi dito e visando evitar os erros anteriores, alguns cuidados fundamentais são enumerados a seguir.

Em primeiro lugar, buscando sensibilizar a população para a questão, o problema deve ser tratado não apenas como uma necessidade de responsabilidade fiscal e austeridade com o dinheiro público. Essencialmente, é um problema de justiça social. O Estado brasileiro deve ser redirecionado para os excluídos e a população precisa saber dessa intenção. Assim, uma forte pressão da sociedade organizada pode ajudar muito na aprovação de uma emenda constitucional e na reforma da legislação previdenciária no Congresso Nacional.

O conjunto dos servidores deve ser tratado de maneira diferenciada. As inúmeras aberrações, deturpações, superaposentadorias e injustiças que constatamos no serviço público devem ser bem demonstradas para o conjunto da administração pública. É estratégico argumentar e ser convincente no sentido de preservar os menores salários, que em nada serão atingidos pela reforma. É preciso ficar claro que as aposentadorias integrais dos maiores salários inviabilizam todo o sistema de previdência. Assim, o conjunto de servidores com baixa remuneração, que representa a grande maioria, pode e deve tornar-se um aliado e não um inimigo no contexto da reforma.

Por outro lado, a reforma da previdência, pelo enorme alcance social que tem, poderia e deveria representar uma oportunidade única de demonstrar para a sociedade a natureza redistributivista e socialmente vocacionada do governo Lula, fazendo uma espécie de contraponto aos críticos que têm acusado o governo de ser pouco audacioso no desenho inicial de suas políticas públicas, especialmente na condução da política econômica.

Por fim, resta a questão da necessidade de uma boa comunicação. Tal como em uma campanha política, o marketing é fundamental, o que exigirá uma participação importante da Secretaria de Comunicação de Governo e Gestão Estratégica. Como a questão é muito abrangente e crucial, recursos humanos, institucionais e financeiros não devem ser economizados no sentido de se estabelecer um afinado, sofisticado e eficiente mecanismo de comunicação com dois atores que nos parecem cruciais: a sociedade organizada, que tem tudo a perder com o descontrole orçamentário, e a grande maioria dos servidores públicos que recebe baixos e médios salários. Acreditamos firmemente que uma boa comunicação com esses dois grupos estratégicos irá trazer o apoio político necessário para as reformas. O importante é que o fim das aposentadorias integrais representa um bom argumento e uma causa socialmente justa, facilitando o apoio da população, desde que a mensagem da mudança chegue de forma hábil e inteligível aos atores fundamentais. Não custa lembrar que um equívoco de comunicação do governo Fernando Henrique Cardoso, ao chamar os aposentados de vagabundos, dificultou sobremaneira o prosseguimento da discussão sobre a reforma prividenciária, devendo ser cuidadosamente evitado.

Por tudo isso, seria maravilhoso se o novo governo aproveitasse a enorme legitimidade desse começo de mandato para atacar com firmeza um dos problemas mais graves e revoltantes do Estado brasileiro, que se deve colocar em favor do povo pobre que tanta esperança deposita no governo que se inicia. Diante de um orçamento apertado, o governo está procurando fontes de financiamento para um programa emergencial de combate à fome que custaria em torno de R$5 bilhões por ano (a quantia tem variado nas inúmeras projeções). Essa quantia pode e deve ser buscada onde existem de fato recursos injustamente distribuídos, como no sistema de aposentadorias do setor público. Esta reforma também ajudaria no sentido de indicar para a sociedade qual é realmente a vocação política do governo Lula.

É importante ressaltar que nenhuma outra política pública ou reforma constitucional tem o alcance redistributivista da reforma ora em discussão.

Não vislumbramos outra mudança institucional, nem mesmo a reforma tributária, que tenha o impacto social da reforma do sistema previdenciário, que se apresenta como ótima oportunidade de reordenar o Estado no sentido de contemplar a população mais pobre e carente. Sua magnitude é imensa e alcança gerações, atingindo de maneira direta ou indireta toda a sociedade por décadas e décadas.

O caminho, sabemos, não é fácil, a começar pelos conceitos: os servidores acostumaram-se a tratar indefensáveis privilégios pelo chavão sacro de direitos adquiridos (melhor denominação seria espoliação legalmente instituída). Infelizmente, se estas modificações constitucionais não forem buscadas, o governo Lula estará condenado a manter os 500 anos de acesso desigual ao Estado brasileiro, travando uma luta vã pelos rebotalhos da árvore da injustiça social brasileira, sem atacar nem mesmo a superfície de um tronco tão robusto que tem resistido por séculos.

Adendo

Em 30 de abril de 2003, o presidente Luiz Inácio Lula da Silva entregou pessoalmente ao Congresso Nacional o projeto de reforma da previdência social dos servidores públicos. Na sessão de 6 de agosto de 2003, a Câmara Federal aprovou, em primeiro turno, o texto básico da reforma, votando em seguida os destaques que foram apresentados ao texto pela oposição (o resultado foi o seguinte: 358 votos a favor, 126 contra, nove abstenções e 19 ausências; o presidente João Paulo, do PT-SP, por questões regimentais, não votou).

É interessante observar que a proposta da reforma foi aprovada com o apoio discreto mas fundamental dos dois maiores partidos da oposição, totalizando 65 votos a favor da reforma (33 votos do PFL, 29 do PSBD e três votos de outros partidos nanicos). Esse apoio foi fundamental para compensar as defecções na base aliada, que só conseguiu 293 votos, haja vista que na base de sustentação do governo houve 56 votos contrários à reforma, 17 ausências e nove abstenções. Também importante foi o esforço dos governadores, diretamente interessados na aprovação da reforma, que forçaram suas bancadas no sentido de votar a favor do governo. Em 26 de novembro de 2003, o Senado Federal aprovou em primeiro turno, também com a ajuda dos votos do PSDB e PFL, por 55 votos a favor e 25 contra, a reforma da previdência. Finalmente, em 19 de dezembro de 2003, as Mesas da Câmara e do Senado promulgaram a Emenda Constitucional nº 41, que trata da reforma da previdência. Um acordo foi firmado no Senado, a fim de amenizar o impacto da mudança para os atuais servidores, dando origem à chamada reforma da reforma, ou emenda paralela, que flexibiliza, sem mexer no fundamental, alguns pontos da reforma principal.

Em alguma medida, é irônico o fato de ser o presidente Lula – que, como liderança maior do PT, comandou o boicote ferrenho aos esforços de reforma da Previdência Social do setor público empreendidos pelo governo Fernando Henrique Cardoso – quem tenha conseguido, contrariando boa parte de seus mais fiéis eleitores, aprovar essa reforma que é crucial para a reordenação do Estado brasileiro.

Ao fazer um balanço do texto aprovado, podemos dizer que a reforma não foi a ideal, mas a possível, haja vista as fortes pressões oriundas dos setores mais organizados e corporativos da sociedade, inclusive a ameaça da magistratura de entrar em greve, contrariando a Constituição que ela deveria guardar. Não resta dúvida de que o Estado brasileiro se torna mais justo depois dessa reforma, que se transforma na mais importante contribuição do governo Lula para a democratização da sociedade brasileira. Não acreditamos que o atual governo consiga realizar qualquer outra reforma constitucional ou desenvolver quaisquer políticas públicas que tenham o impacto social, distributivista e moralizador equivalente à aprovação da reforma da previdência. De uma vez por todas, acaba-se a dupla cidadania estabelecida entre os trabalhadores do setor público e os da iniciativa privada no Brasil.

Resumidamente, listemos os pontos mais importantes que foram aprovados.

- Acaba a integralidade (aposentadoria com o valor do último salário da ativa) para os futuros servidores públicos, que terão o mesmo teto do Regime Geral de Previdência. Para conseguirem este benefício, os atuais servidores terão de contar 10 anos no último cargo, 20 anos de serviço público, contribuição durante 30 anos (mulher) e 35 anos (homem) e idade de 55 anos (mulher) e 60 anos (homem). A idade mínima anterior era de 48 anos para mulheres e 53 anos para homem.
- Os atuais servidores que quiserem aposentar-se antes da idade mínima (55 e 60) terão um redutor no valor de 3,5% ou 5%, dependendo do caso, por ano antecipado.

- Como incentivo, quem preencher os requisitos da aposentadoria e continuar trabalhando não descontará mais a contribuição de 11% para a Previdência Social.
- Acaba com a paridade, ou seja, a correção dos vencimentos dos inativos pelos mesmos índices de reajustes dos servidores da ativa. Posteriormente, lei específica estipulará como serão reajustados os vencimentos de quem se aposentar, tomando como referência a média das últimas contribuições.
- Estabelece a contribuição de 11% para os inativos da União, estados e municípios. Para os servidores federais, a contribuição incidirá nos vencimentos acima de R$1.440 e para os servidores estaduais e municipais será cobrada a contribuição para a parcela dos rendimentos que exceder R$1.200.
- Num misto de reforma administrativa e reforma da previdência, de alguma maneira faz-se a regulamentação do art. 37, inciso XI, da CF/88, que prevê o teto salarial do funcionalismo, nas três esferas e nos três poderes. Ao fixar administrativamente o teto em R$19.115,19 (vencimento atual dos ministros do STF enquanto acumulam funções no TSE) e o subteto para a Justiça estadual em um percentual de 90,25% dos vencimentos dos membros do STF, o Estado enfim consegue um instrumento legal para acabar os indecentes e imorais supersalários, que especialmente encontramos entre aposentados do Legislativo e Judiciário na União, estados e municípios. Apesar da enxurrada de ações na Justiça que a fixação do teto irá fatalmente desencadear, é um primeiro grande passo para reordenar o Estado em favor da maior parte da população.

  Em Minas Gerais, o teto do Executivo foi estipulado em dezembro de 2003, por projeto de lei de iniciativa do governador Aécio Neves, em R$10.500 por mês, reduzindo os salários de 1.061 servidores estaduais (920 inativos e 141 ativos). Os tetos do Judiciário e Legislativo em Minas Gerias ainda não foram estabelecidos, mas os efeitos moralizadores e distributivos dessas medidas terão grandes impactos sobre a administração pública em todo o Brasil.
- A reforma também estabelece um desconto de 30% para os futuros pensionistas a partir do valor que ultrapassar R$2.400.

5. Engenharia institucional e administração pública

> *Na Esplanada, a mais importante ação estatal, prioridade ou projeto de governo, de todos os governos, não está em nenhum ministério, seja da área econômica ou social. O alvo de todas as atenções está diretamente ligado ao presidente da República, é o programa de computador que gerencia o loteamento político da administração pública federal.*

Usualmente, os estudos sobre a administração pública brasileira são empreendidos de maneira a ressaltar seus próprios problemas. Assim, os elementos mais fundamentais da burocracia pública, que definem suas características, cultura política e maneira de operar o Estado, são buscados no interior dessa complexa instituição. Nos melhores estudos, é corriqueiro abordar-se a natureza, organização e atuação das várias categorias de servidores, a rigidez da estrutura legal, a rotina dos procedimentos administrativos, os critérios de produtividade e avaliação, a modernização propiciada pela tecnologia da informação e pelo governo eletrônico, entre outros aspectos.

Sem desconhecer a importância desses estudos, enfocaremos outro plexo de problemas que tem ficado em segundo plano, mesmo nas melhores análises. Assim, a intenção deste capítulo é analisar os reflexos da complexa engenharia política brasileira sobre a organização interna da administração pública. Dessa forma, avaliaremos como determinada estrutura institucional influencia, de maneira decisiva, o espírito de corpo, a cultura corporativa, a organização interna e a maneira de atuação cotidiana e rotineira da administração pública.

Entre as várias características da engenharia política brasileira, faremos uma análise mais detalhada de alguns arranjos institucionais que julgamos mais pertinentes e que têm desempenhado papel especialmente relevante neste contexto: o presidencialismo de coalizão, a natureza do pacto federativo e a maneira como se dá a execução orçamentária. De modo geral, veremos que boa parte desse arranjo institucional age contra os esforços mais consistentes de suplantar nossa forte herança patrimonialista e tem neutralizado também os esforços para introduzir técnicas mais modernas e gerenciais na administração pública.

Como demonstramos em outro livro, a engenharia institucional brasileira tem sido muito eficiente e adequada para garantir o intenso processo de consolidação da democracia nas últimas décadas, colocando o Brasil entre os países com um sistema democrático bem estabelecido e estável.[39] Por outro lado, argumentaremos neste texto que o atual arranjo institucional não tem sido o mais apropriado para a administração pública, criando obstáculos e entraves consideráveis para sua evolução, profissionalização e modernização. Dito de outra forma: se o arranjo institucional tem sido bom para a democracia, o mesmo não podemos dizer com relação à administração pública, que tem sido muito sobrecarregada. Assim, buscaremos explicitar através de que mecanismos e com qual intensidade o quadro institucional tem influenciado negativamente na estruturação e operação da burocracia pública.

Presidencialismo de coalizão

Neste pequeno texto, não entrarei na discussão sobre quais seriam os melhores e mais adequados arranjos institucionais para o funcionamento da democracia brasileira. Geralmente, esse interminável e acalorado debate envolve uma discussão sobre toda a estrutura legal da democracia brasileira: discute-se qual a melhor legislação partidária e eleitoral, que sistema e forma de governo seriam mais adequados para o país, entre outras variáveis. No caso específico deste texto, focalizaremos apenas a maneira como esse arranjo institucional influencia a organização e atuação da administração pública.

---

[39] Torres, 2002.

O sistema multipartidário com voto proporcional tem sido adotado no Brasil desde o início da redemocratização em 1985. Historicamente, nossa tradição com o sistema eleitoral proporcional já é muito antiga, vem desde meados do século XIX e foi interrompida totalmente apenas entre 1937 e 1945, durante o Estado Novo de Getúlio Vargas. Quanto ao sistema partidário – afora o período do regime militar que, entre 1965 e 1979, implantou o bipartidarismo com Arena e MDB –, nossa história recente é marcada pelo multipartidarismo, em que vários partidos disputam as eleições com variadas possibilidades de chegar ao poder.[40]

No debate sobre o melhor arranjo institucional, um equívoco muito comum na bibliografia, que termina por levar a outros, é a análise pouco criteriosa do número de partidos existentes. Em regra, o número de partidos, a migração interna dentro da Câmara Federal e o fisiologismo são superdimensionados pela bibliografia especializada. Primeiramente, no intuito de evitar equívocos, devemos distinguir entre três tipos de partidos: *partidos eleitorais*, ou seja, que receberam votos para o Congresso Nacional (nossa média recente é de cerca de 30 partidos); *partidos parlamentares*, que elegeram representantes para o Congresso Nacional (em 2002, 19 partidos elegeram deputados federais); *partidos políticos efetivos*, aqueles que têm grandes bancadas e estão organizados em todo o território nacional (temos cerca de oito ou nove deles, dependendo do critério de cálculo adotado).[41]

De modo geral, a bibliografia especializada é muito pessimista com relação à quantidade de partidos políticos no Brasil, argumentando que o excesso de partidos fragmenta muito o exercício do poder, rebaixando os níveis de governabilidade. Não pretendemos estender-nos sobre essa discussão, mas diríamos que a história recente, com os dois mandatos do presidente Fernando Henrique Cardoso, provou que é possível governar e atingir alta articulação com o Congresso Nacional em apoio aos projetos de interesse do Executivo, ao contrário do que supõe a maioria dos estudos sobre essa matéria.

Recentemente, vários cientistas políticos publicaram trabalhos questionando a percepção mais difundida de que nosso sistema partidário é amorfo,

---

[40] Sobre essas questões, consultar Nicolau, 1996.

[41] Para uma série histórica desses números, consultar Santos, 2002.

sem nenhuma disciplina partidária, fragmentado, sem contornos ideológicos, excessivamente inconsistente e deficiente na função de representar, de forma adequada, interesses políticos de grupos sociais específicos. Entre as numerosas pesquisas, a de Leôncio Martins Rodrigues parece-nos rechaçar, de modo muito convincente, aspectos importantes dessa visão negativa.[42] Em um trabalho de sociologia política, o autor busca estabelecer, de maneira bem-sucedida, uma relação entre a origem socioprofissional dos parlamentares, a sua filiação partidária e o comportamento dos partidos no Congresso Nacional, dentro de um *continuum* esquerda/direita. Analisando variáveis regionais e profissionais, o nível educacional e o patrimônio dos membros da Câmara dos Deputados da 51ª Legislatura (1999-2003), importantes correlações foram encontradas, ao contrário do que supõe a bibliografia mais pessimista sobre os partidos políticos brasileiros. Como este assunto não é imprescindível para o bom entendimento de nosso trabalho, apenas mencionaremos algumas conclusões reveladoras. Há uma clara divergência entre os partidos de direita (o autor assim considerou o PFL e o PPB) e os de esquerda (PT e PDT) quanto a questões importantes, como a sensibilidade para assuntos sociais, a reforma agrária e o papel do Estado na economia.

De modo geral, os partidos de esquerda defendem uma atuação mais vigorosa do Estado, ao passo que PFL e PPB se batem por um modelo econômico mais voltado para as relações de mercado. Também é possível constatar que os empresários, tanto rurais quanto urbanos, se filiam com mais intensidade aos partidos de direita; já os partidos de esquerda agrupam vastos setores egressos do movimento sindical, trabalhadores urbanos e do magistério. Do ponto de vista regional, o PFL tem mais penetração no Nordeste, ao passo que o PT tem sua base no Sul e Sudeste. Quanto ao patrimônio dos parlamentares, também as diferenças são marcantes, uma vez que os integrantes dos partidos de direita têm patrimônios pessoais muito maiores se comparados com os parlamentares de esquerda. Inevitavelmente, essas características e perfis sociais e ideológicos irão ter forte influência na posição dos partidos, com reflexos importantes sobre o comportamento destes no Congresso Nacional.

---

[42] Rodrigues, 2002.

A realidade é que os pequenos partidos não interferem de maneira consistente na operação e funcionamento do Congresso Nacional, em nada comprometendo os níveis de governabilidade.[43] Assim, a disputa pelo poder e os arranjos políticos ficam restritos aos partidos efetivos, observando-se que os números brasileiros se aproximam muito de países multipartidários como França, Bélgica e Holanda. Em outubro de 2002, os nove maiores partidos conseguiram 464 das 513 cadeiras da Câmara Federal, ou seja, 90,44%, restando apenas 9,56% das cadeiras para os outros 10 partidos nanicos. A distribuição das 513 cadeiras é:

- PT — 91;
- PFL — 84;
- PMDB — 74;
- PSDB — 71;
- PPB — 49;
- PL — 26;
- PTB — 26;
- PSB — 22;
- PDT — 21;
- outros — 49.

No Brasil, esse sistema multipartidário combina-se com uma legislação partidária leniente e permissiva, que possibilita muita liberdade e autonomia aos parlamentares no interior dos partidos, afrouxando a relação entre o parlamentar e a agremiação política a que ele pertence. Nesse aspecto, nosso arcabouço legal distancia-se das legislações dos países com maior tradição democrática, que exigem maior disciplina programática e comportamental dos membros do partido, além de contemplar mecanismos para fortalecer as burocracias dirigentes dos partidos políticos. Tradicionalmente, dois mecanismos, atualmente ausentes na legislação brasileira, são utilizados para se conseguir disciplina: a fidelidade e as listas partidárias.

---

[43] Para uma clara e precisa utilização do conceito de governabilidade, ver Diniz, 1996.

No entanto, não obstante a ausência de uma legislação partidária rigorosa, e ao contrário do que supõe boa parte da bibliografia especializada e da imprensa mal informada, o comportamento dos parlamentares no Congresso Nacional é muito disciplinado e previsível, visto que eles seguem majoritariamente as determinações da liderança dos partidos.[44] Analisando 221 votações nominais no Congresso Nacional, Figueiredo e Limongi (2000) constataram que 89% dos resultados dessas votações podem ser previstos corretamente quando se sabe o voto da liderança do partido. Entre outras, a grande inovação desse livro é analisar o sistema político não pela ótica da legislação partidária, mas através do comportamento dos partidos no processo legislativo. São vários os mecanismos institucionais arrolados pelos autores que permitem uma relação estável, previsível e de entendimento político entre o Executivo e o Legislativo: o processo legislativo é muito centralizado; as prerrogativas privativas do Executivo são muitas; a capacidade do presidente para determinar a agenda do Congresso Nacional; a execução orçamentária; a partilha da administração pública.

Como nenhum partido consegue chegar ao poder sozinho, há a necessidade de se criarem mecanismos, processos e instituições capazes de garantir a articulação política dos vários atores sociais envolvidos na disputa pelo poder, que naturalmente estão preocupados em desenvolver as melhores condições de governabilidade. Dessa forma, no presidencialismo de coalizão brasileiro, como o governo Fernando Henrique Cardoso demonstrou claramente, a relação entre Executivo e Legislativo pode ser articulada e relativamente harmoniosa. Por outro lado, no trabalho de Figueiredo e Limongi fica demonstrado que temos disciplina partidária no Brasil, ao contrário do entendimento mais usual da bibliografia especializada, que caracteriza nosso sistema partidário como absolutamente fragmentado, amorfo e sem perfil ideológico.

Portanto, esse é o ponto nevrálgico da questão: ao contrário da experiência de boa parte dos países com tradição democrática, no Brasil existe disciplina partidária mesmo na ausência de uma legislação partidária rígida e eficientemente aplicada.

---

[44] Consultar o trabalho pioneiro de Figueiredo e Limongi, 2000.

Neste trabalho, pretendemos demonstrar que a obtenção de disciplina partidária sem uma legislação apropriada tem influenciado negativamente a administração pública brasileira. Em países com uma legislação mais adequada, severa e moderna, a tarefa de se conseguir disciplina e coesão partidária é repartida entre a legislação (que naturalmente arca com o maior ônus), a execução orçamentária e a partilha da administração pública (que em alguns países desempenha apenas papel periférico).

Pois bem, percorremos toda essa trajetória para chegar à questão principal que pretendemos ressaltar: a utilização da administração pública como instrumento privilegiado e preferencial para obtenção de apoio e sustentabilidade política. O fato é que a ausência de uma legislação partidária rigorosa tem causado reflexos perversos e importantes sobre a administração pública, que tem pago um preço excessivamente elevado para garantir os níveis necessários de governabilidade no presidencialismo de coalizão brasileiro.

Assim, o fato de a administração pública ter de compensar a ausência de uma legislação partidária adequada tem sobrecarregado a burocracia estatal brasileira, que tem sido excessivamente politizada visando garantir níveis cada vez mais elevados de governabilidade. É importante ressaltar que a diferença em relação aos países com uma legislação partidária rigorosa é apenas de intensidade. Reconhecemos que determinado nível de politização e instrumentalização da administração pública é habitual em quase todos os países democráticos do mundo, sendo prática comum também nos países que adotam o sistema de governo parlamentarista. A diferença é que, no Brasil, essa politização tem atingido níveis muito elevados.

O retrato mais acabado dessa inadequada utilização da administração pública para obter maioria no Congresso Nacional, garantindo apoio parlamentar ao Executivo, é a migração de deputados e senadores para os partidos da coalizão governista, qualquer que seja ela. Por esse mecanismo, os parlamentares vão buscar cotidianamente na publicação do *Diário Oficial* as bases para a sobrevivência política, garantindo recursos e benesses para sua clientela eleitoral. Apenas entre o dia da proclamação dos resultados em outubro de 2002 e maio de 2003, 73 deputados federais mudaram de legenda, a esmagadora maioria saindo da oposição para buscar o aconchegante ninho repleto de verbas e cargos do governo federal.

De duas maneiras ocorre o crescimento da base governista no Congresso Nacional: pela cooptação de parlamentares individualmente e pelo ingresso de partidos inteiros na base governista, como aconteceu no começo do mandato do presidente Lula, com a adesão do PMDB, PTB e PP (ex-PPB). Depois de toda essa movimentação e acomodação, a base partidária de sustentação do governo Lula saltou de 130 deputados federais (PT, PL, PCdoB e PMN) da coligação inicial para 370 em maio de 2003, ao mesmo tempo que a oposição minguou de 379 para 134 parlamentares, restando nove deputados independentes ou indefinidos.[45]

O padrão de migração partidária no presidencialismo de coalizão tem dois momentos marcantes: no começo do mandato, quando os parlamentares buscam integrar a base de sustentação do Executivo, e ao final da legislatura, quando buscam maximizar as chances de reeleição, que pode implicar voltar para a oposição se o desempenho do presidente da República não for satisfatório, antecipando uma derrota nas urnas. Especialistas apontam também que a migração geralmente se dá entre partidos que ocupam o mesmo lugar no espectro ideológico. É importante lembrar também que as adesões no começo do governo Lula não foram para o partido líder da coligação (PT), mas na direção de outras agremiações da base de sustentação do governo, especialmente PL e PTB.[46]

Os malefícios dessa politização excessiva são intensos para a administração pública brasileira, que é conduzida de forma amadora, patrimonialista, clientelista e ineficiente, deixando a população de baixa renda, que é totalmente dependente da ação estatal em áreas vitais como saúde e educação, sem uma ação estatal para protegê-la das desigualdades e iniquidades geradas pelo mercado. Assim, quando uma coligação política vence as eleições, a principal maneira de se organizar o novo governo é através da partilha dos cargos de livre nomeação e exoneração, que são religiosamente distribuídos de acordo com a força de cada partido que compõe a coalizão

---

[45] Dados levantados pela *Folha de S. Paulo*, 1 jun. 2003.

[46] Em 30 de maio de 2003, compunham a base do governo: PT, PL, PSB, PDT, PPS, PCdoB, PV, PMN, PSD, PST, PSL, PSDC, PTB, PMDB e PP. Ficaram formalmente na oposição o PSDB e o PFL. Permaneceram indefinidos os seguintes partidos: Prona, PSC, PRP e PTC.

vitoriosa. É importante ressaltar que não é apenas a partilha dos cargos da administração que garante totalmente o sistema de obtenção de maiorias parlamentares no presidencialismo de coalizão brasileiro, mas também a liberação de verbas contempladas no orçamento de cada ministério, como veremos adiante.

Em trabalho revelador, Mainwaring aponta claramente a relação que pretendemos explicitar, demonstrando como as deficiências de nosso quadro institucional se refletem negativamente sobre a administração pública:

> A fragilidade das instituições dificultou a tarefa dos presidentes da República de organizar apoio político mediante canais partidários. Como alternativa, eles se utilizaram largamente da patronagem, o que produziu efeitos corrosivos para a administração pública e a implementação de políticas.[47]

A administração pública se ressente muito desse ambiente excessivamente politizado, que desconsidera práticas profissionais de planejamento e estudos de viabilidade técnica, inverte definições de prioridades e dificulta a continuidade de programas e projetos, entre outras mazelas. Nesse contexto, políticas públicas são elaboradas às pressas, no improviso, ao sabor das injunções políticas, que fazem da administração pública a instituição por excelência do clientelismo e do patrimonialismo nacional. Desnecessário dizer que essas práticas desestimulam os servidores mais comprometidos e dificultam, ou mesmo inviabilizam, todos os esforços de modernização e implantação de uma cultura gerencial proposta pela reforma administrativa do Plano Diretor de 1995.

Assim, quando constatamos a substituição da legislação partidária pelo *Diário Oficial* como instrumento privilegiado de obtenção de disciplina, a primeira e mais prejudicada vítima não é a estrutura institucional da democracia brasileira, como supõe a maioria dos autores. Nesse contexto, a vítima preferencial é a administração pública, que fica refém das articulações políticas que irão determinar sua maneira de atuação e influenciar negativamente a sua cultura corporativa.

---

[47] Mainwaring, 2001:34.

Diante dessa realidade, acreditamos ser possível fazer uma defesa da reforma política no Brasil, com a adoção da fidelidade partidária, menos preocupados com a legitimidade e operacionalidade do sistema político *stricto sensu*, mas principalmente e sobretudo para garantir níveis minimamente razoáveis de governança, ou seja, a estruturação de uma burocracia pública profissional, eficiente e moderna. Parece-nos claro que a árdua tarefa de construção de uma burocracia pública moderna e gerencial é muito prejudicada pela excessiva politização da administração pública, que se tornou o principal instrumento para obtenção de disciplina partidária no Brasil.

No plano federal, afora algumas áreas de alta qualificação e órgãos mais estratégicos como o Itamarati, Receita Federal, Banco Central e Ministério da Fazenda, que são protegidos por uma espécie de cordão sanitário contra a voracidade e o apetite insaciável dos políticos por cargos, o restante da administração pública é partilhado de maneira clientelista entre os partidos que compõem a coalizão vitoriosa. É impressionante como alguns órgãos e ministérios são estrategicamente vocacionados e destinados quase com exclusividade para essa função, como o Ministério da Integração Nacional e os extintos ou reformulados DNER, Sudene e Sudam, que se transformaram institucionalmente em instrumentos de barganha política do Executivo federal.

Os efeitos deletérios desencadeados por essas práticas são evidentes, haja vista que esse ramo da administração pública pode ser considerado o ambiente mais corrupto, nepotista, patrimonialista e ineficiente da burocracia pública, trazendo as consequências nefastas que essas práticas potencializam. É óbvio que não há como se esperar absolutamente nada de construtivo ou aproveitável de instituições de todo comprometidas com o fisiologismo mais barato da política nacional.

Na Esplanada dos Ministérios existiam, em fevereiro de 2002, 18.399 cargos de direção e assessoramento superior (DAS) de livre nomeação e exoneração, assim distribuídos:

- DAS.1 — 6.728;
- DAS.2 — 5.717;
- DAS.3 — 2.947;
- DAS.4 — 2.151;

- DAS.5 — 691;
- DAS.6 — 165.

Os cargos de confiança mais operacionais e menos estratégicos não são completamente alterados nas trocas de governo, porém as posições mais importantes são quase totalmente substituídas quando um novo dirigente assume o ministério. É interessante observar que, enquanto 72,5% dos ocupantes dos DAS.1 são servidores efetivos ou requisitados de autarquias e fundações, apenas 33,9% dos ocupantes de DAS.6, que são os melhores e mais estratégicos cargos, são servidores efetivos. Acima desses DAS.6 ainda existem os cargos de natureza especial, que em sua esmagadora maioria são preenchidos por funcionários vindos de fora da administração pública. Em 2003, no início do governo Lula, houve um corte no número de DAS. Depois, através da MP nº 161, de 21 de janeiro de 2004, o governo criou novos 1.322 cargos de DAS e mais 1.475 funções gratificadas, totalizando novos 2.797 cargos em comissão.

Ressalte-se que mesmo os cargos de livre nomeação preenchidos por funcionários de carreira refletem, geralmente, o alinhamento político desses servidores, que são nomeados de acordo com sua filiação partidária. Não raro os partidos políticos têm forte penetração na burocracia pública federal, criando grupos de servidores de carreira que se alinham e rivalizam dentro dos ministérios. Assim, quando muda a coalizão vitoriosa, os cargos são preenchidos por outro grupo de servidores de carreira, não necessariamente observando os critérios do mérito e da competência.

Além desses DAS, também são objeto de intensa disputa política os cargos de direção nas empresas estatais e sociedades de economia mista, que muitas vezes têm orçamentos maiores que os de muitos ministérios. Assim, os cargos da Petrobras, Empresa Brasileira de Correios e Telégrafos, Banco do Brasil, Caixa Econômica Federal, BNDES, Infraero, Furnas, entre outros órgãos, são alvos preferenciais para contemplar e viabilizar o apoio da base de sustentação política do Executivo.

Como demonstrado na frase que abre o capítulo, a disputa pelos cargos de confiança que implicam a partilha política da administração pública é alvo de atenção especial no Executivo federal. Cada cargo é discutido e preenchido religiosamente de acordo com a força partidária de cada membro da coalizão vencedora, representando um excelente mecanismo de cooptação política para a base de sustentação do governo.

O contraste com os outros países dimensiona bem a distância que nos separa de uma administração pública moderna, gerencial e profissional. Os dados comparativos indicam que, na Grã-Bretanha, uma mudança de gabinete implica pouquíssimas alterações para o cotidiano da administração pública, que tem um quadro de profissionais capazes de impedir as ações mais predatórias, garantindo a prestação de serviços públicos e ações estatais com eficiência e senso de dever profissional. Vejamos literalmente essa diferença, relatada em um trabalho recente:

> Na década de 60, Arnold (1986) concluiu que uma mudança de administração envolvia aproximadamente 150 nomeações na Grã-Bretanha, contra cerca de 10.000 distribuídas pelos presidentes dos Estados Unidos. Após uma série de três reformas realizadas após os estudos de Arnold, pesquisas recentes sugerem que os presidentes dos EUA nomeiem aproximadamente 3.000 pessoas para cargos executivos.[48]

Podemos ainda constatar mais um problema com relação ao loteamento dos cargos públicos como instrumento por excelência de se conseguir apoio político no Congresso Nacional. Na realidade, essa prática anula ou inviabiliza um dos poucos e eficazes mecanismos de que a administração pública dispõe para distribuir incentivos e reconhecer o comprometimento e o profissionalismo dos servidores públicos. Em princípio, a distribuição dos cargos de confiança deveria representar uma oportunidade para que o dirigente possa reconhecer e reforçar a capacidade e o empenho individual dos bons servidores, trazendo importantes ganhos de produtividade e eficiência na administração pública. Assim, até mesmo os benefícios que eventualmente traria a distribuição, através de critérios meritocráticos e profissionais, dos DAS têm sido anulados pela necessidade de se conseguir apoio político pela utilização patrimonialista e inescrupulosa da administração pública.

Nesse aspecto específico, a comparação com os países desenvolvidos expõe, com veemência, o grau de amadorismo e clientelismo que caracterizam

---

[48] Mettenheim, 2002:140.

a administração pública brasileira. Como enfaticamente demonstrado pela passagem reproduzida, o contraste com a maior parte dos países europeus é gritante, em especial na Inglaterra, em que poucos cargos são trocados quando da eleição de um novo gabinete. A realidade é que os altos funcionários públicos desses países representam um corpo profissional muito capacitado, dotado de poder e prestígio social para garantir níveis mais elevados de eficiência e profissionalismo na administração pública, garantindo a continuidade e o aperfeiçoamento constante das políticas públicas.

Como num círculo virtuoso, a estabilidade democrática do sistema político inglês – para fazer uma comparação com um país que apresenta uma boa burocracia – parece ter criado as condições necessárias para o desenvolvimento, profissionalização e legitimidade do *civil service*, protegendo-o do ataque predatório dos políticos, como usualmente acontece no Brasil.

Parece cristalino que a descontinuidade administrativa, o improviso, a corrupção e a ineficiência encontram um caldo de cultura favorável para prosperar nesse ambiente excessivamente politizado da administração pública brasileira. Por tudo que foi analisado, não encontramos dificuldades maiores para considerar que a combinação institucional do presidencialismo de coalizão com uma leniente legislação partidária tem sacrificado intensamente a administração pública brasileira.

Nesse contexto de intensa e irresponsável exposição e barganha política, a administração pública brasileira tem sido nefastamente utilizada para a garantia de níveis elevados de governabilidade da coalizão política governante. Com tantos constrangimentos institucionais, a burocracia pública tornou-se crescentemente inoperante, desmotivada e sucateada, com seus servidores mais comprometidos observando, consternados e perplexos, essa excessiva politização.

Pacto federativo

O Estado federal, termo que deriva do latim *fides* (fé, crença), levando à ideia de pacto, aliança, é uma criação da Constituição norte-americana de 1787. Ao contrário dos Estados unitários, os Estados federais se organizam com mais de um nível de governo autônomo. No caso brasileiro, temos três níveis que se articulam, todos com autonomia política, fontes próprias de arrecadação e distribuição de competências previstas na Constituição Federal de 1988.[49] Assim, a ideia que está implícita no federalismo é uma relação articulada e harmoniosa entre União, estados, Distrito Federal e municípios, todos cooperando e combinando esforços para, de maneira descentralizada, prestar os serviços públicos, garantir a ordem social e atender às mais variadas necessidades da população.

No entanto, essa é uma visão um tanto idealizada, em especial no caso brasileiro, onde imperam relações intergovernamentais excessivamente predatórias. A bibliografia especializada é unânime em apontar que o pacto federal contempla uma certa tensão que lhe seria intrínseca: a combinação de elementos que fortalecem o poder central e a preocupação em preservar a autonomia dos entes subnacionais. Especialmente nos Estados Unidos, o nascimento do Estado federal envolveu um certo grau de tensão entre as forças centrípetas (que queriam fortalecer a União) e centrífugas (que buscavam manter a autonomia dos estados).

Apesar das ponderações anteriores, veremos que, no Brasil, as relações intergovernamentais contrariam frontalmente a ideia maior do Estado federal, estabelecendo relações extremamente predatórias, comprometendo o desempenho da administração pública nos seus três níveis. Em um importante trabalho, Andreia Viol analisa a intensa competição fiscal observada no Brasil, apontando as consequências negativas para a população.[50] Entre as numerosas causas que explicam essa competição predatória, a autora destaca quatro: a falta de um aparato institucional adequado; o fato de a competência do ICMS ser estadual; o princípio de origem que regula este tributo; a falta de uma política industrial.

A guerra fiscal desenvolve-se em dois planos: vertical (entre dois níveis distintos de governo) e horizontal (entre entes federados do mesmo nível). Um exemplo de competição vertical é a disputa acirrada por recursos entre a União e os estados, que atingiu intensidade enorme ao longo do governo Fernando Henrique Cardoso. Foram vários os mecanismos utilizados pela União para fortalecer sua base tributária, em detrimento de estados e municípios.

---

[49] Torres, 2002.

[50] Boa parte dos dados que utilizaremos é extraída do trabalho de Viol, s.d.

O primeiro deles consiste em aumentar os tributos que não são compartilhados. Com essa intenção, foram criados tributos ou majoradas as alíquotas das contribuições sociais – assim aconteceu com a CPMF, PIS-Pasep, Cofins, Cide e CSLL. É vertiginoso o crescimento dessas contribuições no conjunto da arrecadação da União, em detrimento de impostos compartilhados, como IR e IPI.

Para a sociedade como um todo, essa estrutura é muito perversa, uma vez que o sistema tributário deixa de contemplar o aspecto da justiça social, concentrando-se na tarefa de substituir tributos progressivos por contribuições regressivas, e com a agravante de incidirem em cascata. Por essa ótica, a existência da CSLL (que tem a mesma base do IRPJ) torna-se uma aberração, representando apenas um instrumento para diminuir a receita tributária de estados e municípios.

O outro mecanismo tem o nome técnico de Desvinculação da Receita da União (DRU) e consiste, basicamente, em não repartir a totalidade dos recursos arrecadados pela União que necessariamente seriam repassados, em parte, para estados e municípios. Por esse mecanismo, antes de dividir e transferir determinado tributo, a União desvincula e embolsa sozinha 20% desses recursos, para só depois efetuar o cálculo e o repasse para estados e municípios. O mecanismo incide também sobre os gastos obrigatórios da União em saúde, educação etc., liberando parte substancial do orçamento das amarras constitucionais.

Dessa forma, durante o mandato do presidente Fernando Henrique Cardoso, a receita líquida disponível dos entes federados, depois das transferências constitucionais, alterou-se significativamente, com um aumento da participação da União, como podemos constatar pelos dados da Receita Federal, mostrados na tabela 2.

Tabela 2
Receita líquida disponível dos entes federados
(governo Fernando Henrique Cardoso)

Ano	União (%)	Estados (%)	Municípios (%)
1989	61,10	25,00	13,90
1995	56,38	27,59	16,03
2001	59,35	26,49	14,16

Pela análise da tabela 2, fica claro que durante o governo Fernando Henrique Cardoso a União recuperou, através dos mecanismos já descritos, parte da arrecadação que havia perdido pela repartição tributária estabelecida pela Constituição de 1988, que elevou as receitas de estados e municípios.[51]

Mais duas manifestações do federalismo predatório precisam ser destacadas, ambas exemplificando uma competição horizontal por recursos, ou seja, competição dentro do mesmo nível de governo. O exemplo mais acabado desse padrão de relacionamento é a chamada guerra fiscal entre os estados, na qual há uma disputa acirrada para atrair investimentos, com os estados oferecendo incentivos fiscais enormes às empresas. O que podemos observar é que todos acabam prejudicados, pois as perdas com a arrecadação são maiores a cada nova rodada de negociações entre as empresas e os estados, que fazem uma espécie de leilão para ver qual deles consegue atrair mais investimentos. Estudos foram feitos apontando que os custos sociais dessa prática são enormes. Existem casos em que, para se criar um único posto de trabalho, são necessários, em incentivos fiscais às empresas, mais de US$50 mil. Imagine-se o que se pode fazer, com essa quantia enorme de recursos que deixam de ser arrecadados, em políticas públicas inclusivas de combate à miséria e ao desemprego, por exemplo. Na ausência de uma política de incentivos bem estruturada e numa completa inversão de prioridades, o ICMS e o ISSQN acabaram por se transformar em um mal utilizado e inadequado instrumento de política industrial. Entre os municípios brasileiros, a guerra fiscal também é intensa. Dados do IBGE apontam que em 3.132 dos 5.560 municípios existe legislação de incentivo fiscal para a atração de empresas. Entre os incentivos mais utilizados estão o fornecimento de infraestrutura, doação de terras e isenção do ISSQN e IPTU.

---

[51] Este processo de transferência de renda para a União foi tão intenso que a proposta de reforma tributária, enviada ao Congresso pelo governo Lula em 30 de abril de 2003, começou a ser questionada pelos governadores, que pleitearam a divisão da arrecadação da CPMF e da Cide dos combustíveis também para os estados e municípios. Finalmente, através da MP nº 161, de 21 de janeiro de 2004, o governo federal regulamentou a divisão da Cide, repassando 25% da arrecadação aos estados. Estes, por sua vez, devem repassar aos municípios 25% do que receberam. Foram três os critérios para a divisão da Cide: extensão da malha viária, consumo de combustível no estado e tamanho da população.

Paralelamente à questão dos benefícios fiscais, também são disponibilizados os incentivos de natureza financeira. Muitos governadores, não obstante as enormes dificuldades de caixa de seus estados, também completam o pacote de incentivos fiscais com empréstimos de recursos oficiais para a instalação dos parques industriais. Geralmente, os bancos estaduais que ainda não foram privatizados são chamados a conceder empréstimos com taxas de juros convidativas.

Por fim, outro importante mecanismo de competição predatória foi a desenfreada multiplicação de municípios no Brasil. Incentivada pelos governadores, que pretendiam ampliar suas bases eleitorais, houve uma proliferação enorme de municípios depois da Carta de 1988. Entre a promulgação da Constituição e 1997, houve a criação de 1.318 municípios no Brasil, número que saltou de 4.189 para 5.507 em 1997.

O acréscimo de receita que os municípios receberam entre 1988 e 1995 pulverizou-se entre milhares de novas estruturas administrativas. A quase totalidade dessas novas cidades não tem nenhuma viabilidade econômica ou administrativa, dependendo integralmente dos repasses constitucionais do Fundo de Participação dos Municípios. Imaginem-se os gastos necessários para sustentar a máquina administrativa dessas novas prefeituras: 1.318 prefeitos e vice-prefeitos, milhares de cargos de secretários, cerca de 10 mil vereadores, despesas de custeio etc. Esses recursos estariam sendo muito mais bem aproveitados se fossem gastos em políticas finalísticas de inclusão social nas áreas de educação, saúde etc.

Essa criação desenfreada de municípios também pode ser creditada à guerra predatória entre os membros da Federação, uma vez que essa proliferação foi incentivada pelo fato de cada município ter constitucionalmente o direito de receber os repasses de maneira automática assim que se torne emancipado. Esse processo foi parcialmente interrompido com a Emenda Constitucional nº 15, de 12 de setembro de 1996. Por este dispositivo legal, é necessário que se faça um estudo de viabilidade municipal para que o processo prospere, o que frustrou a pretensão de emancipação de muitos distritos. É uma pena que o Congresso Nacional só tenha tomado a atitude correta depois de o problema se tornar irreversível e alcançar enorme dimensão.

Outro aspecto que também aguça o caráter predatório do federalismo brasileiro, pela busca desenfreada de recursos, é a imensa desigualdade regional entre estados e municípios, em decorrência da natureza excessivamente concentrada do capitalismo nacional. De acordo com dados do IBGE, em 2000 apenas três estados concentravam 55,83% do PIB nacional: São Paulo, 33,67%; Rio de Janeiro, 12,52%; Minas Gerais, 9,64%. Para uma média nacional de R$6.473, a renda *per capita* dos moradores do Distrito Federal em 2000 foi de R$14.405, superior à de São Paulo, que foi de R$9.995. Por outro lado, a renda *per capita* do Maranhão foi a menor do Brasil, apenas R$1.627, seguida de perto pela do Piauí, com R$1.872.

Agora façamos uma avaliação de como essa competição excessivamente predatória influencia de modo negativo a estrutura, a cultura e a operação da administração pública. Em primeiro lugar, a guerra fiscal entre os estados, por si só, diminui em quantidades consideráveis os recursos públicos destinados ao financiamento do Estado, comprometendo diretamente a administração pública e sua capacidade de formular, executar, fiscalizar, financiar e avaliar políticas. Esses escassos recursos, retirados da administração pública pela guerra fiscal e pela necessidade de financiar as novas estruturas burocráticas municipais, fazem uma falta enorme nas áreas de educação, saúde e segurança, entre outras importantes e cruciais políticas públicas.

Como nos dois mandatos de Fernando Henrique Cardoso, a repartição tributária no Brasil privilegiou a União, em detrimento da arrecadação dos municípios, a competição fiscal tem retirado recursos do ente federativo que está incumbido constitucionalmente de executar as políticas públicas mais fundamentais para a população carente do Brasil. Assim, o ente federado que mais precisa de uma estrutura confiável e permanente de financiamento de políticas públicas fica constrangido pelo reduzido e insuficiente fluxo de recursos financeiros que garantam a continuidade dos serviços prestados gratuitamente pelo Estado. Dessa forma, intensifica-se o hiato que se vem delineando desde a CF/88 entre o aumento das competências e atribuições e a diminuição da arrecadação tributária dos municípios. Depois de 1995, o governo Fernando Henrique Cardoso intensificou essa tendência, comprometendo irremediavelmente a capacidade do poder público municipal de prestar os serviços mais elementares à população.

Para que tenhamos uma noção dessa distorção, vamos analisar um dado disponibilizado pela Receita Federal. No exercício de 2001, a arrecadação dos três níveis de governo totalizou R$406,866 bilhões. Depois das transferências obrigatórias, a carga tributária líquida de cada ente ficou assim distribuída: União, R$241,43 bilhões; estados, R$107,80 bilhões; municípios, R$57,62 bilhões. Salta aos olhos a distorção presente, haja vista que o papel dos municípios cresceu sobremaneira depois da CF/88. Ainda vale lembrar que continua atualíssima uma velha máxima da política brasileira (estratégica e aparentemente ignorada pelo governo federal): ninguém vive na União, apenas nos municípios, a que restaram poucas receitas tributárias no contexto da Federação brasileira, apesar de abrigar todos os cidadãos em suas cidades.

Outra consequência perversa dessa concentração de recursos no nível da União é o aumento do clientelismo. Como todos sabemos, os repasses constitucionais e obrigatórios aos estados e municípios não são suficientes para atender suas necessidades de financiamento, obrigando governadores e prefeitos a negociar a complementação de verbas junto ao governo federal. Aqui surgem os maiores problemas, pois a liberação dessas verbas se dá sem nenhum critério técnico ou profissional, ou seja, são negociações políticas em que o mais importante é a relação de poder que se estabelece entre quem está repassando e quem está recebendo os recursos financeiros. Não se faz nenhuma programação, levantamento de necessidades ou planejamento. Tudo depende de articulações políticas clientelistas, deixando a administração pública à mercê da habilidade, do poder político, das relações pessoais e da troca de favores entre a União e os governantes estaduais e municipais.

Uma quantidade muito grande de recursos está sujeita a esse tipo de negociação de balcão, em detrimento de critérios técnicos que deveriam balizar a definição e execução de políticas públicas. De acordo com dados da Receita Federal, para o ano de 2001, foram transferidos da União para estados e municípios, através da celebração de convênios, R$5,56 bilhões (contra R$61,36 bilhões de transferências obrigatórias). Ressalte-se mais uma vez que essa quantia enorme de recursos é transferida e gasta sem o menor planejamento ou utilização de critérios técnicos, apenas obedecendo à lógica das negociações políticas patrimoniais.

Assim, esse mecanismo dificulta, e no limite inviabiliza, qualquer esforço mais consistente de profissionalização, de adoção de práticas gerenciais, de implantação de uma cultura moderna na administração pública, tornando-a extremamente prejudicada pelo caráter predatório do federalismo brasileiro.

Por outro lado, uma das grandes promessas e vantagens do federalismo é a capacidade de cooperação dos vários níveis de governo para executar políticas públicas. Também os estados e municípios de uma mesma macrorregião e com os mesmos problemas poderiam empreender esforços no sentido de resolver de maneira cooperativa seus problemas. O fato é que, pela relação excessivamente predatória entre os entes federados, esse potencial está absolutamente subaproveitado no Brasil. Em muitos casos, uma mesma e única estrutura administrativa poderia atender às demandas de determinado programa ou atividade necessários em alguns municípios ou estados, porém nenhum esforço mais deliberado é feito no sentido de se aproveitar essas potencialidades. Não raro essa ausência de cooperação se traduz, na maioria das vezes, em duplicidade de gastos, de energia e de recursos humanos necessariamente escassos.

Esse potencial é tão subutilizado que apenas na área da saúde temos realmente uma estrutura mais interligada entre os três níveis de governo. Pela complexa e difícil implantação do Sistema Único de Saúde (SUS), lentamente a interação dos três níveis de governo vai sendo implementada, explorando uma potencialidade ainda pouco aproveitada pelo conjunto da administração pública brasileira.[52] As dificuldades encontradas na implantação dos consórcios intermunicipais de saúde são um exemplo acabado dessa visão míope e predatória que pauta as relações intergovernamentais no Brasil. Dificilmente os administradores públicos encontram um denominador ótimo de financiamento e utilização dos serviços públicos de saúde, com cada prefeitura querendo obter os maiores ganhos com os menores gastos, muitas vezes inviabilizando as inteligentes soluções que os consórcios municipais de saúde potencializam. Nessa relação predatória e inconsequente, a melhor, mais fácil e imediatista política de saúde encontrada pelas prefeituras é a compra de ambulâncias, através das quais o problema da saúde pública é transferido para fora do município, congestionando e inviabilizando o atendimento nas cidades mais desenvolvidas e nas capitais. Para se ter uma ideia melhor desse enorme potencial inexplorado pelos

---

[52] No primeiro semestre de 2003, o governo Lula criou o Sistema Unificado de Segurança Pública (Susp), procurando explorar a cooperação entre os entes federados em mais uma área crucial na implantação de políticas públicas.

municípios, à grande exceção da área da saúde, a tabela 3 mostra quantos consórcios intermunicipais existem entre os 5.560 municípios do Brasil, de acordo com pesquisa divulgada pelo IBGE, referente ao ano de 2001.

Tabela 3
Consórcios municipais existentes no Brasil

Área do consórcio	Nº de consórcios
Educação	241
Habitação	64
Aquisição de máquinas/equipamentos	669
Abastecimento de água	161
Esgotamento sanitário	87
Limpeza urbana	85
Coleta de lixo	138
Coleta seletiva de lixo	105
Reciclagem de lixo	139
Remoção de entulhos	85
Coleta de lixo especial	105
Tratamento final de lixo	216
Processamento de dados	88
Saúde	1.969
Total de consórcios intermunicipais no Brasil	4.152

No caso específico de Minas Gerais, que acreditamos repetir-se com intensidade pelo Brasil afora, a solução encontrada pela ausência de cooperação entre os entes federados cria situações absolutamente esdrúxulas, para dizer o mínimo. Constitucionalmente, a área de segurança pública é de responsabilidade dos estados, que são encarregados da organização e financiamento das polícias Militar e Civil. Acontece que, em Minas Gerais, o estado não tem conseguido manter a Polícia Militar com o mínimo de operacionalidade e condições de trabalho, transferindo, ainda que informalmente, a tarefa de manutenção dos quartéis para as prefeituras. Não raro os prefeitos assumem a tarefa de equipar a polícia, conservar prédios e viaturas, ceder imóveis e combustível para que os veículos possam continuar rodando etc. O mais incrível é que todo esse papel cada vez mais importante das prefeituras na manutenção da Polícia Militar tem sido desempenhado de maneira absolutamente informal, sem nenhuma regulamentação, planejamento, organização administrativa, ou qualquer medida nesse sentido.

Quanto à falta de uma estrutura institucional, devemos destacar que o Senado e o Conselho de Política Fazendária (Confaz) são as duas principais instâncias encarregadas de ordenar o pacto federativo brasileiro. O Senado da República tem 13 competências privativas pela CF/88, estabelecidas pelo art. 52. O problema é que, na prática, o Senado é apenas uma casa revisora dos trabalhos da Câmara, ficando claro atualmente que ele deveria voltar-se de maneira mais decisiva para o trato de suas prerrogativas federativas, harmonizando e amenizando os conflitos existentes entre os entes federados.

O Confaz, outro fórum essencialmente federativo, também necessita de melhor articulação política e institucional para exercer suas atribuições de maneira mais enfática. É preciso fazer um esforço maior de articulação política para que importantes problemas nacionais sejam discutidos de forma mais apropriada. Esse papel deve ser assumido de maneira mais audaciosa por estas duas instituições tão fundamentais para a resolução dos problemas federativos, evitando os conflitos que tão negativamente repercutem sobre a administração pública.

Assim, pelo excesso de competitividade entre os entes federados e pela falta de um aparato institucional para exercer a importante função de articulação entre eles, a administração pública caminha ao sabor das ondas, das conveniências políticas, das necessidades mais prementes, das decisões amadoras e emergenciais.

Como esperamos ter demonstrado, a competição predatória e a falta de uma estrutura efetiva para cuidar das relações intergovernamentais resultam na total falta de articulação e estabelecimento de parcerias entre os entes federados, comprometendo e dificultando sobremaneira a implantação de uma estrutura burocrática profissional, gerencial, moderna e eficiente no Brasil. É cristalino que todo esse amadorismo, barganha política e improvisação repercutem negativamente sobre os servidores públicos, que se sentem cada vez menos comprometidos com os princípios da eficiência, profissionalismo e economicidade. Parece-nos evidente também que esse quadro institucional alimenta e revitaliza a cultura patrimonial e burocrática que tem impedido a implantação da reforma administrativa no Brasil.

Execução orçamentária

Outra importante estrutura institucional que tem influenciado negativamente a administração pública no Brasil é a natureza do orçamento federal. Em trabalho recente e esclarecedor, Rezende e Cunha demonstram uma característica fundamental do orçamento federal, ao apontar sua natureza rígida e altamente vinculada, deixando o governante com pouca margem para alterar a alocação de recursos públicos.[53] As vinculações constitucionais, como nas áreas de saúde e educação, as transferências obrigatórias para estados e municípios, os benefícios previdenciários, as despesas de pessoal e a meta de superávit primário (aumentada para 4,25% do PIB, para o exercício de 2003) são alguns dos mecanismos que engessam o orçamento federal, deixando pouca margem para sua alteração. Dessa maneira, a liberdade de intervenção e deliberação se restringe à rubrica conhecida como "outras despesas de custeio e capital". Mesmo aqui a liberdade de manipulação é restrita, haja vista que um patamar mínimo de custeio da máquina é inevitável e alguns investimentos são inescapáveis. De acordo com os autores, apenas cerca de 10% do orçamento federal podem ser executados de forma discricionária pelo Executivo, o que em 2000 equivaleu a apenas R$23,5 bilhões de um total de despesas de R$239,5 bilhões.

Como vimos anteriormente, boa parte dos recursos gastos de forma discricionária é realizada através de um instrumento típico do federalismo de cooperação que são os convênios, mecanismos por excelência de transferência de recursos de um ente federado para outro. Como 90% do orçamento já têm destinação certa, a disputa entre o Executivo e o Legislativo em torno da execução orçamentária das despesas discricionárias fica muito acirrada, com fortes consequências sobre a administração pública. A maior parte das despesas discricionárias é composta de emendas parlamentares que os congressistas incluem no orçamento na intenção de atender suas bases eleitorais. Muito já se falou dessa prática comum no Congresso Nacional, com alguns críticos mais ácidos combatendo ferreamente o que denominam vereadores federais. A cota garantida a cada congressista no orçamento

---

[53] Boa parte dos dados aqui utilizados foi aproveitada do importante trabalho de Rezende e Cunha, 2002.

varia a cada exercício financeiro, mas tem ficado em torno de R$2 milhões por ano, fazendo com que eles estejam sempre buscando a execução de um número maior de emendas, sejam individuais ou coletivas (entre estas, destacam-se as emendas estaduais, que devem ser aprovadas por 3/4 dos parlamentares do estado e que, desde 1996, vêm ganhando importância na execução orçamentária).

Como o orçamento brasileiro é autorizativo, ou seja, o Executivo tem a prerrogativa de executar ou não determinadas partes da peça orçamentária, há uma intensa e ampla negociação política quanto à execução das emendas parlamentares. Dessa forma, depois de aprovado o orçamento, a execução das despesas discricionárias vai depender de uma série de variáveis: da composição política que sustenta o governo, dos arranjos entre as lideranças, de como cada parlamentar e cada partido se comportam no Congresso Nacional diante das votações de interesse do Executivo, da previsão correta das despesas e receitas etc.

As consequências da estrutura institucional que regula e determina a execução orçamentária têm intensos e negativos reflexos sobre a administração pública. Vejamos os principais desses reflexos. O primeiro e mais dramático é fruto da lógica perversa que domina a decisão sobre os investimentos, que são basicamente realizados através da liberação das emendas parlamentares e não obedecem nenhum critério técnico ou administrativo, decorrendo apenas da capacidade política de forçar a execução de determinadas emendas de interesse dos vereadores federais.

Como podemos observar, os critérios mais elementares referentes à qualidade técnica do projeto, à necessidade real do investimento, ao impacto esperado, à população atendida, à relevância social, ao planejamento das ações etc., tudo isso fica em segundo plano. Assim, no atual quadro institucional, as decisões sobre a liberação ou não de determinada verba de investimento são majoritariamente tomadas desconhecendo e desconsiderando as regras mais elementares da administração pública. A consequência imediata dessas práticas é alimentar e institucionalizar o personalismo, as negociações de balcão, o clientelismo e o patrimonialismo, desorganizando e desmotivando os quadros técnicos da administração pública.

Assim, não raro encontramos casos em que determinada comunidade ou município recebe dois postos de saúde ou duas escolas públicas, ao passo que outra cidade mais necessitada e carente não recebe nenhum. Isso acontece porque não se priorizam as necessidades, o planejamento ou os critérios técnicos, mas as negociações políticas e clientelistas que marcam a execução do orçamento federal.

É importante destacar também que, quanto mais vinculado e engessado for o orçamento federal, maiores serão as disputas políticas em torno dessas verbas de investimento, que funcionam como suporte eleitoral dos vereadores federais, que tudo fazem para atender suas bases políticas, desconhecendo e desconsiderando as decisões técnicas que deveriam determinar a formulação e execução de políticas públicas.

Outra consequência nefasta que surge nesse contexto é o agravamento ou potencialização da corrupção. Não raro encontramos notícias de que essas emendas parlamentares são negociadas no Congresso Nacional, incentivando práticas de espoliação de recursos públicos. O esquema funciona da seguinte maneira: o deputado negocia a liberação de uma emenda em determinado ministério e, num segundo momento, a destina para as prefeituras que aceitam pagar uma comissão pela verba destinada ao seu município. Se o prefeito não aceitar a falcatrua, a verba é destinada a outra comunidade, que recebe os recursos e, geralmente através de licitações fraudulentas, dá retorno financeiro ao congressista responsável pela liberação. Assim, acreditamos que alguns procedimentos e a própria estrutura legal e institucional que delimita a execução orçamentária contribuem e incentivam para que a corrupção se instale de maneira consistente na administração pública.

Por tudo que apontamos, a administração pública tem sido sistematicamente depreciada, excessivamente politizada, desmotivada e sucateada por alguns dos mecanismos institucionais que regem a execução orçamentária no Brasil, reforçando sua cultura patrimonial e dificultando a penetração das ideias e procedimentos modernos propostos pela reforma gerencial iniciada em 1995.

Diante de tantos desencontros e de uma estrutura institucional tão desfavorável, como esperar que os servidores públicos se engajem em esforços mais sistemáticos para implantar uma cultura gerencial na administração pública? Quantos trabalhos técnicos e políticas públicas de excelente qualidade foram desmontados, extintos ou sofreram com a descontinuidade paralisante em decorrência de vicissitudes políticas, jogando por terra esforços, princípios e esperanças de equipes técnicas comprometidas e qualificadas?

Em um contexto em que o atual quadro institucional politiza, sucateia e desarticula a administração pública, incentivando o patrimonialismo, o clientelismo e a corrupção, a adesão do funcionalismo às propostas de reforma gerencial naturalmente encontra incontornáveis resistências.

Parece-nos claro que, como esperamos haver demonstrado, algumas das características do federalismo predatório, da legislação partidária leniente e da execução orçamentária se não justificam, pelo menos ajudam a explicar boa parte do ceticismo dos servidores públicos em relação à reforma administrativa, que para ser bem-sucedida tem de superar uma estrutura institucional histórica pesada e bastante adversa.

6. Evolução da administração pública brasileira

A intenção deste capítulo é fazer uma análise histórica da evolução da burocracia pública brasileira. Desde os anos 1930, o setor público brasileiro tem experimentado um processo relativamente ambíguo: foram vários os empuxos e as iniciativas de transformação e modernização, mas é persistente a manutenção de uma estrutura bastante inflexível e fechada sobre si mesma, que tem resistido soberbamente à evolução e democratização da sociedade.

Não pretendemos fazer um estudo exaustivo da evolução da burocracia pública brasileira, apenas focalizaremos as transformações mais marcantes e os momentos de inflexão mais decisivos. Com esse objetivo, faremos uma rápida aproximação em relação às etapas iniciais desse processo de evolução, que tiveram lugar entre a revolução varguista de 1930 e meados da década de 1980, com o retorno do país à atual fase de consolidação do regime democrático. No entanto, focalizaremos com maior atenção o resultado da tentativa de reforma do aparelho de Estado empreendida nos dois mandatos do presidente Fernando Henrique Cardoso (1995-2002), ainda carente de uma análise mais serena e distanciada dos enfrentamentos políticos naturais que surgem no meio de um processo complexo e difícil como esse.

Em linhas gerais, faremos uma breve análise da trajetória da administração pública no século passado, abordando os movimentos mais significativos que são, pela ordem cronológica: a criação do Dasp em 1936; a descentralização administrativa prevista e almejada pelo Decreto-lei nº 200/67; as mudanças introduzidas pela Constituição de 1988; o legado da passagem de Fernando Collor pela presidência; por último, uma avaliação do governo Fernando Henrique Cardoso na área da administração pública, objetivo principal deste capítulo.

Porém, antes de começarmos a desenvolver nossos argumentos, algumas considerações precisam ser feitas. Em primeiro lugar, cabe uma reparação ao próprio conceito de evolução, que aqui não deve ser entendido como um processo único, linear e inevitável. Pelo contrário, nosso entendimento do conceito é que a trajetória da administração pública representa uma construção histórica sujeita a reveses, mudanças de rotas, períodos de completa inércia etc.

Exemplos dessas situações podemos buscar na própria CF/88 que, em alguns sentidos, foi contra os princípios mais fundamentais do Decreto-lei nº 200/67, especialmente no que se refere à autonomia da administração indireta. Por outro lado, não observamos nenhuma mudança mais significativa da administração pública no período democrático que vai de 1945 até 1964, o que sugere que o assunto não estava na pauta política e assim permaneceu por um longo espaço de tempo.

Outra questão também importante diz respeito ao esquema adotado neste texto que, utilizando conceitos analíticos muito difundidos pela bibliografia especializada, identifica três grandes modelos de administração observáveis na evolução do aparelho estatal brasileiro: o modelo patrimonialista, o burocrático weberiano e o gerencial. Como veremos, é absolutamente equivocado supor que esses três modelos se sucederam de forma linear e indiscutível, marcando fortemente cada período da evolução da burocracia pública brasileira. Na realidade, esses três modelos convivem e sempre conviveram simultaneamente no âmbito da administração pública brasileira. Na melhor das hipóteses, é possível identificar momentos em que a prevalência de algum dos três modelos é mais acentuada. Por isso, os modelos patrimonial, burocrático e gerencial sempre compartilharam, de maneira harmoniosa até, o ambiente cultural da administração pública brasileira.

Assim, podemos constatar que técnicas mais gerenciais e eficientes eram aplicadas em órgãos da administração pública muito antes do Decreto-lei nº

200/67, que buscou introduzir mais sistematicamente práticas gerenciais no setor público. Da mesma forma, apesar dos esforços de implantação de um modelo gerencial, práticas patrimonialistas de se governar e administrar o Estado ainda são comuns no cotidiano da administração pública, em todos os seus três níveis de governo e poderes. A verdade é que nem mesmo o modelo burocrático foi plenamente implantado no Estado brasileiro, que permanece sendo administrado através de práticas que desconhecem ou ignoram os princípios da impessoalidade, publicidade, especialização, profissionalismo etc. Como veremos adiante, é impressionante a capacidade de resistência do patrimonialismo na cultura política da administração pública, fato já demonstrado por autores clássicos como Raymundo Faoro.

Dessa forma, quando mais adiante falarmos em modelos patrimonialista, burocrático e gerencial de administração pública no Brasil, estaremos utilizando essas categorias mais por sua clareza e utilidade didáticas. Lembremos que a manifestação concreta desses conceitos em contextos históricos determinados representa uma infinidade de situações que não se coadunam com a pureza encontrada nos esquemas conceituais.

Outra observação que precisa ser feita diz respeito à heterogeneidade de situações que caracteriza a administração pública brasileira. Assim, quando utilizarmos esses conceitos, estaremos aludindo à média do setor público, com todas as variações e especificidades que ele abarca. De modo geral, encontramos importantes variações entre os três poderes e, principalmente, entre os três níveis de governo. É sabido que a União, estados e municípios encontram-se em estágios diferenciados quanto ao esforço de profissionalizar e reformar a administração pública.

Além das diferenças entre os níveis de governo, também constatamos gritantes disparidades entre os vários entes que compõem um mesmo nível federativo. Assim, existem estados com graus mais adiantados na implantação do governo eletrônico, ao mesmo tempo que outros ainda engatinham nessa área. O mesmo acontece com os municípios, que apresentam uma variedade quase infinita de estágios de desenvolvimento e reformulação de suas burocracias. Em regra, esses estágios reproduzem as imensas desigualdades regionais que caracterizam a Federação brasileira, condenando os estados e municípios mais distantes, pobres e atrasados a ocupar um lugar periférico no processo de modernização do Estado brasileiro.

É interessante notar que mesmo entre ministérios, secretarias estaduais ou municipais encontramos significativas diferenças quanto ao estágio de desenvolvimento institucional, cultural e mesmo legal no que se refere à adoção de práticas mais gerenciais e modernas de administração pública. Um exemplo clássico no nível federal ilustra bem essa situação: todos reconhecem que a área econômica, Banco Central inclusive, e o Itamarati abrigam as melhores burocracias da Esplanada. A explicação para essa diferença é dada por um conjunto de fatores: menor interferência política ou maior independência institucional, existência de carreiras estabelecidas há mais tempo, melhor remuneração, cultura organizacional mais profissional etc.

Por fim, como veremos na parte conclusiva deste trabalho, a União é o ente federado que tem adotado uma postura mais modernizante e tem impulsionado, quase exclusivamente, o processo de adoção da nova gestão pública no Brasil. Os maiores avanços quanto ao governo eletrônico, políticas de recursos humanos e melhoria da infraestrutura administrativa têm partido principalmente de iniciativas da União. Por isso, a evolução que aqui discutimos e demonstramos relata principalmente a trajetória da União, afastando-se ou aproximando-se em graus variados das experiências estaduais e municipais.

Dessa forma, ao contrário dos Estados Unidos, em que as experiências inovadoras foram iniciadas no âmbito dos condados e municípios, no Brasil o impulso maior e mais duradouro no sentido de modernizar a administração pública sempre coube ao governo federal, fato explicado até mesmo pela natureza do pacto federativo brasileiro.[54] Analisando as três grandes inflexões da administração pública brasileira, observamos claramente o papel fundamental desempenhado pela União, que sempre teve atuação muito forte e preponderante dentro da Federação. Foi assim em 1936 e em 1967, e a reforma de 1995 não fugiu a este padrão, pois todo o projeto de implantação de um modelo gerencial foi concebido e proposto pelo governo federal.

---

[54] O processo de inovação gerencial da administração pública americana é muito bem descrito em trabalho clássico de Osborne e Gaebler, 1992.

A crise financeira que se tem abatido sobre os estados e municípios com uma intensidade enorme explica o processo mais acelerado de sucateamento, desmotivação e desaparelhamento das máquinas administrativas subnacionais. Estas têm encontrado – pela recente transferência de arrecadação para a União e por gastar com a folha de pagamento mais do que o permitido pela LRF – enormes dificuldades até para pagar os servidores públicos. Não raro lemos na imprensa que servidores estaduais estão sem receber seus salários por vários meses, o décimo terceiro sempre é quitado com atrasos enormes, e assim por diante.

Nesse quadro de escassez orçamentária, com problemas emergenciais e inadiáveis a atacar, fica realmente difícil empreender políticas modernizantes e gerenciais no âmbito da administração pública. Na realidade, os entes subnacionais estão ocupados demais em cumprir com suas tarefas mais elementares, como pagamento de servidores e quitação de despesas administrativas, para se envolverem em projetos mais abrangentes e elaborados de reforma de suas burocracias. Nesse contexto, é facilmente identificável que os maiores e mais positivos reflexos da aprovação da Emenda Constitucional nº 19, de 4 de junho 1998, provavelmente terão mais impacto no âmbito federal da administração pública. Depois dessas ponderações, podemos seguir adiante, buscando fazer uma análise da evolução da administração pública brasileira.

Administração patrimonialista

Da descoberta do Brasil, em 22 de abril de 1500, até a Revolução de 1930, o Estado brasileiro pode facilmente ser descrito como a grande instituição garantidora dos privilégios sociais e econômicos de uma elite rural, aristocrática e parasita. Essa elite gravitava em torno do Estado e lhe arrancava os mais diversos privilégios: sinecuras, prebendas, políticas públicas escandalosamente vantajosas, poder político e social, empréstimos mais que favoráveis, garantia de impunidade na operação de uma infinidade de mecanismos de corrupção, clientelismo, patronagem e uma lista sem fim de privilégios.

Importante para o entendimento desse tipo de relação da elite agrária com o Estado brasileiro é o conceito de patrimonialismo desenvolvido por

Max Weber.[55] Esse conceito, fundamental na obra do sociólogo alemão, é utilizado para caracterizar formas de dominação política tradicional em que não há uma separação visível entre as esferas pública e privada, em que esses dois domínios se misturam na concepção do governante, que entende e controla o Estado como se fosse uma extensão do seu próprio domínio privado.

Nas mãos hábeis de Raymundo Faoro, a obra de Max Weber encontrou terreno fértil e deu origem a um livro clássico de 1958, que, tomando o conceito de patrimonialismo e explorando-o até as últimas consequências, muito contribui para explicar a relação incestuosa e predatória da elite agrária governante com a administração pública brasileira.[56] Por esse ângulo, toda a nossa trajetória, desde o descobrimento, é uma história marcada pela forte presença do Estado, controlado e espoliado por uma elite denominada pelo autor estamento burocrático, que dá vida e forma à sociedade brasileira.

Ao longo da tarefa de colonização, experimentamos um processo de crescente transplantação da máquina administrativa portuguesa para o Brasil. Esse processo aprofunda-se e, de certa maneira, completa-se com um acontecimento inesperado e conjuntural: a vinda da Corte para o Brasil em 1808, fugindo ao cerco de Napoleão Bonaparte. Segundo Faoro, esse acontecimento marca de maneira decisiva toda a nossa história posterior. A transplantação da administração pública portuguesa para o Brasil completa uma obra iniciada no começo do século XVI e instala definitivamente no país um aparato administrativo caracterizado pelo burocratismo, pelo patrimonialismo e dominado por um estamento político. Exceto em alguns poucos e curtos intervalos, como na época da Regência ou da Primeira República, a nossa história caracteriza-se pela centralização, pelo caráter patrimonial, pelo burocratismo, pelo intervencionismo estatal, tudo controlado pelo estamento encastelado no poder. Nas palavras do autor:

> De D. João I a Getúlio Vargas, numa viagem de seis séculos, uma estrutura político-social resistiu a todas as transformações fundamentais, aos

---

[55] Weber, 1968.

[56] Faoro, 1984.

desafios mais profundos, à travessia do oceano largo. O capitalismo politicamente orientado – o capitalismo político, ou pré-capitalismo – centro da aventura, da conquista e da colonização moldou a realidade estatal, sobrevivendo, e incorporando na sobrevivência, o capitalismo moderno, de índole industrial, racional na técnica e fundado na liberdade do indivíduo – liberdade de negociar, de contratar, de gerir a propriedade sob a garantia das instituições.[57]

Seguindo a mesma linha de raciocínio, que busca enfatizar a perenidade de uma burocracia patrimonial no controle da administração pública brasileira, com todos os males que essa herança potencializa, Simon Schwartzman também aponta como essa característica tem marcado a evolução do Estado brasileiro:

> É pela perspectiva weberiana que podemos ver que o Estado brasileiro tem como caraterística histórica predominante sua dimensão neopatrimonial, que é uma forma de dominação política gerada no processo de transição para a modernidade com o passivo de uma burocracia administrativa pesada e uma sociedade civil (classes sociais, grupos religiosos, étnicos, linguísticos, nobreza etc.) fraca e pouco articulada.[58]

Por essas análises, podemos constatar que a sociedade brasileira foi criada e desenvolvida sob o controle atento de um Estado centralizador, onipotente e espoliado por uma elite patrimonial que persiste por séculos. Por essa herança ibérica forte e pesada, a administração pública brasileira é caracterizada por um viés patrimonial profundo, que tem resistido, com intensidade variável, até nossos dias.

Como podemos constatar, uma das características mais fundamentais do Estado brasileiro é o fato de ele ser capturado e espoliado por uma elite burocrática que enriquece e garante privilégios através da exclusão da maior parte da sociedade. No entanto, apesar dessas características históricas sobreviverem até hoje com maior ou menor intensidade, o fato é que, até a

---

[57] Faoro, 1984:733.
[58] Ver Schwartzman, 1988:14.

Revolução de 1930, o grupo que controla e assalta a administração pública é bem restrito, tendo a elite agrária como seu núcleo principal.

Assim, à luz do que foi visto até agora, podemos dizer que o modelo patrimonial de administração pública predomina de maneira absoluta até a Revolução de 1930, quando há uma reordenação política do Estado. É importante observar que, apesar de sua incrível resistência, a herança patrimonial ibérica não representa marca congênita ou insuperável da administração pública e do Estado, como demonstram os recentes avanços da sociedade civil.

Como veremos adiante, a partir do primeiro governo de Vargas, o *ethos* patrimonial passa a dividir os espaços e a cultura da administração pública com o modelo burocrático, que começa lentamente a ser implantado no Brasil. Um processo histórico de expansão quantitativa e qualitativa da administração pública e privada, exigida pelo desenvolvimento do capitalismo, irá relativizar a total supremacia da administração patrimonial no Brasil, que se mostra em descompasso com os novos avanços tecnológicos e institucionais que o capitalismo promove e potencializa.

1936: modernização varguista

Historicamente, até a Revolução de 1930, o Estado brasileiro vivia capturado pelos interesses de uma elite agrária composta de aristocráticos proprietários rurais. Em decorrência do processo de urbanização e industrialização que o Brasil experimenta a partir da década de 1930, há um rearranjo político do Estado no sentido de atender as pressões modernizantes de uma incipiente burguesia nacional que busca seu lugar ao sol. É precisamente nesse contexto que Getúlio Vargas comanda um movimento revolucionário que vai marcar a reformulação completa do Estado brasileiro, abrindo caminho para um amplo processo de modernização social e industrial, que resultou na incorporação ao Estado de parte da classe trabalhadora, de setores médios urbanos e da incipiente burguesia nacional. Esse processo, que marca o início de um novo pacto social, é comandado e capitaneado com mão de ferro pelo ditador, especialmente depois da implantação do Estado Novo, em 10 de novembro de 1937, que implicou o fechamento do Congresso Nacional, a outorga de uma nova Constituição e a supressão dos partidos políticos.[59]

Para a administração pública, as consequências dessas transformações, que visam ampliar o acesso ao Estado e organizar a composição política com novos e emergentes atores sociais, são sentidas de maneira contundente em 1936, com a criação do Conselho Federal do Serviço Público Civil (Lei nº 184, de 28 de outubro de 1936), que em 1938, através do DL nº 579/38, deu origem ao Departamento Administrativo do Serviço Público (Dasp), que teve uma longa e importante trajetória na administração pública, sendo extinto apenas em 1986.

Em linhas gerais, a tarefa do Dasp, que nasceu sob a inspiração teórica de Maurício Nabuco e Luís Simões Lopes, era exatamente promover a montagem de uma máquina administrativa nos moldes do modelo weberiano, com a afirmação dos princípios do mérito, da centralização, da separação entre público e privado, da hierarquia, impessoalidade, das regras rígidas e universalmente válidas, da atuação especializada e tecnicamente fundamentada etc., analisados com mais detalhes no primeiro capítulo deste livro. Obviamente, o ambiente cultural encontrado pela reforma modernizadora pretendida com a criação do Dasp foi o mais adverso possível, corroído e dominado por práticas patrimonialistas amplamente arraigadas. Nesse esforço de implantar um modelo weberiano em nossa máquina estatal, o Dasp também significou os primeiros e incipientes passos na direção de formar, treinar e qualificar uma parcela de servidores concebida como estratégica para o adequado funcionamento da administração pública.

O modelo racional-legal começa a ser implantado no Brasil na década de 1930, através de um grande esforço de Vargas no sentido de normatizar e padronizar os principais procedimentos da administração pública. Assim, mesmo antes da criação do Dasp (a Comissão Permanente de Padronização foi instituída em 1930), é iniciado um amplo processo de criação de estatutos e normas para as áreas mais fundamentais da administração pública, especialmente quanto à gestão de pessoas (1936), compras governamentais (1931) e execução financeira (legislação de 1940). Para-

---

[59] Entre as numerosas análises desse processo, ver Fausto, 1994.

lelamente a essa normatização que padroniza procedimentos, são criados os órgãos encarregados de proceder ao controle e fiscalização dessa nova ordem burocrática.

Nesse contexto, um Estado mais racional e eficiente seria fundamental para o êxito do intervencionismo estatal, que visava garantir o desenvolvimento econômico e a incorporação político-social da burguesia nacional e de setores operários urbanos. Para atingir esse objetivo, Vargas iniciou um processo que teria uma longa e promissora trajetória na administração pública: a criação de agências estatais descentralizadas, mais tarde chamadas genericamente de administração indireta. Entre 1940 e 1945 foram criados 21 órgãos descentralizados, 10 deles atuando diretamente na área econômica.[60]

É importante destacar também que é exatamente no primeiro movimento modernizador da administração pública que se inicia o estabelecimento de um padrão duplo, que marca a ação do Estado brasileiro até nossos dias. Os altos escalões passam a ser organizados e estruturados de acordo com os bons paradigmas do modelo burocrático weberiano que ora se instalava no Brasil, recebendo treinamento, formação profissional, bons salários e garantias legais. Assim, servidores do Itamarati e dos altos escalões de alguns órgãos destacavam-se, pela qualificação e profissionalismo, entre os demais burocratas da América Latina. Por outro lado, e para infelicidade dos brasileiros pobres e dependentes da ação estatal, a burocracia interna, que cuidava das políticas públicas das áreas de saúde, educação e segurança pública, sofria com as mais deletérias e ineficientes práticas clientelistas e patrimonialistas.[61]

Como podemos constatar, a criação de agências da administração indireta representa uma opção antiga que a administração pública encontrou para resolver seus problemas mais emergenciais. A dificuldade é que, se um problema imediato é resolvido, outros surgem ou são aguçados com a criação de um aparelho estatal duplo, que tem reservado a execução de políticas sociais e incorporadoras à parte menos profissional dessa gigantesca hidra governamental.

---

[60] Lima Júnior, 1998.

[61] Martins, 1997.

Na concepção, criação e desenvolvimento do Dasp, tornou-se claro que o processo de industrialização e desenvolvimento do capitalismo nacional, especialmente por ser fortemente controlado e incentivado pelo Estado, exige uma burocracia pública mais profissional e moderna. Assim, as novas e importantes tarefas que Vargas atribuiu ao Estado brasileiro, especialmente quanto ao desenvolvimento econômico e à regulação das relações sociais, requerem um aparato estatal mais ágil, profissional e burocrático, que busca minimizar ou mitigar a importante herança patrimonial.

Em parte, essa dificuldade foi contornada pelos mecanismos de coerção disponibilizados por um regime autoritário, que se utilizou de sua força para tentar introduzir, a ferro e fogo, alguns princípios clássicos do modelo weberiano na burocracia pública brasileira. É interessante notar que, para Getúlio Vargas, muito mais do que uma simples reforma da burocracia pública, o Dasp representou também e principalmente um instrumento político vastamente utilizado na tarefa de garantir a sustentação do poder ditatorial de seu governo. Com o fortalecimento do Dasp e a enorme centralização política e administrativa de 1930-45, a administração pública passou a desempenhar um papel relevante na organização e sustentação do regime ditatorial.

Atendendo a essa finalidade, ao longo do governo Vargas, o Dasp foi crescendo em tamanho e importância, tornando-se uma instituição destinada a experimentar um intenso processo de hipertrofia. Com a criação dos Daspinhos nos estados (que inclusive tinham o poder de revisar as decisões dos interventores), o governo central controlava de perto toda a vida política e administrativa das antigas províncias. Ao lado da nomeação dos interventores, o Dasp representava um importante instrumento de poder do governo central, que habilmente se utilizou da administração pública para conseguir sustentação política. Assim, sem considerar a repressão policial dura e autoritária, o governo Vargas tinha ainda dois pilares importantíssimos de sustentação política: o controle da administração pública e a nomeação dos dirigentes das províncias.

Desse ponto de vista, é preciso analisar com cautela o mais profundo significado da criação do Dasp e da tentativa de implantação do modelo burocrático weberiano no Brasil. Em regra, esse processo é marcado por duas injunções ou características: primeira, o diagnóstico correto de que a industrialização e a modernização, especialmente quando induzidas pelo

Estado, necessitam de uma administração pública mais qualificada; segunda, o fortalecimento e a expansão da administração pública como instrumento político de sustentação do regime ditatorial.

Notadamente essa segunda característica deixa raízes profundas na administração pública, que sempre representou o mecanismo por excelência de cooptação e concertação política, até hoje fundamental para garantir a governabilidade dentro do presidencialismo de coalizão, como visto no capítulo anterior.

Como podemos observar, o processo de implantação de um modelo weberiano no Brasil é marcado por características e injunções políticas ainda permeadas por um viés patrimonialista muito intenso. Exemplo contundente dessa dificuldade, que marca o início da profissionalização inconclusa da burocracia pública, seria a utilização do Ministério e da Justiça do Trabalho, recentemente criados e fortalecidos, para cooptar o então nascente movimento sindical brasileiro.

Analisando o período posterior, podemos constatar que houve poucas ações no sentido de modernizar a administração pública durante o regime democrático de 1945-64. Não obstante ações isoladas e esporádicas, como a instalação da Comissão de Estudos e Projetos Administrativos (Cepa), a criação, através do DL nº 39.510, da Comissão para a Simplificação Burocrática (Cosb) em 1956 e alguns esforços de planejamento estratégico de ação estatal, como o Plano de Metas de JK, a administração pública permaneceu sem nenhum empuxo maior no sentido de aumentar seus níveis de eficácia, eficiência e profissionalismo.

Como demonstrado por Olavo Brasil de Lima Júnior, o desenvolvimentismo do governo JK, tão bem representado pelo Plano de Metas, foi executado, basicamente, por uma administração paralela e descentralizada e principalmente por comissões especiais diretamente ligadas ao presidente da República:

> A administração do Plano de Metas do presidente Kubitschek foi executada, em grande medida, fora dos órgãos administrativos convencionais. Considerando-se os setores essenciais do plano de desenvolvimento (energia, transportes, alimentação, indústria de base e educação), apenas 5,2% dos recursos previstos foram alocados na administração direta; o restante foi aplicado por autarquias, sociedades de economia mista, administrações

estaduais e empresas privadas (Costa, 1971:163-4). A coordenação política das ações se fazia através de grupos executivos nomeados diretamente pelo presidente da República.[62]

Assim, seguindo uma tradição inaugurada por Vargas, e depois exaustivamente reproduzida pelo regime militar, JK administrou o Estado desacreditando a burocracia disponível e não investindo em sua profissionalização. Ele preferiu, sempre que novos desafios e atribuições surgiam para a administração pública, trilhar o atalho fácil de criar novas estruturas alheias à administração direta, resolvendo o problema imediato e adiando indefinidamente a difícil tarefa de reformulação e profissionalização da burocracia pública existente.

Ainda durante o regime democrático, João Goulart demonstrou certa preocupação com a administração pública, encomendando uma análise que foi empreendida pela Comissão Amaral Peixoto. Apesar de abortada pelo golpe militar, a iniciativa não deixou de ser positiva, uma vez que um rico e detalhado diagnóstico da administração pública foi realizado, subsidiando vários estudos, reformas e análises posteriores, principalmente o Decreto-lei nº 200/67.

1967: DL nº 200 e reforma militar

Durante o regime militar, novamente a administração pública experimenta um intenso processo de transformação. De modo geral, é possível dizer que, no Brasil, a cada vez que aumenta a intervenção do Estado no sentido de induzir e propiciar o desenvolvimento industrial, a administração pública passa por certo rearranjo ou modernização para assegurar o sucesso dessas novas atribuições. Nesse aspecto específico, o padrão da reforma de 1936 se repetiu em 1967 em três pontos cruciais: o papel crescente atribuído ao Estado quanto ao desenvolvimento econômico; a natureza autoritária do

---

[62] Lima Júnior, 1998:10.

regime político, que facilita a implantação da reforma; o aprofundamento da divisão da administração pública em dois segmentos distintos e desiguais.

Mostrando o caráter dissociativo que observamos entre o contexto político e os processos de modernização administrativa no Estado brasileiro, Humberto Falcão Martins ressalta que os maiores e mais intensos processos de mudanças ocorreram em períodos de regime autoritário, à margem da política e muitas vezes contra ela, com as inúmeras consequências nefastas que esta característica potencializa.[63] Assim, não restam dúvidas de que a falta de interação entre a esfera burocrática e um regime político democrático nas reformas de 1936 e 1967 contribuiu para retirar legitimidade e efetividade às propostas e esforços de modernização, implicando processos tecnocráticos, inconclusos e parciais.

Com a modernização pretendida com o Decreto-lei nº 200, de 25 de fevereiro de 1967, que estabelece diretrizes para a reforma administrativa, esse caráter dissociativo entre burocracia e política emerge com toda a intensidade. Constatando as dificuldades da administração pública direta em desempenhar as imensas e fundamentais tarefas desenvolvimentistas que os militares estabeleceram como prioridade, a necessidade de reforma e modernização da administração pública, ou pelo menos de parte dela, entra na agenda política com muita premência.

Como demonstrado à saciedade pelos estudos da área econômica, o desenvolvimento industrial brasileiro sempre foi amplamente subsidiado, capitaneado e controlado pelo Estado. Continuando e aprofundando essa tendência histórica, o regime militar de 1964 assume o desenvolvimento do capitalismo, das relações de mercado e a maior participação do Brasil no comércio internacional como tarefas prioritárias a serem alcançadas e incentivadas pelos seus governos. O entendimento dos militares, que inclusive serviu como motivação para o golpe, era que o Brasil não estava pronto para a democracia, pois esse regime político exige níveis elevados de incorporação social e econômica que só o desenvolvimento do capitalismo pode propiciar, como sugeria a experiência das democracias europeias e norte-americana. Assim, o desenvolvimento da economia brasileira passa a

---

[63] Ver Martins, 1997.

ocupar papel fundamental na ideologia intervencionista dos militares, que procuram jogar todo o poderio do Estado na busca bem-sucedida desses objetivos políticos estratégicos.

Nesse contexto surge o Decreto-lei nº 200/67, que, sob a inspiração de Hélio Beltrão e Amaral Peixoto, visava modernizar, em seus 215 artigos, a administração pública através da utilização de instrumentos gerenciais de gestão utilizados pela iniciativa privada. Boa parte da transformação e das inovações propostas pelo decreto pode ser entendida e analisada pelos princípios básicos que nortearão a administração pública a partir de então. Além de normatizar e padronizar procedimentos nas áreas de pessoal, compras governamentais e execução orçamentária, o decreto estabelece cinco princípios fundamentais que irão estruturar a administração pública.

- *Planejamento.* Este princípio determina que sejam elaborados o plano geral de governo, programas gerais, setoriais e regionais de duração plurianual, o orçamento-programa anual e, por fim, a programação financeira de desembolso. A preocupação básica é fazer das programações orçamentárias e financeiras um instrumento gerencial de planejamento, subsidiando as ações da administração pública nas áreas percebidas como prioritárias. Importante ressaltar que esse princípio contribuiu muito no sentido de aprimorar as ferramentas usuais de controle e planejamento da execução orçamentária e financeira, sendo depois incorporado à Constituição em 1988.
- *Coordenação.* Como abrange vários níveis e áreas de atuação, o decreto prevê a coordenação no âmbito dos ministérios. Também devem ser coordenadas e articuladas todas as atividades que se relacionam com determinado projeto ou atividade. Até mesmo no nível de cada órgão, as chefias devem esforçar-se para articular as ações prioritárias. Reuniões, seminários e congressos são entendidos como fundamentais para implementar níveis elevados e sofisticados de coordenação de ações estatais. No caso de envolver mais de um ente federativo, a coordenação sobre os níveis estadual e municipal é percebida como de fundamental importância.
- *Descentralização.* Este processo se estenderá por três planos principais: dentro da administração direta, pela clara distinção entre os níveis de direção e execução; da administração federal para a das unidades federadas, quando estejam aparelhadas e mediante convênios; da adminis-

tração federal para a órbita privada, mediante contratos ou concessões.[64] Deixando de lado a confusão conceitual do legislador (o primeiro caso é de desconcentração; o segundo, pela utilização do convênio, é apenas cooperação; o terceiro, em alusão ao contrato, é simplesmente execução indireta, restando o termo apropriado apenas para os casos de concessão), o fato é que a intenção foi realmente desconcentrar e descentralizar as atividades estatais, o que resultou na grande expansão da administração indireta no Brasil.[65]

- *Delegação de competências.* O objetivo é aproximar os tomadores de decisão das situações que ensejam uma deliberação do poder público, liberando a direção para as tarefas de controle, formulação e normatização. As atividades rotineiras e burocráticas devem ser delegadas ao máximo, liberando o cérebro da administração para as atividades mais gerenciais e estratégicas.

- *Controle.* Será exercido pelas chefias e órgãos responsáveis em todos os níveis e repartições da administração pública, sendo facilitado pela busca da simplificação dos processos e pelo abandono de controles que se mostrem puramente formais. Com relação à administração indireta, fica estabelecida a necessidade da supervisão ministerial. O controle agora também está mais direcionado para os resultados e menos para os processos, que nem por isso deixam de ser relevantes.

É cristalino que uma intervenção estatal tão decisiva, intensa e importante na área econômica exigirá um aparelho administrativo ágil, eficiente e produtivo, que os militares não encontravam na administração direta da União. Assim, através de um intenso processo de descentralização administrativa, foram sendo criadas inúmeras instituições na administração indireta, menos sujeitas às restrições e constrangimentos da administração direta, principalmente quanto à contratação e gestão de pessoal e ao processo de

---

[64] Basicamente, existem hoje três mecanismos ou instrumentos de descentralização: entre os níveis de governo, ou seja, da União para estados e municípios, como realizado pela CF/88; da administração direta para a indireta, como vastamente utilizado pelo regime militar através do DL nº 200/67; da administração pública para o setor privado, como aconteceu intensamente com a privatização das empresas estatais no primeiro mandato do presidente Fernando Henrique Cardoso.

[65] Di Pietro, 1998.

compras públicas. Assim, mediante um amplo processo de descentralização administrativa, há o repasse de funções importantes e políticas públicas cruciais para uma administração indireta crescentemente autônoma, que desfruta de instrumentos de gestão mais modernos, como a liberdade de contratação e demissão pelo regime celetista. Lembremos que o Decreto-lei nº 200/67 abria uma brecha, vastamente utilizada por dirigentes e burocratas, de contratação sem concurso público, para as áreas de pesquisa e órgãos especializados da administração pública, ou seja, a maior parte da administração indireta.

Basicamente, a administração indireta é composta de quatro tipos de instituições que apresentam diferenças legais importantes no seu modo de operação e na sua constituição jurídica. Todas comungam três características fundamentais: a criação por lei específica, a personalidade jurídica e os patrimônios próprios. Vejamos as diferenças.

- *Autarquia:* pessoa jurídica de direito público, que exerce atividades típicas da administração pública, sem subordinação hierárquica, apenas controle finalístico de suas atividades precípuas.
- *Fundação:* pessoa jurídica de direito público; atualmente, depois de uma decisão do STF, é assemelhada às autarquias.
- *Empresa pública*: pessoa jurídica de direito privado, com tratamento diferenciado na Lei nº 8.666/93, pode fazer aquisições com limites de dispensa de licitação mais elevados e seu capital é 100% público. Revestindo sua personalidade jurídica de qualquer das formas admitidas pelo direito, tem como finalidade a exploração de atividade econômica.
- *Sociedade de economia mista*: pessoa jurídica de direito privado, também tem tratamento diferenciado na Lei nº 8.666/93, podendo fazer aquisições com limites de dispensa de licitação mais elevados. Caracteriza-se pela participação acionária do poder público e da iniciativa privada, apesar do controle majoritário do ente estatal (Petrobras S.A., Banco do Brasil S.A.). Necessariamente instituída sob o regime jurídico das sociedades anônimas, também tem como finalidade a exploração de atividades econômicas e a prestação de serviços públicos.[66]

---

[66] Estas distinções foram feitas com base em Meirelles, 1996.

O crescimento da administração indireta foi tão intenso na época do regime militar, especialmente na primeira década, que dados de 1976 acusavam a existência de 571 instituições nos três níveis de governo, das quais 60% foram criadas entre 1966 e 1976.[67] Apenas no plano federal, marcando enfaticamente a expansão das atividades industriais e o intervencionismo estatal do período autoritário, foram criadas 267 empresas estatais e outras 68 agências da administração indireta.[68]

A título de comparação, não contabilizando o setor paraestatal, que agrega todo o sistema S (Senai, Senac, Senar, Senat, Sest, Sesi e Sesc), Apex, Sebrae e fundos de pensão, em abril de 2004 a administração indireta do governo federal era constituída de 217 instituições. As entidades autárquicas representam a grande maioria: 166 órgãos, incluindo fundações públicas, autarquias, agências reguladoras e uma grande quantidade de universidades federais (ao todo, são 54 Ifes — cinco faculdades, cinco Cefets e 44 universidades). Há 51 empresas públicas e sociedades de economia mista, 45 das quais efetivamente controladas pela União.

Assim, pelo projeto arquitetado e desenvolvido pelos militares, a tentativa de modernizar a administração pública através da utilização de técnicas de gestão contempladas pelo modelo gerencial se cristaliza, basicamente, através da descentralização administrativa para a administração indireta.

No transcorrer desse processo, uma diferenciação muito prejudicial que até hoje não foi plenamente superada se vai consolidando. A multiplicação desenfreada de órgãos descentralizados implicou a segregação da administração pública em dois grandes segmentos absolutamente desiguais e sem comunicação ou interseção: a administração direta e a indireta. Nesse período, houve uma intensa transferência da atribuição de fornecer bens e serviços públicos para autarquias, fundações, empresas públicas e sociedades de economia mista.

Esse tratamento diferenciado traduziu-se em enormes investimentos na qualificação, remuneração (existem estudos demonstrando que, na época de ouro dessas instituições, os salários de seus dirigentes eram bem superiores aos pagos pela iniciativa privada) e estruturação da administração indireta, gerando e aprofundando várias e duradouras distorções, especialmente cruéis para a classe mais carente. Ao mesmo tempo que o

---

[67] São os dados apresentados por Martins, 1997.

[68] Lima Júnior, 1998.

governo militar aparelhava e atendia às necessidades das unidades descentralizadas, a administração direta, responsável pelas políticas públicas mais fundamentais na área social, era sucateada, desmotivada, mal remunerada e desaparelhada, deixando boa parte da população brasileira sem uma ação estatal minimamente razoável.

Por acreditar mais na capacidade e eficiência dos setores da administração indireta que desempenhavam papel estratégico na tarefa de se criar no Brasil uma estrutura propícia ao desenvolvimento do capitalismo, o Estado intensificou o tratamento diferenciado dos dois ramos da administração pública. De modo geral, a administração direta foi sendo deixada de lado e experimentou um intenso processo de sucateamento nesse período, estando ainda muito marcada por uma cultura patrimonialista, pela baixa remuneração, abrigando servidores desmotivados etc. Por outro lado, a administração indireta, especialmente as empresas públicas e sociedades de economia mista, tinham suas atuações marcadas pela utilização mais intensiva de técnicas modernas de gestão, além de contar com um quadro de funcionários altamente qualificados e bem remunerados, apresentando níveis elevados de motivação e comprometimento com os objetivos maiores das instituições.

Não restam dúvidas de que a administração indireta foi relativamente bem-sucedida em dotar o parque produtivo brasileiro de condições mais competitivas e adequadas de inserção no capitalismo mundial, haja vista os progressos nas áreas de telecomunicações (Embratel e as numerosas empresas estaduais, como a Telemig), infraestrutura, energia (Furnas, Petrobras) e siderurgia (CSN, Usiminas etc.).

A estratégia adotada pelos militares, que implicou destinar investimentos e incentivos à administração indireta, relegando a administração direta a segundo ou terceiro planos, teve nefastas consequências. Ela gerou inegáveis perdas quanto à possibilidade de se aproveitar melhor e de maneira mais intensa uma enorme estrutura administrativa que estava à disposição do governo militar. Além dessa questão, outros problemas são usualmente apontados pelos analistas.

Com o passar dos anos e como resultado da grande transformação que a administração pública sofreu durante o regime militar, alguns efeitos perversos ou consequências não esperadas começaram a surgir. É bem conhecido que o Decreto-lei nº 200/67 foi implantado com a pretensão de fortalecer e aperfeiçoar os mecanismos de controle, coordenação, gerenciamento e planejamento estratégico sobre a administração pública federal. No entanto, essa capacidade de controle foi sendo cada vez mais mitigada por dois processos que se alimentavam mutuamente: de um lado, a hipertrofia e o crescimento desordenado da administração indireta naturalmente inviabilizaram os mecanismos de coordenação; de outro, a racionalidade e o profissionalismo desejados com o decreto foram perdendo vitalidade na medida em que os militares, para contrapor à progressiva perda de legitimidade do regime, que crescia a cada ano, faziam uso patrimonialista da administração pública, trocando cargos por apoio político.

Um dos maiores equívocos da proposta gerencial empreendida pelos militares consiste em não empreender esforços para a criação de uma carreira de alto escalão, formando e desenvolvendo administradores públicos para os níveis de direção na administração direta. De modo geral, o problema foi contornado pela contratação de altos dirigentes para a administração direta através de recrutamentos nas empresas públicas e sociedades de economia mista, que pagavam salários mais altos e abrigavam os quadros mais qualificados.

Também pela facilidade propiciada pela liberdade de contratação e demissão de servidores sem as amarras e rituais dos concursos públicos, a administração indireta contava com um excelente quadro de funcionários, ao contrário do que acontecia na Esplanada dos Ministérios. Assim, a administração direta foi sendo sucateada, sentindo a ausência de um quadro de funcionários altamente especializados que garantiria a manutenção do espírito de corpo da burocracia pública e que também poderia representar a memória cultural das instituições, assegurando continuidade e profissionalismo na execução e planejamento de políticas públicas.

Outro erro estratégico muito apontado diz respeito ao insulamento da alta burocracia que compõe a administração indireta. Como regra geral, os militares criaram uma espécie de blindagem sobre as instituições vitais para a busca de seus objetivos estratégicos mais fundamentais, evitando que práticas clientelistas e patrimonialistas afetassem ou atrapalhassem a atividade técnica e especializada desenvolvida pelos burocratas da administração indireta.

É importante esclarecer que o "isolamento sanitário" dessas instituições foi imensamente facilitado pela natureza fechada de um regime político autoritário. Em comparação com os regimes políticos democráticos, em que as negociações com a sociedade organizada e os acordos políticos para resolução de conflitos são necessários e vitais, a tarefa de insular a burocracia pública, ou parte dela, é comparativamente mais fácil sob a égide de um regime autoritário. Dessa forma, a administração indireta sofrerá menos com a herança patrimonial, clientelista e nepotista, conseguindo naturalmente níveis mais elevados de produtividade e eficiência.

No entanto, o grande problema não foi propriamente o insulamento da administração pública com relação ao clientelismo político mais corriqueiro e predatório, que em princípio é salutar e sempre bem-vindo. As dificuldades maiores aparecem pela constatação de que a administração foi isolada não apenas dos políticos, mas também de qualquer tipo de controle da sociedade organizada, não abrindo espaços para questionamentos quanto à necessidade, efetividade ou economicidade dessas políticas públicas que determinavam o rumo e as prioridades do Estado. Nesse contexto, nem o Congresso Nacional nem a sociedade organizada exercem qualquer tipo de controle ou influência sobre a administração indireta, que garantia para seus administradores níveis elevados ou quase ditatoriais de autonomia gerencial.

Além das dificuldades esperadas que esse excessivo isolamento da burocracia pública acarreta, como a inviabilidade de receber cobranças, controles e críticas que poderiam mudar e aprimorar a atuação do Estado, outra consequência ainda precisa ser destacada. Provavelmente, o mal maior que esse modelo institucionalizou e potencializou está relacionado com a intimidade incestuosa que se estabeleceu entre a alta burocracia pública e os lobistas que defendiam seus interesses corporativos junto ao Estado. São vários os estudos que enfatizam essa captura do aparelho do Estado, que teve como vetor e canal privilegiado de acesso o que Fernando Henrique Cardoso chamou de anéis burocráticos.

Assim, os interesses privados dos setores sociais mais fortes e organizados eram defendidos e alcançados através do relacionamento com os poderosos burocratas que comandavam soberanamente grandes instituições públicas que distribuíam recursos financeiros, subsídios e benesses sem controle social ou político. Dessa maneira, a aliança entre a alta administração e a classe empresarial potencializada e favorecida pelo insulamento burocrático possibilitou um canal privilegiado de acesso ao Estado, condizente com a herança patrimonialista que até hoje se mostra incrivelmente resistente. Essa aliança favorece preferencialmente a burguesia nacional, que consegue um canal privilegiado de acesso ao Estado, em sintonia com a nossa tradição de direcionar a administração pública para o atendimento das demandas dos grupos sociais mais fortes e organizados da sociedade.

Lembremos também que o insulamento burocrático pretendido não foi completamente conseguido, uma vez que a liberdade de contratação propiciada pelo regime celetista foi utilizada de maneira patrimonialista e nepotista para favorecer a clientela de apadrinhados da alta burocracia civil e militar, além das indicações oriundas da classe política mais bem posicionada e cooptada.

Sem colocar em questão os avanços institucionais conseguidos e a tarefa relativamente bem-sucedida de criar as condições de desenvolvimento do capitalismo nacional, os resultados da reforma gerencial da administração pública buscada pelo Decreto-lei nº 200/67 poderiam ser mais duradouros e intensos não fossem os problemas e desvios já levantados.

Mais uma característica em comum com a reforma de 1936 deve ser ressaltada. Como já demonstramos, a administração pública foi utilizada por Vargas como importante instrumento para a cooptação política dos novos grupos sociais urbanos que surgiam. Da mesma forma, os militares tinham na administração pública, especialmente a descentralizada, instrumentos eficientes para conseguir o apoio político da burguesia nacional. Assim, cargos públicos estratégicos, a proteção do mercado nacional pela restrição às importações e a própria política industrial como um todo, que favorecia descaradamente esse setor social, eram utilizados para obter apoio político do empresariado. Para atingir esses objetivos, empresas estatais foram loteadas, a competição internacional foi eliminada e pesados subsídios foram distribuídos.

Assim, é importante ressaltar que as duas reformas tentadas sob regimes ditatoriais no Brasil, uma burocrática e outra gerencial, apresentavam em comum uma marca patrimonialista de nascença, que entende a administração pública como mecanismo preferencial de distribuição de privilégios e obtenção de apoio político. Sem dúvida, essa marca patrimonialista ofuscou e neutralizou a maior parte dos avanços conseguidos com a adoção de modelos mais impessoais e gerenciais na burocracia estatal.

Para a administração pública federal como um todo, o processo de descentralização para a administração indireta mostrou-se bastante perverso, uma vez que adiou indefinidamente a tarefa de reformulação da burocracia pública, permitindo que o problema se agravasse durante todo esse período. O processo de distinção de duas estruturas dentro da administração federal, com políticas salariais, de recrutamento e de gestão totalmente diferentes, implicou o sucateamento e desmotivação ainda mais intensos na administração direta, que ficou esquecida durante décadas.

CF/88: um novo desenho institucional

Entre 1967, data do Decreto-lei nº 200, e 1988, ano da promulgação da Constituição Federal, o processo de aprofundamento da descentralização da administração pública foi-se acentuando intensamente, absorvendo toda a energia e os esforços do regime militar, que se prolonga até 1985. Ainda no período militar, um único movimento de modernização foi direcionado também para a administração direta: a criação do Ministério da Desburocratização em 1979. A importância da criação do ministério é grande na medida em que as ideias de Hélio Beltrão, que o dirigiu de 1979 até 1983, foram inovadoras no sentido de ressaltar que o contribuinte não é um súdito do Estado, mas um cliente com direito a uma boa prestação de serviços públicos. Sem dúvida, esse pode ser considerado o primeiro movimento consistente no sentido de enxergar a população como cidadã e não apenas como contribuinte, em sintonia com a filosofia que também começa a ser discutida e implantada nos países da Europa ocidental.

Com a preocupação de melhorar e facilitar o atendimento ao cidadão, manifestada na criação do Ministério da Desburocratização, estão sendo dados os primeiros passos na direção de um entendimento radicalmente diferente da relação entre Estado e cidadão, tão fundamental no Plano Diretor da Reforma do Aparelho de Estado, proposto em 1995 pelo governo Fernando Henrique Cardoso, que será discutido em detalhes mais adiante. Importante ressaltar que uma mudança cultural, ainda que de difícil disseminação, começa a ser levada adiante, colocando o cidadão como centro e destino principal das ações estatais.

Depois de esgotado o ciclo militar e com a volta da democracia, um novo reordenamento do Estado se desenha, com profundas consequências na estruturação e nas prerrogativas da administração pública. No processo constituinte, houve bastante disputa com relação a muitos pontos, que serviu como incentivo para a organização de vários setores da sociedade. Merecem ser citados alguns *lobbies* que conseguiram demonstrar força na Constituinte, como os que defendiam interesses agrários, o grupo evangélico, funcionários públicos, bancários, entre outros. A participação popular foi amplamente livre e democrática e serviu para organizar toda a sociedade, tanto de esquerda quanto de direita. O grande retrato ou resultado dessa redefinição da sociedade está na Constituição Federal de 1988, que reflete de maneira cristalina os embates de atores sociais na defesa de seus interesses.

Extinto o Dasp em 1986, o presidente José Sarney criou, no mesmo ano, a Secretaria de Administração Pública da Presidência da República (Sedap), diretamente ligada ao presidente e que ficou encarregada dos esforços de modernização e racionalização da administração pública federal. Relativamente fortalecida por estar diretamente ligada à Presidência da República, e sob o comando de Aluísio Alves, a Sedap procurou adotar uma postura bastante pragmática e fomentadora, efetuando pequenos progressos ao longo dos anos. Entre eles, devemos listar os mais importantes: fortalecimento institucional da Escola Nacional de Administração Pública (Enap), criação do Cadastro Nacional do Pessoal Civil (precursor do atual Siape), extinção de 45 órgãos e comissões especiais e a criação da carreira de gestor governamental, concebida como de fundamental importância para a modernização da administração pública.

De modo geral, o conjunto dos servidores públicos conseguiu articular-se de forma organizada e empreender uma bem-sucedida ação coletiva, que resultou numa série de garantias e até mesmo privilégios incluídos na CF/88, aproveitando-se da fraqueza organizacional da grande maioria da população. Por esse ângulo, as garantias que os servidores públicos incluíram no texto constitucional devem-se, principalmente, à capacidade de mobilizar e fazer pressão política na defesa de seus interesses, tarefa facilitada pela posição vantajosa dos servidores públicos que, se comparados com o restante da população, têm um nível razoável de articulação, mobilização e organização política. Não que a organização dos servidores públicos seja tão avançada, o diferencial maior é propiciado pela enorme e histórica desorganização da sociedade, especialmente os estratos mais baixos.

Desnecessário dizer que não vai nenhuma condenação moral nessa constatação. Pelo contrário, a visão realista da sociedade, do Estado e da política reconhece que os grupos de pressão devem articular-se na defesa de seus interesses, premissa básica na conduta de todo e qualquer ator social. Se feita dentro dos padrões éticos e institucionais, não há nada de condenável na ação estratégica deste ou daquele ator político na busca e defesa de seus interesses, ou de seus associados e filiados.

Três importantes fatores explicam a postura agressiva e bem-sucedida dos servidores públicos na defesa de seus interesses durante o processo constituinte: a vantagem organizacional comparativa que antes apontamos; um certo ressentimento contra os anos de ostracismo e sucateamento durante o regime militar, situação especialmente verdadeira para a administração direta; a preocupação com o recrudescimento do clientelismo com a redemocratização no período da Nova República, que se utilizava fartamente da administração pública para garantir apoio político. Nesse contexto, houve o entendimento de que o recrudescimento de uma cultura burocrática ainda mal implantada no Brasil seria o melhor antídoto contra os ataques patrimonialistas que vinham da arena política, especialmente nos níveis estadual e municipal.

Nos cinco artigos da Constituição de 1988 que tratam da administração pública (Da Administração Pública, os extensos arts. 37 e 38; Dos Servidores Públicos, arts. 39, 40 e 41), encontramos várias determinações que merecem uma atenção especial.

Em primeiro lugar, há uma forte tendência em fortalecer a administração direta pela extensão das mesmas regras previstas e estipuladas na CF/88 para todos os ramos da administração, inclusive e principalmente para a indireta. *Grosso modo*, essa determinação legal retira da administração indireta boa parte de sua agilidade e autonomia gerencial, passando a ficar sujeita às mesmas regras legais previstas para a administração direta. Em duas áreas essas alterações constitucionais tiveram maior impacto: na gestão de pessoas e nos procedimentos de compras públicas.

No que se refere à gestão de pessoas, a administração indireta foi obrigada a adotar integralmente todos os procedimentos que regem a realização dos concursos públicos, perdendo sua liberdade de contratar e demitir que o regime celetista anteriormente utilizado propiciava. Quanto às compras públicas, o processo licitatório instituído pela Lei nº 8.666/93 deverá também ser observado por toda a administração indireta, apesar de algumas exceções concedidas às sociedades de economia mista e empresas públicas. Pelo caráter empresarial e industrial que muitas vezes marca a atuação dessas instituições, a Lei nº 8.666/93 estabelece que o limite para dispensa de licitação tenha o valor dobrado em relação ao adotado pelos demais órgãos da administração direta e indireta (atualmente o limite de dispensa é de R$8 mil para toda a administração pública, inclusive estados e municípios).

Avaliando-se esses novos enquadramentos feitos pela CF/88, é possível constatar um ganho enorme com relação à adoção do concurso público como via única e universal de ingresso no setor público. Nesse aspecto específico, identificamos um dos maiores avanços estabelecidos pela Carta de 1988, que tem propiciado a profissionalização e a moralização do setor estatal, atacando de maneira contundente o clientelismo e o empreguismo que imperavam na administração pública.

Na relação custo/benefício, acreditamos que os ganhos propiciados pela obrigatoriedade do concurso público para o ingresso na administração indireta em muito ultrapassam os custos e as limitações burocráticas impostas por este critério de seleção e contratação. A real universalização do acesso pode e deve aumentar ainda mais a qualificação do quadro técnico desses órgãos, ainda mais nesses tempos de desemprego alto, em que os concursos públicos representam uma ótima alternativa para bons profissionais que estão no mercado de trabalho. Não fosse o uso clientelista e nepotista por parte dos militares e da alta burocracia, a atuação da administração indireta poderia ter sido ainda melhor na execução das importantes tarefas desempenhadas durante os anos do regime militar. Em perspectiva comparada, também havia clientelismo na administração descentralizada, ainda que em níveis muito menores do que o usual na administração direta, que contratava seus dirigentes desconsiderando qualquer critério técnico ou profissional.

Por outro lado, as limitações impostas pela Lei nº 8.666/93 com relação às compras e contratos não chegam a comprometer a agilidade e eficiência de empresas públicas e sociedades de economia mista, exigindo apenas melhor desempenho quanto ao planejamento do processo de aquisições.

Dessa forma, discordamos das colocações do ex-ministro Bresser-Pereira quanto à intensidade e aos desdobramentos do que ele denominou processo de recrudescimento do modelo burocrático da Constituição de 1988. Acreditamos que o revigoramento burocrático foi menos intenso e não teve as consequências tão danosas esperadas pelo ex-ministro.[69]

---

[69] Em vários artigos, livros e palestras, o ex-ministro Bresser-Pereira tem defendido que a CF/88 foi um retrocesso na medida em que recrudesceu as práticas burocráticas no Brasil, levando para a administração indireta todas as amarras antes aplicadas apenas à administração direta.

Em muitos casos, como citado antes, foi dado um tratamento especial à administração indireta, como na Lei nº 8.666/93, que no seu art. 24, parágrafo único, determina:

> Os percentuais referidos nos incisos I e II deste artigo serão 20% (vinte por cento) para compras, obras e serviços contratados por sociedade de economia mista e empresa pública, bem assim por autarquia e fundação qualificadas, na forma da lei, como Agências Executivas.
> (Redação dada pela Lei nº 9.648, de 27 de maio de 1998.)

Como podemos observar, o enrijecimento não se deu de maneira completa e absoluta, respeitando certas peculiaridades das empresas comerciais do poder público. Além do mais, houve novas flexibilizações com a EC nº 19, aprofundando o tratamento diferenciado em relação às empresas públicas e sociedades de economia mista que desempenham atividades de natureza empresarial. A redação do art. 173, §1º, contempla essas especificidades:

> A lei estabelecerá o estatuto jurídico da empresa pública, da sociedade de economia mista e de suas subsidiárias que explorem atividade econômica de produção ou comercialização de bens ou de prestação de serviços, dispondo sobre:
> (...)
> III – licitação e contratação de obras, serviços, compras, e alienações, observados os princípios da administração pública.

Três aspectos apontam no sentido de demonstrar que a adequação aos princípios da Carta de 1988 não inviabilizou ou prejudicou o desempenho de empresas públicas e sociedades de economia mista. Primeiro, essas empresas têm processos simplificados e próprios de licitação, que são direcionados no sentido de facilitar e adequar o processo de compras às características das demandas empresariais de cada instituição (o regime de compras da Petrobras, por exemplo, foi instituído pelo Decreto nº 2.745, de 24 de agosto de 1998). Segundo, como não foi feita a regulamentação do art. 173, é factível supor que não houve uma pressão consistente nesta direção, sugerindo que a administração indireta está prescindindo dessa lei para funcionar a contento. Terceiro, o desempenho das empresas públicas e sociedades de economia não tem sido comprometido pelos rigores do processo de compras públicas, que vem sendo aperfeiçoado através da tecnologia da informação, garantindo níveis satisfatórios de transparência, agilidade e controle social.

Para ilustrar esse ponto de vista, analisaremos o desempenho de uma empresa estatal (Petrobras) e de uma sociedade de economia mista (Banco do Brasil), que representam, respectivamente, a maior empresa brasileira e o maior banco do sistema financeiro brasileiro. O lucro líquido do Banco do Brasil tem crescido continuamente nos últimos três exercícios financeiros: R$974 milhões em 2000, R$1,082 bilhão em 2001 e R$2,028 bilhões em 2002. Já a Petrobras registrou um lucro líquido de R$9,867 bilhões em 2001 e de R$8,098 bilhões em 2002.

Na defesa corporativa de seus interesses, os servidores públicos conseguiram, através do art. 19 do Ato das Disposições Constitucionais Transitórias, que todos os celetistas que tivessem pelo menos cinco anos de serviços continuados no setor público se tornassem automaticamente servidores estatutários. Apenas no nível da União, cerca de 400 mil celetistas da administração indireta se tornaram servidores com estabilidade e aposentadoria integral, numa ação predatória contra os interesses mais profissionais da administração pública e, principalmente, contra o contribuinte. Nos estados e municípios o problema se repetiu, ainda que com alguns questionamentos legais que exigiram uma decisão do STF.

Outra ação predatória empreendida pelo funcionalismo público na época da Constituinte foi a aviltante aposentadoria integral, que permite na prática a instituição de uma dupla cidadania no Brasil entre os servidores públicos e os trabalhadores da iniciativa privada, com regimes de previdência social absolutamente desiguais. Lembramos que esse problema é tratado de maneira detalhada no quarto capítulo do livro.

Mediante uma leitura atenta do contexto histórico da década de 1980, é possível compreender a ação política dos servidores e a maneira como as questões da administração pública foram tratadas. Fazendo uma análise geral do quadro estabelecido pela CF/88, é possível argumentar que, até mesmo como atitude defensiva por parte dos servidores, houve um recrudescimento parcial das práticas burocráticas. Nesta reação, os servidores estavam naturalmente muito mais preocupados em proteger seus interesses e blindar a administração pública contra o recrudescimento do clientelismo, do que em introduzir técnicas modernas de gestão voltadas para o atendimento do cidadão/contribuinte.

O grande problema surge porque, no mesmo momento em que os servidores estavam mais preocupados em fazer a defesa corporativa de seus interesses, a CF/88, com seu espírito cidadão e incorporador, assumia uma enorme quantidade de atribuições sociais que vão exigir uma administração pública moderna e eficiente. Da mesma maneira que o desenvolvimento econômico nacional das décadas de 1960 e 70 dependeu da eficiência e profissionalismo de empresas públicas e sociedades de economia mista, a enorme tarefa de incorporação social dependerá, a partir de 1980, de uma administração direta eficiente, gerencial, ágil e moderna.

Esse desencontro trouxe o problema da administração pública para o debate nacional, uma vez que as exigências da democracia e a implementação da Constituição esbarraram em uma burocracia incapaz, morosa, ineficiente e desmotivada. Deve ressaltar-se que esse desencontro tem sido particularmente cruel para as classes mais baixas, que dependem maciça e exclusivamente dos precários serviços públicos prestados pelo Estado.

Não restam dúvidas de que o grande saldo positivo da CF/88 está na universalização e efetivação do concurso como única via de acesso ao serviço público, tão fundamental em um país marcado pelo clientelismo, nepotismo e pela ascensão funcional baseada nas relações pessoais de cada profissional. É preciso destacar que a ascensão profissional baseada nas relações pessoais é prática institucionalizada também na iniciativa privada, não caracterizando prerrogativa ou peculiaridade do setor público.

Na área de recursos humanos, a dificuldade maior da Carta de 1988 é fruto de um equivocado atrelamento, pois, junto com a universalização do concurso público, veio também uma política remuneratória isonômica que desconhece ou abandona importantes mecanismos gerenciais para diferenciar cada categoria funcional e cada servidor de acordo com sua competência, critérios de desempenho individual e ganhos de produtividade.

Apesar do reforço das estruturas burocráticas, acreditamos que a herança mais perversa e de difícil resolução da CF/88 é, sem dúvida, o equacionamento da aposentadoria dos servidores públicos. O problema, como analisado detalhadamente no quarto capítulo, se arrasta há mais de 14 anos e ainda está longe de ser satisfatoriamente resolvido, desafiando governos que entram e saem prometendo uma solução através de uma ampla reforma previdenciária.

1990: o governo Collor

Um ano depois de promulgada a Constituição, o Brasil novamente se defrontou, após 29 anos, com uma eleição direta para presidente da República, com importantes e perversas consequências para a democracia e para a administração pública. Os maiores e mais nefastos problemas para a administração pública começaram já na campanha política. Em regra, Fernando Collor fez sua campanha para presidente tentando passar a imagem de um *outsider*, ressaltando que não era do meio político e que, de certa forma, era contra a própria política, fazendo as mais severas críticas a todo o aparato institucional da democracia brasileira.

Collor venceu as eleições com um discurso pretensamente modernizador, em sintonia com a agenda internacional do "Consenso de Washington", que preconiza abertura comercial, superávit fiscal, privatização de empresas estatais, enxugamento das máquinas públicas e desregulamentação. Mas, como veremos adiante, esse discurso modernizador irá encontrar uma prática política extremamente deletéria, irresponsável e corrupta, que terá enorme repercussão negativa sobre a administração pública.

No aspecto específico e diretamente relacionado com a administração pública, as críticas também foram as mais virulentas possíveis. Collor enfatizou ao máximo as ineficiências, contradições, aberrações e irregularidades da administração pública, expondo-lhe as vísceras à execração popular.

Capítulo à parte nessa tarefa de se promover usando as mazelas do Estado e da administração pública foram os ataques ao funcionalismo público. O conceito de marajá caiu no gosto popular e tornou-se de uso corriqueiro, caraterizando aquele servidor que nada faz e muito recebe do Estado. Os ataques, frontais, foram elaborados e divulgados como se todos os servidores públicos fossem relapsos, corruptos, parasitas e muitíssimo bem remunerados. Aqui e ali, um caso excepcional de excesso de ineficiência ou burocracia de algum órgão público, os altos salários de uma parte muito pequena de servidores – essas imagens eram veiculadas para a sociedade como se fossem o retrato fiel do conjunto da administração pública. Dessa maneira, toda a campanha presidencial foi feita defendendo a ideia de que a administração pública e os servidores seriam os únicos e maiores responsáveis por boa parte dos males que afligiam a sociedade.

Como era esperado, todo esse clima de terror psicológico e desvalorização social se abateu de maneira intensa sobre a administração pública, jogando no chão a autoestima e o senso de relevância e importância social dos servidores públicos. Depois das eleições, estes entraram num círculo vicioso de antagonismo com a sociedade que elegeu Collor: prestavam piores serviços porque não eram reconhecidos e não eram reconhecidos porque prestavam serviços precários.

Logo depois da posse, em 15 de março de 1990, sob a triste inspiração de João Santana, o presidente Collor iniciou um plano absolutamente caótico e desconexo de reforma da administração pública. Nesse processo, milhares de cargos de confiança foram extintos, muitos órgãos públicos também foram reestruturados ou extintos, os servidores sem estabilidade foram demitidos e outros tantos acabaram colocados em disponibilidade com remuneração integral (a disponibilidade com salário integral só acabou com o art. 41, §3º, da EC nº 19, de 4 de junho de 1998). Ao todo, somando os demitidos e os colocados em disponibilidade remunerada, estima-se em 108 mil os servidores que deixaram a máquina da administração pública federal no começo do governo Collor.[70]

Toda essa intensa e profunda mudança institucional foi feita sem nenhum planejamento, estudo detalhado ou critério técnico. Como agravante, nenhuma negociação foi empreendida com a sociedade ou com os servidores. Não bastassem esses atropelos e a maneira afobada e amadora, nenhum estudo do impacto ou da viabilidade jurídica desses atos foi feito, deixando toda essa enorme transformação absolutamente vulnerável do ponto de vista legal.

Como resposta ao intenso processo de demissão, os servidores entraram na Justiça e acabaram reintegrados à administração pública federal, devido às aberrações jurídicas presentes nos processos de demissão. Por fim, ao assumir a presidência depois do impedimento em 1992, Itamar Franco concedeu anistia, trazendo de volta quase a totalidade dos servidores ilegalmente demitidos. As trapalhadas foram tantas que até hoje, 12 anos depois, algumas pendências jurídicas dos anistiados ainda não se resolveram de maneira definitiva.

---

[70] Martins, 1997.

Nesse quadro já caótico, começaram a aparecer os casos mais graves de corrupção no governo federal, comandados por Paulo César Farias e pelo próprio presidente. Com o passar do tempo e das investigações, percebeu-se que a corrupção se estava institucionalizando e, pior, estava cravada no centro do poder. Especialmente para a administração pública, a sensação de que as práticas de corrupção se disseminavam bem no coração do Estado trouxe um ambiente cultural extremamente deletério, que aumentou a apatia e a desmotivação, destruindo o espírito de corpo dos servidores públicos.

Assim, nesse festival de esculhambação pública, generalização da corrupção no centro do poder, abuso de práticas ilegais, comportamento imperial e alterações institucionais profundas sem nenhuma viabilidade técnica, o ambiente cultural da administração pública – que, diga-se de passagem, nunca foi bom – tornou-se insuportável. O resultado de tudo isso foi a completa desarticulação e desagregação da administração pública, que intensificou e aprofundou o processo de perda de capacidade gerencial para formulação, planejamento, execução e fiscalização de políticas públicas. Do ponto de vista do servidor, ele foi apresentado como um pária da sociedade e muitos acabaram incorporando o insulto, deixando-se levar pela desmotivação e sentimento de insignificância social, completando a política de terra arrasada contra a administração pública.

Como se tudo isso ainda não fosse suficiente, em uma época de inflação alta, Collor não corrigiu os vencimentos do funcionalismo, causando um arrocho salarial terrível, desestimulando e humilhando ainda mais os servidores públicos federais.

A rápida passagem de Collor pela presidência provocou, na administração pública, uma desagregação e um estrago cultural e psicológico impressionantes. Exatamente ele, que iniciou seu governo atacando-a por práticas de corrupção, iria quase institucionalizar essas práticas no Palácio do Planalto, potencializando e incentivando a tarefa de aniquilar toda a capacidade burocrática do Estado brasileiro.

Por tudo que foi exposto, a administração pública sentiu profundamente os golpes desferidos pelo governo Collor, com os servidores descendo aos degraus mais baixos da autoestima e valorização social, depois de serem alvos preferenciais em uma campanha política altamente destrutiva e desagregadora.

1995-2002: a era Fernando Henrique Cardoso

Com a vitória de Fernando Henrique Cardoso na eleição presidencial de 1994 e com as redefinições do Estado moderno que vinham ocorrendo em boa parte do mundo desde meados da década de 1970, a reforma do aparelho de Estado entrou na agenda política brasileira. É necessário lembrar que o tema da reforma administrativa (que naturalmente tem escopo menor do que a reforma do Estado) também entrou na agenda nacional por um motivo absolutamente premente: a capacidade operacional e gerencial da administração pública encontrava-se em níveis baixíssimos, comprometendo toda a possibilidade de formulação, execução, gerenciamento e fiscalização de políticas públicas. Diante dessa total incapacidade burocrática e desagregação institucional, um único consenso havia em 1995: alguma coisa precisava ser feita para dotar a administração pública brasileira de instrumentos eficientes que assegurassem algum êxito nas imensas tarefas e desafios colocados pelo processo de globalização e pela redefinição da maneira de atuação do Estado. Assim, era necessário e urgente recuperar a governança da administração pública brasileira.

Seguindo uma tendência internacional que acusava um amplo, variado e desigual conjunto de esforços para a implantação de reformas administrativas em todo o mundo, o governo Fernando Henrique Cardoso começou a trabalhar a agenda nacional procurando discutir e implantar os fundamentos da nova gestão pública. Apesar de aparecer de maneira bastante tímida na campanha presidencial de 1994 e de não contar com o apoio entusiástico do grupo governamental mais forte (na Casa Civil, Clóvis Carvalho; na Fazenda, Pedro Malan; e no Planejamento, José Serra), o tema da reforma administrativa foi sendo colocado na agenda nacional devido à habilidade do ministro Bresser-Pereira, que comandava o Ministério da Administração e Reforma do Estado (Mare).

A prova de que a reforma administrativa não representava uma prioridade inicial do governo FHC é o fato de o plano diretor só ficar pronto no final do primeiro ano do mandato. Além disso, o grupo mais ligado à presidência da República sempre encarou a reforma administrativa proposta pelo ministro Bresser-Pereira como um projeto ambicioso demais, defendendo uma posição mais incrementalista, menos pretensiosa e conduzida de maneira setorial e focalizada.

Apesar das dificuldades iniciais, a reforma administrativa gerencial entrou para a agenda nacional, conseguindo abrir uma discussão sobre a forma e a natureza da ação estatal no Brasil. Se nesse primeiro instante as divergências apontadas não anularam os esforços reformistas, que tiveram um momento de força relativa na Esplanada dos Ministérios, num segundo momento elas foram negativamente decisivas, como veremos adiante.

Para enfrentar o desafio, foi criado o Ministério da Administração Federal e da Reforma do Estado, incumbido institucionalmente de empreender todos os esforços necessários para essa árdua e difícil tarefa. Como instância deliberativa maior, foi criada a Câmara da Reforma do Estado, composta pelos seguintes ministérios: Casa Civil (presidente da Câmara), Administração Federal e Reforma do Estado, Fazenda, Planejamento e Orçamento, Trabalho e Estado-Maior das Forças Armadas. Sob a orientação do ministro Bresser-Pereira, o Mare elaborou um documento de enorme importância que irá subsidiar e orientar toda a discussão e esforços no sentido de modernizar a administração pública.

Em novembro de 1995, o presidente da República apresentou à sociedade o Plano Diretor da Reforma do Aparelho do Estado, estudo que fazia um diagnóstico da burocracia e contemplava também os objetivos a serem buscados pelo governo e pela sociedade, no sentido de dotar a administração pública de níveis mais altos de governabilidade e governança.[71] O estudo apresentava uma radiografia bastante precisa da burocracia pública, apontando suas maiores deficiências, estrangulamentos e contradições. Mas, se o diagnóstico foi razoavelmente consensual, as propostas apresentadas pelo plano diretor foram muito mal recebidas pelos servidores, que fizeram ecoar suas resistências no Congresso Nacional, criando dificuldades para a discussão e o fluxo mais intenso das reformas propostas. Também o núcleo mais forte e dominante da Esplanada (Casa Civil, ministérios da Fazenda e Planejamento) recebeu o plano de forma fria e cética, achando-o ambicioso demais e preferindo uma ação mais focada, gradualista e incremental.

Em linhas gerais, o plano diretor propõe a utilização no Brasil do modelo gerencial de administração pública, que já vinha sendo implantado e discutido em várias partes do mundo. O entendimento mais comum

---

[71] Brasil, 1995.

é que o modelo burocrático – altamente processualístico, autorreferido, ineficiente, com os mecanismos de controle essencialmente centrados nos processos, rígido, caro e sem mecanismos de avaliação, tanto de gestão, quanto de servidores – já não é mais adequado para a administração dos Estados modernos. O modelo gerencial, pelo contrário, está voltado para o cliente/cidadão, faz os controles por resultados, aposta na descentralização e na desconcentração da ação estatal, abriga vários institutos e instrumentos mais flexíveis de gestão, configurando uma administração pública mais compatível com as inovadoras técnicas de administração utilizadas pelas empresas.

O impulso gerencial e reformador da administração pública veio fundamentalmente dos Estados Unidos e Inglaterra, que, com a ascensão de Reagan em 1980 e Thatcher em 1979, começaram a implementar políticas de reformulação e modernização da administração pública. Em um primeiro momento, a preocupação básica era a redução dos custos e o aumento da eficiência na administração pública, evoluindo, anos mais tarde, com intensidades e resultados diferenciados em cada país, para questões mais complexas como efetividade, controle social, noções mais elevadas de cidadania, equidade e busca de maior responsabilização dos administradores públicos.

Dessa maneira, a partir da década de 1970, a reforma gerencial entrou na agenda internacional com muita força. Fator que contribuiu muito para a difusão das teorias e dos modelos de gestão pública moderna foi o financiamento intensivo que a reforma gerencial recebeu, ao redor do mundo, de agências e organismos internacionais de fomento e desenvolvimento, como o Banco Mundial (Bird) e o Banco Interamericano de Desenvolvimento (BID), que inclusive financiaram vários projetos de modernização administrativa no Brasil. Em trabalho recente, Flávio Rezende demonstra que, entre 1997 e 2000, o Banco Mundial financiou 1.600 projetos de reforma administrativa em todos os continentes, emprestando cerca de U$6 bilhões por ano a países em desenvolvimento.[72]

Dois equívocos comuns que devemos evitar sobre a nova gestão pública são, primeiro, a tendência em perceber as reformas gerenciais como um pro-

---

[72] Rezende, 2002.

cesso que ocorreu de forma uniforme nos vários países ao redor do mundo e, segundo, que estas seriam pioneiras e absolutamente inovadoras quanto às práticas de gestão defendidas.

Em primeiro lugar, cabe destacar que as técnicas de gestão propostas pela reforma gerencial já vinham sendo desenvolvidas, defendidas e implantadas há muito tempo. O caso brasileiro, por exemplo, é muito ilustrativo. Instrumentos de flexibilização, racionalização, desburocratização, descentralização e desconcentração administrativas já vinham sendo buscados desde a década de 1960. Nessa questão, realmente nova é a força com que essas discussões entraram na agenda internacional a partir da década de 1980. Assim, diante da crise fiscal e do aumento da pressão cidadã por uma ação estatal mais eficiente e efetiva, tornou-se necessária uma política de modernização e adequação da administração pública. Nova também é a reunião de todos os processos e técnicas sob uma única denominação teórica e conjunto de ideias, passando a falsa impressão de que se tratava de algo absolutamente inovador e recente.

Quanto à implantação e efetivação concreta das reformas gerenciais pelo mundo, a variedade e a multiplicidade de experiências são quase infinitas, haja vista que a reforma gerencial ganha contornos específicos em cada país. Vários fatores explicam essas peculiaridades. Certamente terão grande importância para a intensidade e o sucesso desses processos a qualidade da burocracia pública existente em cada país, o nível de desenvolvimento da cidadania e do capital social, a *accountability* entre os três poderes, a trajetória histórica da administração pública e, obviamente, a vontade e força política dos defensores da reforma gerencial.

A bibliografia especializada[73] aponta que a experiência internacional da reforma gerencial é muito heterogênea, implicando, em alguns casos, aumento do aparelho administrativo e, em outros, sua redução significativa. Na Inglaterra, por exemplo, a reforma foi marcada principalmente pela agenciação e contratação, utilizadas em larga escala no sentido de enxugar o *civil service*. O grande foco da nova gestão pública na França foram a descentralização e desconcentração administrativas, descongestionando a administração central de forma significativa. Por outro lado, a Alemanha não

---

[73] Rezende, 2002; Costa, 2002.

passou por um processo de reformas administrativas de maior importância, permanecendo ainda uma cultura fortemente marcada pelos fundamentos da teoria burocrática clássica, nos moldes weberianos. Em países com arraigada tradição social-democrata como Suécia e Dinamarca, a reforma gerencial resultou no aumento da intervenção estatal e, consequentemente, crescimento do aparelho burocrático. Já nos Estados Unidos, a reforma gerencial não atingiu a estrutura da administração pública central, que permanece basicamente a mesma há décadas. Nesse caso, a transformação maior deu-se pelo esforço de divulgar, incentivar e multiplicar experiências administrativas inovadoras e modernas no nível municipal.

É interessante observar que, ao longo da evolução das teorias gerenciais, os conceitos de eficiência (que tem intrinsecamente uma forte preocupação com a relação custo/benefício) e efetividade (que mede a qualidade do resultado e a própria necessidade de determinadas ações públicas) se vão sobrepondo às limitadas questões de ajuste fiscal que desencadearam as reformas gerenciais.[74]

Fazendo uma análise comparativa da experiência reformista de alguns países, Abrucio lista os aspectos e características comuns das várias etapas e

---

[74] A bibliografia especializada costuma utilizar-se de três conceitos que, em certa medida, abrigam significados parecidos, mas diferenciados. *Eficácia*: basicamente, a preocupação maior que o conceito revela se relaciona simplesmente com o atingimento dos objetivos desejados por determinada ação estatal, pouco se importando com os meios e mecanismos utilizados para atingir tais objetivos. *Eficiência*: aqui, mais importante que o simples alcance dos objetivos estabelecidos é deixar explícito como esses foram conseguidos. Existe claramente a preocupação com os mecanismos utilizados para obtenção do êxito da ação estatal, ou seja, é preciso buscar os meios mais econômicos e viáveis, utilizando a racionalidade econômica que busca maximizar os resultados e minimizar os custos, ou seja, fazer o melhor com os menores custos, gastando com inteligência os recursos pagos pelo contribuinte. *Efetividade*: é o mais complexo dos três conceitos, em que a preocupação central é averiguar a real necessidade e oportunidade de determinadas ações estatais, deixando claro que setores são beneficiados e em detrimento de que outros atores sociais. Essa averiguação da necessidade e oportunidade deve ser a mais democrática, transparente e responsável possível, buscando sintonizar e sensibilizar a população para a implementação das políticas públicas. Este conceito não se relaciona estritamente com a ideia de eficiência, que tem uma conotação econômica muito forte, haja vista que nada mais impróprio para a administração pública do que fazer com eficiência o que simplesmente não precisa ser feito.

experiências do modelo gerencial de administração pública: parcerias com o setor privado, especialmente as ONGs; critérios de avaliação de desempenho, tanto individuais quanto institucionais; desconcentração administrativa e redução dos níveis hierárquicos; descentralização política; priorização das ações de planejamento estratégico; flexibilização das regras burocráticas e do direito administrativo; profissionalização e valorização dos servidores públicos.[75]

Assim, o diagnóstico da administração pública brasileira constante do plano diretor foi muito influenciado por esse debate mundial e pelas redefinições nos padrões de intervenção estatal em curso nos Estados Unidos e Europa, apontando uma série de fatores que inviabilizavam a administração pública brasileira ao final do século XX. Essas dificuldades foram resumidas em três crises que preconizam a necessidade de modernização e redefinição da ação estatal: as restrições fiscais, tão caracterizadas pela crise desencadeada pelas elevações dos preços do petróleo em 1974 e 1979; a crise de intervenção, que impunha um momento de inflexão no modelo intervencionista da socialdemocracia, principalmente a europeia; e a crise de gestão, caracterizada pelo esgotamento do modelo burocrático tradicional como forma precípua de atuação estatal.

Pelo caráter inovador e pelas profundas e estruturais mudanças que o plano diretor propunha, houve uma normal e esperada resistência aos principais projetos da reforma administrativa. Os servidores públicos se posicionaram em uma poderosa trincheira protegida pela Constituição Federal de 1988, que lhes garantia uma série de direitos dificilmente alteráveis, haja vista a articulada reação empreendida pelos seus sindicatos e associações.

Portanto, no começo da reforma, o principal ator político envolvido, os servidores públicos, começou o jogo em uma posição estratégica privilegiada. Em linhas gerais, eles eram favorecidos por uma série de fatores: pela proteção constitucional, por uma capacidade de pressão relativamente eficaz, pelo clientelismo e corporativismo do Congresso Nacional e pelo próprio *status quo*, que geralmente atua a favor de quem defende uma posição imobilista.

---

[75] Abrucio, 1997.

Ao contrário dos dois momentos anteriores de modernização da administração pública brasileira, a reforma proposta pelo governo FHC foi empreendida e elaborada em plena operação do regime democrático, o que ditou um ritmo mais lento e exigiu um processo mais delicado e complexo de negociação para sua efetivação. Em 1936 e 1967 foram introduzidas importantes modificações, mas estas não exigiram nenhum tipo de negociação ou barganha, haja vista que foram concebidas e executadas em regimes políticos fechados.

Assim, pela primeira vez na história brasileira, foi proposta uma reforma administrativa em pleno funcionamento da democracia, propiciando um amplo e intenso debate em relação à estrutura do Estado. Como a maior parte das reformas propostas exigia uma alteração constitucional, ou seja, 3/5 dos votos no Senado e na Câmara, uma árdua, lenta e complexa articulação foi necessária na relação do Executivo com o Congresso Nacional.

Nesses oito anos de discussão, foram muitas e de variada natureza as dificuldades encontradas na implementação da reforma administrativa. Das mais intensas, podemos destacar as reações corporativas, as carências institucionais, os óbices legais, as deficiências operacionais, as falhas de comunicação e o ambiente cultural, entre outras não menos importantes. Mas, antes de realizarmos um balanço dos avanços e fracassos da reforma administrativa, é possível identificar uma dificuldade apontada pela ciência política como inerente a toda e qualquer mudança política, legal ou cultural.

Procurando identificar as dificuldades e resistências enfrentadas por toda e qualquer mudança institucional, Maquiavel destaca um aspecto fundamental: o descompasso temporal que se observa entre a adesão e resistência dos principais atores alcançados pelas mudanças. Na palavras do próprio autor:

> Deve-se considerar aqui que não há coisa mais difícil, nem de êxito mais duvidoso, nem mais perigosa, do que o estabelecimento de novas leis. O novo legislador terá por inimigos todos aqueles a quem as leis antigas beneficiavam, e terá tímidos defensores nos que forem beneficiados pelo novo estado de coisas. Essa fraqueza nasce parte do medo dos adversários, parte da incredulidade dos homens, que não acreditam na verdade das coisas novas senão depois de uma firme experiência. Daí resulta que os

adversários, quando têm ocasião de assaltar, o fazem fervorosamente, como sectários, e os outros o defendem sem entusiasmo e periclita a defesa do príncipe.[76]

Configurando um quadro ainda mais adverso às mudanças, os futuros beneficiados pela reforma administrativa, os setores mais carentes e desorganizados da sociedade, não tinham poder de pressão algum para apoiar as mudanças, em contraste com os servidores que enfrentaram as reformas com todo seu poderio organizacional. Assim, é possível dizer que a reforma administrativa defrontou, desde o início, um quadro político bastante adverso, tendo de superar uma resistência feroz e organizada, e contando apenas com um apoio discreto, disperso e pulverizado de poucos setores da sociedade.

Apresentadas essas ponderações, faz-se necessário proceder a um inventário dos principais êxitos e fracassos da reforma administrativa proposta pelo governo Fernando Henrique Cardoso. Apenas para efeito didático e reconhecendo que essas áreas se comunicam intensamente, faremos a avaliação da reforma administrativa subdividindo-a em quatro áreas distintas: área legal; área de gestão; área de recursos humanos; área institucional e cultural. Como podemos observar, essa divisão é muito superficial e tem caráter fundamentalmente didático, buscando facilitar o entendimento desse complexo processo de mudança institucional e cultural.

Área legal

De modo geral, é possível considerar que a maior e mais duradoura vitória da reforma administrativa se deu no plano legal, com a aprovação da Emenda Constitucional nº 19, de 4 de junho de 1998, que alterou parte significativa dos arts. 37 a 41, mas não se restringiu a eles. Apesar de ter sofrido várias alterações no Congresso Nacional, a aprovação da EC nº 19 significou avanços consideráveis em alguns pontos importantes. O fato de apontarmos a aprovação da emenda constitucional como ponto alto da

---

[76] Maquiavel, 1991:24.

reforma administrativa se deve menos a alterações e efeitos imediatos que ela tem proporcionado, e mais às inúmeras oportunidades e inovações que ela potencializa, preconiza ou simplesmente possibilita.

Aliás, um dos grandes empecilhos para que os avanços proporcionados pela EC nº 19 prosperem é exatamente a falta de regulamentação de vários artigos e incisos, que precisam de uma lei infraconstitucional para serem colocados em prática. Assim, faz-se necessário uma ação enérgica da sociedade e do Congresso Nacional para que muitos dos artigos possam ser aplicados, trazendo os benefícios esperados.

Fazendo uma avaliação das principais alterações, encontramos avanços legais inquestionáveis, alguns dos quais são relacionados no quadro 2.

Quadro 2

Artigo	Conteúdo
37, inciso V	Reserva percentual de cargos em comissão para servidores de carreira, contribuindo para neutralizar pressões clientelistas
37, inciso X*	Assegura revisão geral anual da remuneração, impedindo uma defasagem grande dos vencimentos (Regulamentado pela Lei nº 10.331, de 18 de dezembro de 2001)
37, inciso XI*	Estabelece o subsídio dos ministros do STF como referência para o teto máximo da remuneração dos servidores de todos os poderes e de qualquer nível de governo
37, inciso XXI, §3º	Incentiva o controle social sobre a administração pública, permitindo a participação dos usuários em conselhos da administração direta e indireta
37, inciso XXI, §8º	Através de contrato, permite que a autonomia dos órgãos públicos seja ampliada mediante negociação entre administradores e poder público
39, §2º	Exige a necessidade de criação das escolas de governo, para constante aperfeiçoamento dos servidores públicos
39, §§1º e 3º; art. 247, *caput*	Estabelece critérios diferenciados de remuneração, admissão e demissão de servidores que desenvolvam atividades exclusivas de Estado

Continua

Artigo	Conteúdo
39, §4º	Determina que o membro de poder ou detentor de mandato eletivo seja remunerado apenas por um subsídio único
48, inciso XV	Lei de iniciativa dos presidentes da República, do STF, da Câmara e do Senado fixará o subsídio dos ministros do STF
39, §6º*	Para incentivar o controle social, os três poderes publicarão anualmente os valores do subsídio e da remuneração de seus servidores
39, §7º	A economia com despesas correntes do órgão poderá ser revertida, inclusive sob forma de prêmio ou adicional, para seus servidores
41, §1º, inciso III	A insuficiência de desempenho passa a ser passível de punição com a perda do cargo
169, §4º*	Flexibilização da estabilidade, pois o servidor estável poderá ser demitido por excesso de despesas (Regulamentado pela Lei nº 9.801, de 14 de julho de 1999)
173, §1º, inciso III	Permite que empresas públicas e sociedades de economia mista tenham regulamento próprio para compras governamentais

* Não precisa de regulamentação ou já foi regulamentado.

Fazendo um levantamento geral, observamos avanços em várias áreas: busca de maior liberdade e agilidade para a administração pública, moralização do Estado através da fixação do teto salarial, garantias de melhor formação profissional, flexibilização da estabilidade, ganhos de transparência que facilitam o controle social, valorização das carreiras típicas de Estado, entre outros.

Sem dúvida, uma condição fundamental para o avanço das reformas e a efetiva aplicação dos mandamentos constitucionais vai depender da regulamentação de várias das alterações apontadas. Salientamos uma delas, que teria um impacto cultural, gerencial e fiscal significativo: a fixação do teto salarial dos membros do STF, que aliviaria as folhas de pagamento de todos os órgãos nos três níveis de governo, acabando com os imorais supersalários. A fixação do teto representa oportunidade única de se acabar com as injustiças, desigualdades e gritantes distorções observadas na folha de pagamentos da administração pública, prejudicando sobremaneira a implantação de mecanismos mais democráticos, eficientes e gerenciais na gestão da *res publica*. É doloroso saber que, depois de cinco anos da aprovação da EC nº 19, nenhum esforço mais significativo foi feito para a fixação do teto e que as poucas e tênues iniciativas do Executivo federal foram boicotadas pelo Supremo Tribunal Federal e pelo Congresso Nacional.[77]

Apesar das dificuldades quanto à regulamentação, o ex-ministro Bresser-Pereira tem razão quando argumenta que, das grandes reformas propostas pelo governo Fernando Henrique Cardoso, a administrativa foi a que apresentou os melhores resultados, ainda que incompletos. Deve-se destacar que as reformas tributária e previdenciária ainda marcaram passo por longos e tortuosos anos nos corredores do Congresso Nacional.[78]

É prudente e aconselhável observar com que velocidade ocorrerá, como será negociado e em que direção caminhará o processo de regulamentação da EC nº 19, para termos uma noção melhor do impacto da reforma administrativa empreendida pelo governo Fernando Henrique Cardoso. Essa questão desperta uma preocupação que se coloca de maneira intensa e que será abordada adiante: a extinção do Mare, em 1º de janeiro de 1999, não teria sido prematura demais? Entendemos que aqui ocorreu um erro estratégico que pode comprometer grande parte da capacidade de se avançar em alguns pontos cruciais da reforma administrativa. Depois que o Mare foi extinto – com a perda da sinergia institucional e a pulverização dos quadros mais comprometidos com a reforma, como inclusive aconteceu com o próprio Bresser-Pereira e a secretária executiva Cláudia Costin –, a reforma administrativa perdeu fôlego e tem ficado perigosamente estagnada, ou avançado em passos imperceptíveis, deixando questões importantes sem nenhum tratamento específico ou diferenciado.

Assim, para que a reforma administrativa não fique inconclusa ou no meio do caminho, como as anteriores de 1936 e 1967, é preciso urgentemente pressionar e lutar para que haja a regulamentação de vários artigos da Constituição, retirando realmente do papel e trazendo para as repartições as principais inovações constitucionais na área de gestão pública.

---

[77] Sobre a reforma da previdência e a fixação do teto do funcionalismo, através da Emenda Constitucional nº 41, de 19 de dezembro de 2003, ver adendo ao quarto capítulo.

[78] Ver entrevista de Bresser-Pereira, em Bressan, 2002.

Área de gestão

Profundamente inspirado no modelo inglês de implantação da *new public management*, que através de um intenso e controverso processo de contratação transferiu a maior parte do *civil service* para as agências executivas,[79] o plano diretor prevê a criação de uma estrutura administrativa fora do núcleo central do Estado, que deve permanecer apenas com suas funções mais fundamentais e precípuas. Assim, no intuito de operacionalizar as propostas de reforma gerencial constantes no plano diretor, um complexo, difícil e controverso instrumento precisava ser desenvolvido e aprimorado: a elaboração dos contratos de gestão, haja vista que a contratação irá subsidiar, normatizar e conduzir todo o processo de agenciação.

Na área específica da gestão, não obstante alguns pequenos avanços, a reforma caminhou de maneira insatisfatória. Visando maiores graus de eficiência na intervenção estatal, o Plano Diretor de 1995 prevê o aumento da autonomia gerencial de vários órgãos através da criação das agências autônomas (executivas e reguladoras) e das organizações sociais. A proposta seria transformar autarquias e fundações que exerçam atividades exclusivas de Estado (normatização, regulação, segurança pública e fiscalização) em agências autônomas. Já as atividades não exclusivas, como pesquisa, educação e saúde, seriam repassadas às organizações sociais e às organizações não governamentais de interesse público.

As agências executivas foram instituídas pela Lei nº 9.649, de 27 de maio de 1998. Este estatuto prevê autonomia gerencial, pactuação de resultados, necessidade de um contrato de gestão estabelecendo objetivos, metas etc., além de exigir uma qualificação para que uma autarquia, por exemplo, possa transformar-se em agência executiva.

No nível federal, apesar do grande interesse do IBGE e do Ibama, apenas o Instituto Nacional de Metrologia, Normalização e Qualidade (Inmetro) foi qualificado, em julho de 1998, como agência executiva. Por uma série de dificuldades – como falta de um conjunto atrativo de incentivos, indefinições inerentes a uma experiência nova, cultura burocrática

---

[79] Entre 1988 e 1997, foram criadas quase 140 agências, abrangendo 70% da burocracia inglesa. Ver Costa, 2002.

arraigada, dificuldades operacionais e falta de prioridade ao modelo por parte do Ministério do Planejamento, Orçamento e Gestão –, a experiência com as agências executivas naufragou. O fato de apenas uma autarquia, entre os 1.042 órgãos da administração pública federal, ter aderido ao modelo é suficientemente ilustrativo: não houve mudança significativa na administração pública federal no que se refere a um ponto destacado como importante no plano diretor.

Quanto às agências reguladoras, houve realmente muita inovação e a efetiva implantação de um modelo que se aproxima muito das propostas iniciais da reforma do aparelho de Estado contida no plano diretor, que apenas faz uma breve e imprecisa referência às agências autônomas, sem mencionar ou definir explicitamente o conceito de agência reguladora.[80] Idealizadas e implantadas principalmente para fiscalizar as empresas dos setores que experimentaram um intenso processo de privatização depois de 1995, as agências reguladoras se caracterizam por forte autonomia institucional em relação aos ministérios a que estão vinculadas. Para isso, seus dirigentes contam com mandatos fixos, sendo nomeados pelo presidente da República apenas depois da aprovação de seus nomes pelo Senado Federal.

Além de criar um ambiente institucional previsível, estável e seguro para os investidores que participavam do processo de privatização, a criação de um sistema regulador no Brasil também é consequência da constatação de que a supervisão ministerial estava sendo insuficiente para garantir a *accountability* e eficiência das empresas públicas, como tão bem descreve Marcus Melo:

> O argumento que suporta a nova onda de criação de Agências no Brasil é que, ao confundir os papéis regulatórios e de gerenciamento, a regulação por propriedade pública promoveu rigidez organizacional, baixa capacidade de responder a mudanças tecnológicas e, sobretudo, pouca capacidade de promover o interesse de consumidores pelo escasso controle público sobre as empresas.[81]

---

[80] Santana, 2002.

[81] Melo, 2002:249.

Em geral, dividem-se as agências reguladoras existentes em três espécies: as que atuam nos setores monopolizados recentemente privatizados, como a Aneel, ANP e Anatel; as que fazem a regulação de serviços sociais importantes, como Anvisa e ANS; as agências de fomento, como a Ancine. Dessa constatação, os analistas apontam dúvidas e preocupações quanto à utilidade e viabilidade de se adotar indiscriminadamente um modelo concebido, de início, para a regulação de serviços sociais e econômicos importantíssimos. A extensão do modelo às agências de fomento pode significar a utilização de um modelo inadequado apenas pela facilidade de se criar uma agência reguladora, em contraste com as organizações sociais e agências executivas, que foram inicialmente concebidas para revitalizar instituições que, com a CF/88, perderam o foco e a capacidade de gestão.

Em certa medida, o modelo de agência reguladora foi mais bem-sucedido em relação às agências executivas, pela sua fonte constante e regular de receitas, que na maior parte independe do orçamento federal, uma vez que elas sobrevivem da arrecadação de taxas cobradas dos setores regulados. É importante ressaltar que a capacidade de sobreviver apenas com recursos próprios é bem diferenciada entre as próprias agências federais, umas dependendo quase exclusivamente dos recursos do orçamento, como a ANTT, e outras praticamente sobrevivendo com arrecadação própria, como a Anvisa. Até o final de 2002, haviam sido criadas nove agências reguladoras federais e 19 agências estaduais, com enorme heterogeneidade quanto à autonomia, sustentabilidade e atuação efetiva nos estados federados.

Na administração pública federal, até o início do mandato de Luiz Inácio Lula da Silva, o governo federal contava com as seguintes agências reguladoras: Agência Nacional de Telecomunicações (Anatel), Agência Nacional de Energia Elétrica (Aneel), Agência Nacional de Petróleo (ANP), Agência Nacional de Vigilância Sanitária (Anvisa), Agência Nacional de Saúde Suplementar (ANS), Agência Nacional de Águas (ANA), Agência Nacional do Cinema (Ancine), Agência Nacional de Transportes Terrestres (ANTT) e Agência Nacional de Transportes Aquaviários (Antaq).

Não obstante algumas falhas graves na implantação do modelo, houve significativos avanços institucionais nessa área de regulação. Provavelmente, a maior falha pode ser observada na criação da Aneel, que ocorreu depois de iniciado o processo de privatização do setor elétrico, deixando o consumidor indefeso nas mãos dos novos empresários do setor e dificultando a capacidade governamental de exigir o cumprimento de contratos, metas de investimentos etc.

Pela importância dos setores envolvidos, o bom funcionamento das agências reguladoras é crucial para a população, devendo ser alvo constante de aperfeiçoamentos e fortalecimento institucional por parte do governo. Assim, um problema se coloca com muita contundência: a autonomia das agências reguladoras. Lembremos que a autonomia deve ser conquistada em duas direções principais: em relação ao governo e em relação aos setores regulados. Quanto ao governo, é fundamental que não atue politicamente em um setor que deve ser prioritariamente tratado de maneira técnica e profissional, buscando garantir os direitos dos consumidores diante dos fornecedores de serviços públicos que atingem em cheio o cotidiano de toda a população. Nitidamente, é importante para o Executivo federal não se deixar seduzir pela tentação de fazer política industrial ou de controle de inflação através dos setores regulamentados. Não raro, ouvimos vozes importantes no governo defendendo a fixação de preços irreais para o petróleo, energia elétrica ou tarifa telefônica, buscando arrefecer tendências inflacionárias ou incentivar determinados setores da economia.

A autonomia quanto aos setores regulados é fundamental na medida em que deve evitar uma prática muito comum no Brasil: a captura do Estado por interesses particularistas e corporativos. É cristalino que a relação do órgão regulador com as empresas reguladas deve ser a mais transparente e profissional possível, evitando uma promiscuidade que acaba, em detrimento do interesse público, beneficiando interesses privados escusos dos agentes econômicos regulados.

Pelo fato de envolver consumidores cativos que, na maior parte das vezes, não têm opção de escolha entre os prestadores de serviços, o nível de autonomia e eficiência das agências reguladoras tem um impacto decisivo sobre a qualidade do serviço prestado. De modo geral, os mecanismos de autonomia se manifestam na combinação sempre desigual das seguintes características: mandatos fixos e não coincidentes dos dirigentes, orçamento próprio, representante dos usuários nos conselhos de administração e adoção da quarentena quando da saída dos dirigentes.

Assim, da autonomia das agências reguladoras em relação ao governo e aos setores regulados vai depender o resultado do modelo de gestão proposto pelo plano diretor. Pelo fato de o modelo ainda estar em implantação, é difícil fazer uma avaliação. No entanto, os abusos de alguns setores no aumento de suas tarifas e as queixas dos consumidores quanto à prestação dos serviços através dos planos privados de medicina de grupo não deixam dúvidas quanto à necessidade de um profundo e urgente aperfeiçoamento do modelo regulador.

Não restam dúvidas de que importantes tarefas e enérgicas medidas precisam ser empreendidas e tomadas pelas agências reguladoras, especialmente nas áreas cruciais de energia, saúde pública e transportes, exigindo um aparato institucional ágil, eficiente e autônomo que o modelo de agências reguladoras pode muito bem representar. Apesar de alguns aperfeiçoamentos institucionais e legais que o modelo atualmente requer, acreditamos que a criação do modelo de agências reguladoras significa uma importante contribuição do governo Fernando Henrique Cardoso à melhora da capacidade operacional e fiscalizadora do Estado brasileiro.

Já no início do governo do presidente Luiz Inácio Lula da Silva, surgiram problemas em relação à manutenção do sistema regulador tal qual idealizado e implantado pelo governo Fernando Henrique Cardoso, prenunciando uma futura reestruturação de todo o sistema nacional de regulação. Em junho de 2003, houve uma queda de braço entre o Poder Executivo e a Anatel quanto ao reajuste das tarifas de telefonia. O ministro das Comunicações, Miro Teixeira, questionou o índice de reajuste previsto no contrato de regulação, o IGP-DI, que autorizava um reajuste da ordem de 30,05%, ao passo que a inflação oficial do período, medida pelo IPCA, fora de 17,24% para os 12 meses anteriores. O governo ficou na difícil situação de interferir no índice de reajuste e quebrar a validade do contrato, causando muita dúvida e insegurança no mercado, o que poderia acarretar uma diminuição ou paralisação dos investimentos, principalmente estrangeiros, nos diversos setores regulados. O fato é que o índice de reajuste adotado sofreu uma série de ações na Justiça, estando ainda em aberto o desenrolar jurídico da questão. Outro sinal de que o governo Lula pretende alterar o sistema de regulação é o estrangulamento orçamentário a que foram submetidas as agências reguladoras, diminuindo ou mesmo inviabilizando toda a sua capacidade operacional, principalmente as que dependem mais fortemente dos recursos orçamentários do Tesouro Nacional.

No que se refere às organizações sociais, responsáveis pelos serviços não exclusivos de Estado, o plano diretor prevê a transferência dessas atividades para o setor público não estatal. Nele, há uma definição não muito clara do que seriam e como se constituiriam as organizações sociais:

> Entende-se por "organizações sociais" as entidades de direito privado que, por iniciativa do Poder Executivo, obtêm autorização legislativa para celebrar contrato de gestão com esse poder, e assim ter direito a dotação orçamentária.[82]

A principal crítica com relação a propostas e planos gerenciais para o modelo de agência executiva também é válida para os resultados obtidos no campo das organizações sociais, cujo marco legal é a Lei nº 9.637, de 15 de maio de 1998, ou seja, a lentidão no processo de criação e implementação. No plano federal, até o início do governo Lula, contávamos apenas sete organizações sociais, a maior parte na área de pesquisa do Ministério da Ciência e Tecnologia. Lembremos que o governo federal foi ultrapassado pelas unidades subnacionais, que atualmente já contam com 50 organizações sociais qualificadas.[83]

Em linhas gerais, e nos termos estritos do plano diretor, que previa a publicização das autarquias *já existentes* pela sua transferência para um setor público não estatal, o modelo não foi definitivamente bem-sucedido. Como veremos adiante com a experiência vitoriosa das organizações sociais civis de interesse público (Oscips), o estabelecimento de uma relação intensa e articulada do Estado com a sociedade não se deu através da publicização de órgãos públicos, mas pela criação de novas instituições não governamentais nas áreas de atuação tidas como foco principal das organizações sociais, como previstas no plano diretor.

---

[82] Brasil, 1995:74.

[83] No MCT, são cinco organizações sociais: Associação Brasileira de Tecnologia da Luz Sicrotrom (ABTLUS), Instituto de Matemática Pura e Aplicada (Impa), Instituto de Desenvolvimento Sustentável Mamirauá (IDSM), Associação Rede Nacional de Ensino e Pesquisa (RNP) e Centro de Gestão de Estudos Estratégicos (CGEE). Existem ainda a Associação de Comunicação Educativa Roquete Pinto (Acerp), do Ministério das Comunicações, e a Associação Brasileira para o Uso Sustentável da Biodiversidade da Amazônia (Bioamazônia), do Ministério do Meio Ambiente.

Entre os vários elementos que dificultaram ou mesmo inviabilizaram a implantação bem-sucedida das organizações sociais, alguns merecem destaque:

- a interposição, pelos partidos de oposição, de uma ação direta de inconstitucionalidade (ADIn) contra a natureza jurídica das organizações sociais, arrefecendo os ânimos e provocando insegurança nos atores envolvidos no processo de criação dessas instituições;
- devido ao sucesso, rapidez, flexibilidade e bom gerenciamento pelo Comunidade Solidária, as Oscips, em grande medida, ocuparam um espaço anteriormente concebido para as organizações sociais;
- a transformação de uma autarquia em organização social exige sua extinção por lei, o que naturalmente acarreta morosidade e incertezas;
- as indefinições do modelo trouxeram insegurança. O exemplo do repasse de verbas é crucial: como ele exatamente se dará? Essas verbas estarão sujeitas aos contingenciamentos usuais da administração pública? A execução orçamentária será realizada pelo Siafi? Como estará sujeita ao controle interno e externo?
- a falta de uma estrutura clara de incentivos não atraiu os dirigentes públicos, que nunca souberam precisamente quais as reais vantagens do modelo de organizações sociais, preferindo não enfrentar as resistências e inseguranças internas que essas transformações em geral despertam.

O fracasso na implantação do modelo pode ser bem ilustrado pela dificuldade em qualificar a Enap como organização social, haja vista que a lei sobre sua extinção e transformação está tramitando no Congresso desde 1998. Esse caso é exemplar na medida em que a Enap está no coração do órgão responsável institucionalmente pela implementação da reforma administrativa: o Ministério do Planejamento, Orçamento e Gestão. Acreditamos que essa dificuldade da Enap é contundente ao explicitar todos os empecilhos e dificuldades colocados no caminho das reformas gerenciais no Brasil.[84]

---

[84] Ver Afonso, 2002.

Em contraste com o fracasso na implantação das organizações sociais, e até como alternativa às amarras e dificuldades legais, institucionais e operacionais encontradas no processo, o governo federal investiu com relativo êxito na organização e normatização das Oscips.

Assim, o surgimento, ampliação e institucionalização de uma esfera pública não estatal deu-se, ao contrário do que foi previsto no plano diretor, mais pela normatização e organização do terceiro setor do que através da criação de organizações sociais. A bem-sucedida tarefa de interlocução, conjugação de esforços, estabelecimento de parcerias e ação integrada do poder público com o terceiro setor foi realizada pelo Comunidade Solidária. Este órgão, ao contrário do que aconteceu com o Mare, não foi extinto e, por oito anos, manteve relativamente integrada uma mesma equipe de servidores, fundamental para o êxito de suas atribuições.

A Lei nº 9.790/99 define e determina a relação do terceiro setor com o poder público, parceria essa corretamente percebida como fundamental para que se atinjam níveis mais elevados de eficiência, controle social e transparência nas ações governamentais, especialmente na áreas social, ambiental e creditícia. Com incentivos fiscais e ajuda orçamentária, o poder público financia, através dos termos de parcerias (instrumento jurídico mais ágil e simples do que os tradicionais convênios), as entidades privadas sem fins lucrativos e de interesse público. A concepção do modelo enquadra-se no conceito de Estado-rede, em que este atua como grande articulador, incentivador e coordenador de uma quase infinita quantidade de instituições de interesse público. De acordo com os dados do Ministério da Justiça, órgão encarregado de cadastrar as Oscips, já haviam sido qualificadas, até julho de 2002, 563 entidades, das quais a maior parte atua na área assistencial. Vejamos esse número pelas áreas de atuação: ambiental (107), assistencial (187), creditícia (82), cultural (43), educacional (66), jurídica (10), saúde (32) e pesquisa (36).[85]

Dessa forma, a institucionalização de um setor público não estatal no Brasil, para sermos rigorosos, não é fruto dos esforços mais visíveis da reforma

---

[85] Esses dados e informações são reproduzidos de Franco, 2002. Obviamente, o terceiro setor é muito maior que as instituições organizadas sob o regime jurídico das Oscips. Para uma radiografia do terceiro setor no Brasil, consultar <www.mapadoterceirosetor.org.br>, organizado pela FGV, e <www.rits.org.br>.

administrativa, pelo menos nos termos mais restritos do plano diretor, da Emenda Constitucional nº 19 e do propósito de intensificar o modelo de gestão preconizado pelas organizações sociais.

Ainda na área da gestão, uma revolução silenciosa aconteceu na administração pública no nível federal. A utilização da tecnologia da informação foi intensamente incentivada nos oito anos do governo Fernando Henrique Cardoso, consistindo em um grande avanço para a burocracia estatal no que se refere à transparência, controle social, eficiência, agilidade e ganhos significativos de produtividade. Em nível mundial, o Brasil hoje está bem situado quanto à prestação de serviços e informações através do governo eletrônico. Além de democratizar a informação, baratear e agilizar a prestação de serviços públicos, o governo eletrônico propicia enormes ganhos de produtividade. Os exemplos mais clássicos que colocam o Brasil em boa situação quanto ao governo eletrônico são o programa de imposto de renda, desenvolvido pela Receita Federal e reconhecido no mundo inteiro, e o sistema de votação eletrônica, também referência internacional.

Os ganhos de produtividade podem ser medidos por um indicador bem objetivo: entre 1995 e 2002, houve uma redução significativa do número de servidores civis ativos do Executivo federal – em 1995 eram 567.689, número que caiu para 459.821 em agosto de 2002. É importante destacar que essa redução de 107.868 servidores se deu basicamente através da aposentadoria, uma vez que nenhuma política consistente de dispensa de servidores públicos foi empreendida nesse período. Houve apenas duas tentativas de redução de quadros através de programas de demissão voluntária (PDVs), com parcos resultados. As altas taxas de desemprego, aliadas a uma cesta parcimoniosa de incentivos para provocar a saída do servidor, explicam os fracassos dos PDVs. Apesar de terem conseguido uma pequena adesão e não terem exercido impacto sobre a administração pública federal, as políticas de demissão voluntária são sempre preocupantes. Isso porque, geralmente, apenas os melhores quadros, que possuem maior empregabilidade, vão embora, restando nas instituições os servidores que teriam pequena ou nenhuma chance no mercado de trabalho.

Essa significativa redução do número de servidores demonstra haver ocorrido um aumento de produtividade que, em sua maior parte, podemos atribuir ao uso intensivo da tecnologia da informação, especialmente a internet. O intenso processo de descentralização de políticas públicas dos últimos anos contribuiu muito para diminuir as atribuições do nível federal, possibilitando ao Executivo trabalhar com um quadro de pessoal menor. No entanto, certamente não influenciou de maneira tão decisiva se comparado com os ganhos de produtividade possibilitados pelo intenso uso da informática na administração pública federal.

Os avanços do governo eletrônico são fruto de um trabalho bem articulado do Conselho Nacional de Ciência e Tecnologia, do Ministério da Ciência e Tecnologia, que através de um criterioso trabalho elaborou o Livro Branco, um diagnóstico da situação do governo e da sociedade quanto ao uso da tecnologia da informação. Incluído no Plano Plurianual de 2000-03, o Livro Branco arrola uma série de medidas e programas que devem ser implantados para a intensificação do uso da tecnologia da informação na administração pública. O Serpro e a Secretaria de Logística e Tecnologia da Informação, do Ministério do Planejamento, Orçamento e Gestão, também são órgãos responsáveis pelo sucesso da implantação e intensificação do governo eletrônico no âmbito do Executivo federal. Assim, os esforços conjuntos da Secretaria de Gestão, do Serpro e do Ministério da Ciência e Tecnologia propiciaram a intensa utilização da tecnologia da informação como um dos principais e mais eficientes instrumentos de melhoria dos processos de gestão pública.

De modo geral, nestes últimos oito anos, os três grandes sistemas informatizados do governo federal sofreram um processo de intenso aperfeiçoamento. Assim, o Siape (processamento da folha de pessoal), Sisg (controle de compras, contratos e serviços gerais) e Siafi (realização da execução orçamentária e financeira) evoluíram muito nesse período.

O mais antigo dos três grandes sistemas (Siafi) passou por vários aperfeiçoamentos, sempre ampliando a transparência e a disponibilização da informação sistematizada para uso gerencial. Os parlamentares do Congresso Nacional têm a senha mais alta de acesso ao sistema e podem acompanhar, de maneira tempestiva e fidedigna, toda a execução orçamentária e financeira, exercendo o controle social sobre uma das mais importantes e confiáveis radiografias do Estado.

O Sisg também foi muito aperfeiçoado nesse período, passando por intensas inovações. Através desse sistema, numerosas operações são disponibilizadas: todas as compras são registradas, os contratos podem ser acompanhados, pode-se fazer a consulta da situação jurídica dos fornecedores e dos preços praticados pelo mercado, toda a publicidade também é feita pelo sistema, entre outros tantos serviços, todos *on-line*, com muita segurança e razoável agilidade.

No entanto, na área de serviços gerais o maior avanço foi o portal Comprasnet, que centralizou todo o processo de compras do governo federal, com enormes ganhos quanto à transparência, agilidade e eficiência. A introdução de uma nova modalidade de licitação, o pregão, também representa um marco quanto ao governo eletrônico na medida em que propicia, numa mesma licitação, ampla publicidade e acesso de fornecedores de todo o Brasil. O procedimento licitatório foi simplificado e publicizado através de numerosos mecanismos, entre os quais destacamos, como dos mais importantes, a introdução de uma sessão de lances verbais e a inversão da fase de habilitação dos fornecedores. Assim, com o pregão eletrônico, o sistema de compras do governo federal tornou-se muito mais ágil, transparente e eficiente, propiciando enormes ganhos para a administração pública.

Quanto ao Siape – que atualmente processa a folha de pagamento de 1,3 milhão de servidores ativos, aposentados e pensionistas de 214 órgãos e 1.042 unidades pagadoras do Executivo federal, apesar de ter sido implantado em 1989, sendo regulamentado pelo Decreto nº 99.328, de 10 de junho de 1990 –, significativos aperfeiçoamentos ocorreram nos oito anos do governo de Fernando Henrique Cardoso. Entre os inúmeros avanços, podemos começar pelo *Boletim Estatístico de Pessoal*, criado em julho de 1997, que representa uma excelente radiografia do funcionalismo público federal de maneira sistematizada, simples e gerencial, propiciando um amplo conhecimento sobre os recursos humanos do Executivo federal. O aperfeiçoamento do sistema permitiu fazer vários cruzamentos com os bancos de dados de estados e municípios, permitindo expurgar servidores em situação de acúmulo irregular de cargos públicos. Antes do *Boletim*, as informações sobre os servidores públicos da União eram extremamente precárias, não existindo dados confiáveis quanto à remuneração, localização, número e natureza de cargos comissionados, formação e qualificação dos quadros do governo federal.

Entre os vários módulos desenvolvidos nos últimos anos, podemos citar três que nos parecem mais importantes. Em primeiro lugar, foi desenvolvido um módulo especialmente para o pagamento de decisões judiciais, o Sistema de Cadastramento de Ações Judiciais (Sicaj), disciplinando e assegurando confiabilidade sobre um importante mecanismo de desvios e fraudes na administração pública. O cruzamento de informações com o Sistema de Controle de Óbitos (SCO), da Previdência Social, tem propiciado um rigoroso processo de concessão de pensões, evitando de maneira eficiente possíveis fraudes contra a administração pública. Por fim, a interligação do Siape com o Cadastro Nacional de Eleitores (CNE), do Tribunal Superior Eleitoral, permite o acompanhamento da situação eleitoral do servidor público, exigindo que este cumpra com seu dever constitucional de votar, evitando ainda uma burocracia de comprovação cara e trabalhosa.

Ainda na área de gestão, acreditamos ser importante avaliar mais uma ação empreendida pelo Mare. Em 1997, o governo lançou um ambicioso projeto de reorganização e racionalização de processos e estruturas administrativas, na tentativa de melhorar a qualidade da gestão buscando atingir boa parte da administração pública federal. Assim, surgiu o Programa de Reestruturação e Qualidade (PRQ) dos ministérios, cujos objetivos, entre outros, seriam evitar a duplicidade de órgãos cuidando dos mesmos assuntos, eliminar a superposição de funções, melhorar os processos internos, desburocratizar, identificar gargalos e deficiências na estrutura dos ministérios – enfim, o projeto visava uma intensa intervenção no sentido de buscar níveis mais elevados de gerenciamento e eficiência na administração pública.

As primeiras dificuldades com o programa podem ser identificadas por duas questões inter-relacionadas: a adesão ao projeto não era obrigatória e suas metas eram muito ambiciosas. Dentro da cultura característica da administração pública, projetos muito ambiciosos, com vistas a uma transformação intensa e profunda de órgãos e ministérios, sempre enfrentaram uma resistência muito grande. Os dirigentes ficam muito receosos com relação aos desdobramentos de tais programas. Na exata proporção em que as incertezas vão surgindo, decrescem o apoio e a adesão às reformas. Geralmente, os dirigentes ficam muito preocupados com as perdas que as transformações podem acarretar, no que se refere tanto às atribuições quanto às verbas orçamentárias dos ministérios. Na cultura burocrática, o maior pesadelo é perder verbas e poderes para outras pastas, enfraquecendo politicamente o ministério que eventualmente passará por uma reforma gerencial, com a retirada de funções e a diminuição do orçamento.

Faltou também ao programa uma melhor estrutura de incentivos para a adesão de dirigentes e servidores e uma melhor comunicação com os setores e instituições visados pelo PRQ. As indefinições quanto à reestruturação administrativa e à criação de novas instituições do tipo organizações sociais e agências executivas geram, naturalmente, uma série de dificuldades que não foram solucionadas de forma adequada pelos setores encarregados de levar adiante o projeto de reforma gerencial. Essas dificuldades foram assim resumidas por Flávio Rezende:

> As reações à mudança institucional formaram-se em torno de três grandes temas: controle, orçamento e cargos. Se para os diversos ministérios a não cooperação fundamenta-se na possibilidade de perda de controle e de poder sobre as instituições, para a administração indireta a cooperação com novas formas institucionais estava vinculada ao risco de perder dotações orçamentárias em caso de reduzido desempenho. A manutenção dos arranjos institucionais anteriores, baseados numa tênue relação entre orçamento e performance, foi o ponto nevrálgico para explicar a não adesão às propostas de transformação institucional orientada por resultados.[86]

O simples aspecto da voluntariedade na adesão já é um sinal bem claro na cultura da burocracia, significando que o programa não é prioridade da Presidência da República. Todos sabem que a administração pública é regida por leis e pela hierarquia. A ausência de um decreto presidencial obrigando a adesão ao programa configura um indício forte de que ele conta com pouco apoio na Esplanada dos Ministérios. Assim, a adesão ao PRQ sempre foi fraca, com a participação voluntária de apenas cinco ministérios e apenas o Mare concluiu, sem muito impacto gerencial, o plano de gestão elaborado.

Pelas razões expostas, o programa de melhoria de gestão proposto pelo Mare foi um contundente fracasso, sendo substituído, já no final do segundo mandato de Fernando Henrique Cardoso, pelo Programa de Gestão Pública Empreendedora. Ao contrário do PRQ, o programa desenvolvido pela

---

[86] Rezende, 2002:205.

Secretária de Gestão (Seges), do Ministério do Planejamento, caracterizou-se por uma visão mais modesta, seletiva e incrementalista, resultando em um projeto até mais bem-sucedido. Assim, a Seges transforma-se em uma assessoria de alto nível que atuará por demandas, ajudando topicamente e no âmbito microorganizacional na melhoria de gestão de vários órgãos.[87]

Área de recursos humanos

Apesar de alguns problemas que examinaremos adiante, entendemos que um dos êxitos relativos do governo Fernando Henrique Cardoso no âmbito da reforma administrativa aconteceu na área de gestão de pessoal. Em linhas gerais, alguns avanços foram conquistados: a revitalização da Enap, a renovação dos quadros da alta administração, a reestruturação de algumas carreiras e a correção de significativas distorções salariais.

Ao fazer uma análise da situação funcional e salarial dos servidores civis da União, o plano diretor constatou o que ficou conhecido como uma perversa pirâmide invertida: a remuneração média dos servidores públicos de baixa qualificação era bem superior à praticada pela iniciativa privada, ao passo que a remuneração dos dirigentes públicos era sensivelmente menor do que a praticada no mercado.

O resultado mais visível dessa distorção determinava a natureza acéfala da administração pública, que encontrava dificuldades para atrair os servidores mais competentes para suas fileiras, ao passo que remunerava muito bem a parte menos sensível ou relevante do aparelho de Estado. Pelos estudos feitos em maio de 1995, a média de remuneração dos cargos operacionais no governo federal era de R$635, ao passo que a iniciativa privada praticava salários com uma média de apenas R$437. Por outro lado, a média salarial para cargos executivos era de R$6.069 na administração pública e R$7.080 na iniciativa privada.

Partindo do entendimento correto de que o modelo burocrático é essencialmente pautado pelo mérito, antes que pelo tratamento isonômico, a política de recursos humanos do governo Fernando Henrique Cardoso foi

---

[87] Costa, 2002.

orientada pelo tratamento diferenciado aos servidores públicos, de acordo com a relevância de suas atribuições. Evitando o caminho fácil, clientelista e demagógico de fazer da administração pública uma instituição filantrópica onde se distribuem benefícios aos servidores, a opção de política de pessoal foi congelar a remuneração da maior parte dos servidores das atividades operacionais (que tiveram apenas um aumento linear de 3,5% em 2002, por força da EC nº 19) e reformular, reestruturar e remunerar melhor as carreiras que desempenham atividades típicas de Estado.

Em primeiro lugar, foi incentivado o processo de terceirização de atividades que em nada se relacionam com os objetivos da administração pública. Tal como vem ocorrendo com intensidade na iniciativa privada, a intenção é concentrar as energias e recursos humanos nas atividades finalísticas de cada órgão, liberando a administração das tarefas rotineiras de conservação, limpeza, segurança armada, serviços de reprografia, manutenção de restaurantes etc. Nesse sentido, vários cargos foram extintos no âmbito do governo federal, que deixou de contratar ascensoristas, copeiros, faxineiros etc. Assim, a ênfase foi aplicada na terceirização desses serviços, liberando a administração pública da responsabilidade de arcar com um enorme passivo previdenciário no futuro, a permanecerem as atuais regras de aposentadorias integrais. Nessa direção, a Lei nº 9.632/98 extinguiu 28.451 cargos efetivos vagos, colocando em extinção outros 72.930 cargos ocupados.

Nos oito anos do governo Fernando Henrique Cardoso, podemos falar de uma política de recursos humanos digna deste nome, uma vez que algumas das principais características dessa política permaneceram por todo o período, apesar da desaceleração do segundo mandato, delineando claramente os objetivos e as prioridades a serem alcançados. Vejamos em detalhes alguns desses instrumentos de gestão de pessoas que foram implantados.

Nesse período, houve a reestruturação de várias carreiras tidas como atividades exclusivas de Estado, resultando em consideráveis realinhamentos em suas remunerações. Por se julgar que a remuneração de carreiras importantes da administração pública estava muito defasada e desprestigiada em relação ao mercado de trabalho, houve um esforço considerável de valorização de algumas carreiras fundamentais para o bom funcionamento da administração pública. O entendimento geral é que um advogado ou assistente jurídico do quadro da Advocacia Geral da União não pode ganhar salários incompatíveis com as importantes atribuições que ele desenvolve na defesa dos complexos, difusos e enormes interesses da União e da Fazenda pública. Esse raciocínio é válido para um conjunto de carreiras que foram corretamente tratadas de maneira diferenciada pela política de recursos humanos na gestão de Fernando Henrique Cardoso.

As principais áreas em que houve reformulação de carreiras com realinhamentos consideráveis na remuneração são as seguintes: carreiras do ciclo de gestão, auditoria, diplomacia, jurídica, polícia federal, ciência e tecnologia, reforma agrária, fiscalização, professores universitários, comissão de valores mobiliários, superintendência de seguros privados.[88] Dessa forma, pela primeira vez na administração pública, houve uma política de recursos humanos que procurou institucionalizar um tratamento diferenciado aos servidores públicos, de acordo com as posições estratégicas que eles ocupam dentro do aparelho de Estado.

Em alguma medida, essa política de recursos humanos, apesar de não as ter corrigido completamente, pelo menos amenizou as enormes discrepâncias descritas no plano diretor como pirâmide invertida. Ainda que inacabado, houve um processo de aproximação dos salários dos servidores que exercem atividades exclusivas de Estado com a média de remuneração praticada no mercado de trabalho da iniciativa privada. Por outro lado, os sete anos sem aumento linear para as carreiras de nível intermediário e auxiliar serviram como mecanismo para aproximar a remuneração paga pelo poder público e pela iniciativa privada.

Acreditamos que o ponto alto da política de recursos humanos foi o estabelecimento de um cronograma de concursos relativamente regulares para as áreas entendidas como fundamentais, que possibilitou certa renovação, oxigenação e dinamização dos recursos humanos da administração federal. De acordo com o *Boletim Estatístico de Pessoal* nº 77, de setembro de 2002, elaborado pela Secretaria de Recursos Humanos do Ministério do Planejamento, Orçamento e Gestão, o total de civis ativos da União é

---

[88] Integram o ciclo de gestão: analista de comércio exterior, analista de planejamento de orçamento, analista de finanças e controle, especialista em políticas públicas e gestão governamental, técnico de planejamento e pesquisa, técnico de finanças e controle, cargos de nível superior e intermediário do Ipea.

de 469.192 servidores (incluindo administração direta, autarquias, fundações, Banco Central do Brasil e Ministério Público da União). Entre 1995 e setembro de 2002, houve 51.613 admissões através de concursos públicos, o que equivale a uma taxa de renovação de 11% do total de servidores, fato que tem contribuído para a mudança cultural e institucional da administração pública. Devido à universalidade que o concurso público contempla e aos altos níveis de desemprego no Brasil, as seleções têm sido amplamente competitivas e disputadas, propiciando à administração pública recrutar ótimos quadros, que têm mudado o perfil profissional e o padrão de qualidade na atuação do Estado. As 51.613 contratações no governo Fernando Henrique Cardoso, ainda de acordo com o *Boletim* nº 77, foram assim distribuídas:

- 1995 — 19.675;
- 1996 — 9.927;
- 1997 — 9.055;
- 1998 — 7.815;
- 1999 — 2.927;
- 2000 — 1.524;
- 2001 — 660;
- 2002 — 30.

Das 51.613 admissões, 20.713 foram para o grande conjunto que não está estruturado em carreiras, denominado Plano de Classificação de Cargos (PCC), com destaque para os cargos de enfermeiro, médico, agente administrativo e auxiliar de enfermagem. Também houve a contratação de 1.615 policiais rodoviários federais para a estrutura do Ministério da Justiça. Para as carreiras estruturadas, foram 29.285 contratações, com destaque para a carreira de auditor fiscal da Receita Federal, assistente jurídico da AGU, agentes da Polícia Federal e docentes para as universidades federais.

No que se refere à data da admissão, é possível constatar que houve um contínuo decréscimo entre os anos de 1995 e 2002. Em 1995 foram 19.675 novos contratados e, em 2002, apenas 30. Se as contratações do primeiro mandato totalizaram 46.472 (90,03%), as do segundo não chegaram a 10% do total, ou seja, ínfimos 5.141 servidores admitidos. Como veremos mais adiante, esses números sugerem que as vicissitudes do ajuste fiscal falaram mais alto que as necessidades de modernização da administração pública. É bastante sintomático que o processo de renovação da força de trabalho e fortalecimento do núcleo estratégico, apesar de importante, tenha ficado pelo meio do caminho, perdendo fôlego ao longo dos mandatos de Fernando Henrique Cardoso, o que comprometeu o melhor desempenho da reforma administrativa na área de recursos humanos.

Outra importante contribuição do governo Fernando Henrique Cardoso na área de recursos humanos foi a revitalização e o fortalecimento institucional da Escola Nacional de Administração Pública (Enap). Desde a sua criação, em 1980, até 1994, a escola havia capacitado cerca de 42 mil servidores. Já entre 1995 e 2002, foram capacitados 132 mil servidores, com uma média de 16.500 servidores por ano durante esse período. Os principais cursos procurados são de informática, legislação de pessoal, operação do sistema de administração financeira e contratos e licitações. Nesse período, também foram realizados cursos de formação para ingresso em algumas das carreiras típicas de Estado, foram formados 554 especialistas em políticas públicas e gestão governamental e 393 analistas de planejamento e orçamento. A Enap também desenvolveu trabalhos no sentido de assessorar e monitorar os trabalhos dos gerentes do Plano Plurianual 2000-03, realizando seminários e cursos específicos na área de planejamento e acompanhamento dos programas contidos no PPA.[89]

Dessa forma, um importante trabalho de reciclagem, treinamento e formação de servidores foi empreendido com sucesso pela Enap, que atuou de maneira ativa na melhoria e qualificação dos servidores civis do Executivo federal. Importantes esforços também foram empreendidos no sentido de colocar a Enap no círculo de discussão da reforma gerencial preconizada no plano diretor. A criação do prêmio Hélio Beltrão em 1996, que busca divulgar e destacar as boas experiências de gestão pública, também se transformou em importante ferramenta de motivação e mobilização de órgãos públicos, visando incrementar novas práticas de gestão na administração pública (nesse período, foram mais de 600 inscrições e 217 premiações).

---

[89] Dados extraídos de Brasil, 2002a.

No entanto, não obstante os avanços apontados, alguns aspectos ainda devem ser atacados, impulsionados e resolvidos, sob pena de comprometer as conquistas até aqui conseguidas. Muitos aperfeiçoamentos e correções de falhas importantes na política de pessoal precisam ser implementados para que o processo de melhoria dos níveis de governança do Estado, em especial no nível da União, seja constantemente incrementado.

Procurando estabelecer uma noção realmente forte e tradicional de carreiras, o antigo Mare fez um esforço grande no sentido da aumentar a amplitude das carreiras. Amplitude, nesse contexto, é considerada a diferença entre o salário no início e ao final da carreira. Como a remuneração inicial estava muito próxima da remuneração dos quadros prestes a se aposentar (para 1995, a amplitude da carreira de auditor fiscal da Receita Federal era de apenas 6%), a ideia seria uma carreira estruturada em vários níveis. Através da diferenciação de remuneração e gratificações entre os níveis, o servidor público seria estimulado, por merecimento, titulação ou tempo de serviço, a percorrer a carreira e atingir o topo ao longo de sua vida profissional na administração pública.

Na prática, ocorreram vários problemas que têm inviabilizado esse mecanismo de progressão funcional. Em primeiro lugar, o achatamento da remuneração dos níveis mais baixos, ou seja, de quem está entrando para o serviço público, pode afugentar os melhores quadros, que não estão dispostos a esperar 15 ou 20 anos para chegar ao topo da carreira. Dessa forma, o encolhimento da remuneração de quem está entrando para a administração pública pode diminuir a competitividade dos concursos públicos, vital para que os melhores quadros sejam recrutados.

Essa estrutura muito escalonada e burocrática também é percebida como atrasada pelas melhores políticas de recursos humanos da iniciativa privada, haja vista que a profissionalização, o dinamismo e o bom preparo profissional são conseguidos cada vez mais precocemente, com os gerentes chegando cada vez mais novos aos postos estratégicos.

Por outro lado, para muitas carreiras ainda não estão definidos os critérios de ascensão funcional, como é o caso dos gestores governamentais, para tomar apenas um exemplo emblemático. Quem entrou na carreira a partir de 1996 vem ascendendo através de enquadramentos e reenquadramentos realizados mediante medidas provisórias, sem qualquer relação com critérios meritocráticos ou a passagem por cursos de formação ou aperfeiçoamento, como determinado pela EC nº 19. Até hoje ainda não se definiu nenhum padrão mais consistente quanto aos estágios de cada carreira, que ora apresenta 20 níveis, ora 16 e assim por diante, com cada conjunto de servidores lutando para diminuir esses degraus e jogar a maior parte dos quadros para o topo da carreira. Assim, a estruturação em carreiras com grande amplitude resta como uma tarefa inconclusa e até hoje malsucedida da reforma iniciada por Fernando Henrique Cardoso, causando aflição, angústia e desmotivação entre os servidores que chegaram recentemente à administração pública.

A realidade é que a falta de uma definição clara e objetiva da amplitude das carreiras e dos métodos de ascensão, bem como a ausência completa dos cursos de aperfeiçoamento e treinamento dos servidores das carreiras exclusivas de Estado, coloca em xeque boa parte dos avanços conseguidos com a renovação, entre 1995 e 2002, de cerca de 11% dos servidores da administração pública federal. Essa falta absoluta de regras definidas sobre aspectos cruciais das carreiras desestimula e desmotiva os servidores, que se sentem inseguros quanto à sua adequada inserção na administração pública.

Outra importante transformação entendida como vital e que ficou pelo meio do caminho foi a valorização do chamado ciclo de gestão. Ele é composto por oito carreiras que, pela proposta inicial, teriam um padrão de vencimentos compatível com as carreiras de auditoria. Na prática, está havendo um distanciamento entre essas carreiras, indicando que os órgãos responsáveis pela arrecadação ainda permanecem mais bem atendidos e prestigiados do que os responsáveis pela formulação e execução de políticas públicas vitais nas áreas de educação, saúde, promoção social etc. A remuneração das carreiras, que foi muito próxima nos anos de 1999 e 2000, agora já se distancia consideravelmente, quer pelo aumento da remuneração inicial, quer pela diminuição dos níveis das carreiras de auditoria.[90]

Com relação à admissão de novos servidores para as carreiras do ciclo de gestão, também observamos um arrefecimento enorme ao longo do

---

[90] No segundo semestre de 2003, houve o primeiro curso de aperfeiçoamento para os gestores governamentais que iriam ascender na carreira. Em dezembro de 2003, o Congresso Nacional aprovou uma lei reestruturando as carreiras do ciclo de gestão, que novamente aproximou a remuneração dessas carreiras aos vencimentos das carreiras de auditoria.

segundo mandato do governo Fernando Henrique Cardoso, deixando a forte impressão de que essas carreiras foram relativamente abandonadas ou tiveram sua importância relativizada pela reforma administrativa. De um total de 1.817 contratações para o ciclo de gestão, o segundo mandato é responsável por apenas 383 admissões, deixando claro que essas carreiras, a princípio consideradas vitais para a implantação de uma cultura gerencial na administração pública, perdem espaço e relevância se comparadas com outras carreiras mais tradicionais, especialmente as responsáveis pela arrecadação e fiscalização.

Outra proposta que tem encontrado enormes dificuldades para sua implantação bem-sucedida é o sistema de avaliação de produtividade, que vinculou parte da remuneração a uma avaliação de desempenho institucional e individual. Por esse mecanismo, que foi sendo implantado primeiramente nas carreiras estruturadas e depois estendido aos cargos do PCC, cerca de 30% da remuneração do servidor estão condicionados à avaliação individual de desempenho.

Uma grande resistência corporativa e uma forte herança cultural patrimonialista têm anulado galhardamente os esforços feitos no sentido de implantar um mecanismo confiável e eficiente de aferição da produtividade no serviço público. As avaliações são muito superficiais, dificultadas pela ausência de critérios objetivos e relevantes para se apontarem os indicadores de desempenho. Não seria exagero considerar que as avaliações caíram na vala comum das práticas da burocracia pública, em nada ou muito pouco refletindo o real desempenho dos servidores.

A verdade é que ainda resta desenvolver um mecanismo mais eficiente de aferição de produtividade. A tarefa de aperfeiçoamento desse sistema de avaliação mostra-se dificílima, uma vez que a cultura corporativa e patrimonialista ainda está muito bem entrincheirada, inviabilizando as inovações em questão. Por uma postura cultural e até mesmo pragmática, as chefias não querem assumir o ônus de punir os servidores relapsos, pois carecem elas próprias de uma estrutura mais adequada, ágil e eficiente de estímulos negativos e positivos, que caracterizam mais intensamente o mercado de trabalho da iniciativa privada. Como apontado no quinto capítulo, a distribuição de DAS, um dos únicos instrumentos de incentivo aos servidores mais eficientes e comprometidos, tem sido utilizada de maneira clientelista, para que o governo consiga apoio político da coalizão que ganhou as eleições presidenciais.

Finalmente, a questão fundamental da localização e distribuição dos servidores públicos também não foi atacada, deixando intocada uma situação de enorme desequilíbrio. O fato é que os servidores estão pessimamente distribuídos, tanto do ponto de vista geográfico quanto institucional, ou seja, em muitos órgãos, estados e programas sobram servidores ociosos que estão faltando em tantas outras instituições, regiões e atividades.

Apesar de ter deixado de abrigar a capital federal já há 42 anos, o estado do Rio de Janeiro ainda detém 17,5% dos servidores públicos civis do Executivo federal. Por outro lado, o estado de São Paulo, o mais populoso e mais importante do ponto de vista econômico, abriga apenas 7,3% dos servidores, configurando uma situação de grande desequilíbrio, ou seja, a administração está pessimamente distribuída em relação à real necessidade da presença do poder público.

Entre os ministérios, essas distorções também são observáveis. Existem órgãos que perderam suas atribuições ao longo dos anos, mas continuam com muitos servidores absolutamente ociosos, enquanto órgãos novos ou que ganharam recentemente papel mais relevante de formulação e execução de políticas públicas deparam com uma carência enorme de servidores.

Área institucional e cultural

Não obstante os esforços empreendidos pelo Mare e posteriormente pelo Ministério do Planejamento, Orçamento e Gestão, constatamos que poucos avanços foram conseguidos na transformação da mentalidade dos servidores públicos. Pelas próprias características do processo de transformação cultural, que naturalmente é muito lento e de difícil percepção imediata, constatamos poucas alterações no que se refere ao ambiente cultural da administração pública. Como já demonstrado, a existência de uma cultura patrimonial é muito forte na sociedade, refletindo-se intensamente no setor público. Não identificamos sinais consistentes no sentido de maior penetração e divulgação de uma cultura gerencial na administração pública, especialmente nos níveis municipal e estadual. Por outro lado, a renovação de cerca de 11% da força de trabalho no Executivo federal parece não ter sido suficiente para transformar a mentalidade burocrática ainda marcante na administração pública da União.

Infelizmente, a percepção tipicamente brasileira de que o bem público não pertence a ninguém (em contraste com a noção republicana de que o público pertence a todos) é ainda muito forte, invertendo, de modo irremediável, uma escala de valores que compromete qualquer esforço mais duradouro e consistente de mudança cultural. Assim, a ideia de transparência, controle social, cidadania, eficiência, efetividade e racionalidade, fundamentais para a transformação cultural proposta pela reforma do aparelho de Estado contida no plano diretor, continua ainda uma miragem no cenário da administração pública, especialmente nos corpos intermediários da burocracia pública.

Dessa forma, a transformação cultural almejada pela reforma do Estado ainda terá um longo caminho a percorrer, enfrentando obstáculos históricos, corporativos e culturais imensos. Não obstante as dificuldades inerentes a esse processo, encontramos alguns exemplos isolados da penetração mais consistente de uma postura transformadora em alguns órgãos públicos. Essa situação deixa uma esperança de que, através de muito trabalho, cobrança da sociedade civil e convencimento junto aos servidores, esse lento e difícil processo de transformação cultural possa ser acelerado e atinja parte significativa da burocracia pública. A tarefa de suplantar a cultura patrimonial fortemente arraigada na administração pública é dificílima e levará décadas, haja vista a natureza complexa e lenta que esse tipo de transformação necessariamente apresenta.

Do ponto de vista institucional, a atuação autônoma do Banco Central durante o governo Fernando Henrique Cardoso representa um grande avanço. Devido ao impasse criado quanto à regulamentação do art. 192 da CF/88, a organização, o funcionamento e as atribuições do Banco Central não foram ainda apropriadamente definidos. O entendimento de que a regulamentação do sistema financeiro nacional teria de ser feita de uma só vez e através de uma única lei complementar naturalmente dificultou os acordos políticos necessários à votação de matéria tão complexa e controversa, o que acabou inviabilizando a aprovação da regulamentação durante o governo Fernando Henrique Cardoso.

Pela provável aprovação de uma emenda constitucional ainda no governo Lula, a regulamentação poderá ser feita de maneira fatiada, ou seja, poderão ser votadas várias leis complementares, disciplinando partes específicas da organização do sistema financeiro nacional. Entre os assuntos que deverão ser regulamentados brevemente, está o projeto que disciplina a atuação independente e autônoma do Banco Central. Sem dúvida, essa possibilidade de tratar o assunto por partes facilita as negociações políticas necessárias para a adequada e urgente tarefa de regulamentação do sistema financeiro.

Em análise sobre a atuação do Banco Central, seu ex-presidente, Armínio Fraga, argumenta que são dois, basicamente, os instrumentos de política macroeconômica à disposição dos formuladores e executores de políticas econômicas: as políticas monetária e fiscal, a primeira desenvolvida pelo Banco Central e a segunda pelo Ministério da Fazenda. Seguindo o raciocínio, Fraga argumenta que já temos no Brasil uma legislação adequada que permite uma política fiscal satisfatoriamente gerenciada, uma vez que a Lei de Responsabilidade Fiscal disciplina rigorosamente os gastos públicos para as esferas federal, estadual e municipal. Fazendo um paralelo, Fraga sustenta que a política monetária precisa da sua LRF, ou seja, uma lei complementar que dê garantias institucionais para a atuação independente do Banco Central (o nome proposto por Fraga também é sugestivo: Lei de Responsabilidade Monetária).[91]

Entre as principais propostas do início do governo de Luiz Inácio Lula da Silva, encontra-se a intenção de regulamentar a atuação do Banco Central, garantindo-lhe a autonomia administrativa, institucional e política necessária para sua atuação técnica e independente, protegendo-o de uma pressão política por parte do Planalto. Como sabemos, o Banco Central é uma autarquia vinculada ao Ministério da Fazenda, estando sujeito, em princípio, às ingerências políticas oriundas do presidente da República. Na ausência de uma legislação adequada, é possível que, para atender demandas políticas emergenciais de interesse do Executivo, o Bacen possa ser constrangido na sua atuação, baseada em indicadores objetivos na definição de uma política monetária tecnicamente mais eficiente.[92]

---

[91] Esses argumentos são desenvolvidos em Fraga Neto, 2002.

[92] Com relação ao processo de reforma fiscal no Brasil, consultar Loureiro e Abrucio, 2002.

O avanço institucional que apontamos deve-se ao fato de que, durante o governo Fernando Henrique Cardoso, o Banco Central atuou de maneira independente e autônoma em relação aos interesses e vicissitudes do quadro político e partidário que demarcava a atuação do Executivo federal. Dessa forma, durante todo esse período, o Banco Central teve autonomia para determinar a política monetária necessária para atingir os objetivos de ajuste fiscal e assegurar as metas de inflação, não estando sujeito às ingerências políticas contrárias aos critérios técnicos dos especialistas da sua burocracia. A constatação é que, se não houve uma autonomia de direito bem definida na lei, houve a independência de fato para a livre atuação do Banco Central. Essa liberdade de atuação pode ser observada inclusive nos momentos mais delicados e tumultuados, como na desvalorização cambial de janeiro de 1999 e no segundo semestre de 2002, diante das incertezas do quadro eleitoral, que acenava com a disparada do dólar e das taxas de inflação.

O modelo pretendido para o Brasil e divulgado na mídia aproxima-se do arranjo institucional dos Estados Unidos, no qual o Banco Central é absolutamente autônomo em relação ao Poder Executivo, com seus diretores e presidentes exercendo mandatos fixos.

Assim, acreditamos que a bem-sucedida experiência de autonomia do Bacen no governo Fernando Henrique Cardoso, mesmo que não institucionalizada, abriu caminho para esse assunto encontrar uma solução legal no governo de Luiz Inácio Lula da Silva. Não restam dúvidas de que essa experiência deixa um grande legado no sentido de demonstrar que a administração pública pode, e deve, atuar por critérios técnicos de maneira autônoma e independente, escapando das contradições e influências patrimoniais que emanam do sistema partidário, do Congresso Nacional e mesmo do Palácio do Planalto.

Ainda do ponto de vista institucional, a criação do Ministério da Defesa em 1999 representa uma mudança importante na articulação dos militares com os demais órgãos da administração pública federal, especialmente com a Presidência da República. O comando único das Forças Armadas possibilita melhor estruturação dos problemas relacionados com a defesa nacional e a maneira mais adequada de solucioná-los. Antes da criação do Ministério da Defesa, os interesses corporativos, estratégicos e institucionais dos militares estavam distribuídos por uma série de instituições, como ministérios da Marinha, Aeronáutica, Exército, Casa Militar da Presidência da República,

Secretaria de Assuntos Estratégicos e Estado-Maior das Forças Armadas (Emfa). É claro que essa multiplicidade de órgãos dificulta a relação da corporação militar com o poder político e com a administração pública, trazendo dubiedades e duplicidades que enfraquecem e prejudicam uma ação mais concatenada e estratégica.

A passagem do civil Élcio Álvares pelo Ministério da Defesa não causou nenhum tipo de dificuldade política ou institucional nas Forças Armadas. Habilmente, o ministro respeitou as especificidades de cada instituição e manteve no comando os quadros técnicos mais adequados, não interferindo politicamente nos assuntos propriamente de natureza estratégica e administrativa de cada uma das armas. É importante ressaltar essa experiência bem-sucedida, especialmente pelas resistências que se esperavam da corporação militar quando da criação do Ministério da Defesa.

Por se tratar de ator social com ampla tradição intervencionista na história política brasileira, a aceitação pelos militares do novo quadro institucional foi bastante positiva, demonstrando que o processo de profissionalização e distanciamento do cenário político das Forças Armadas está mais adiantado do que supunha a bibliografia especializada. Assim, apesar da pequena experiência, é possível vislumbrar que a criação do Ministério da Defesa potencialize uma atuação mais moderna, integrada e racional dos militares, representando um papel mais compatível com a ordem democrática e em sintonia com os novos padrões da administração pública.

Outra significativa inovação institucional, que coloca o Brasil em nível de igualdade com os países mais desenvolvidos, foi a criação da Comissão de Ética Pública, por decreto presidencial de 26 de maio de 1999. Preocupada em combater e inibir práticas deletérias à administração pública, a comissão procura incrementar níveis mais altos de eficiência, controle social e transparência, buscando elevar os padrões éticos da administração pública.

No mesmo sentido e fruto dos trabalhos da Comissão de Ética, foi instituída a quarentena (Medida Provisória nº 2.225-45, de 4 de setembro de 2001), pela qual as mais altas autoridades públicas não poderão exercer atividades profissionais nos primeiros quatro meses depois de exoneradas, evitando o conflito de interesses e a utilização de informações privilegiadas por dirigentes que estejam deixando a administração pública federal.

Com a criação do Código de Conduta da Alta Administração Pública Federal, através do Decreto nº 4.081, de 11 de janeiro de 2002, buscou-se delimitar um padrão de conduta moral para os administradores públicos, estabelecendo uma série de procedimentos que estimulam a transparência e a probidade do gestor público.

Não obstante as dificuldades de implantação de um mecanismo como este, que não necessariamente pune penalmente ou exonera os altos dirigentes, acreditamos que são passos pequenos mas importantes para que a administração pública ganhe um arcabouço institucional moderno e transparente de controle social.

Neste início, mais relevantes do que as conquistas e punições imediatas, são os esforços a serem feitos na tentativa de reforçar essas estruturas de controle social que apontam os padrões éticos e morais recomendáveis e desejáveis para os altos dirigentes. Nesse sentido, seria preciso encontrar um modo de dar mais independência institucional à Comissão de Ética Pública, que atualmente está muito vinculada à Presidência da República. Para desempenhar seu trabalho com mais autonomia, seria desejável um certo afastamento com relação ao chefe do Executivo, que é o responsável pela nomeação da comissão.

Conclusão

A título de conclusão, faremos um resumido inventário de alguns constrangimentos conjunturais e opções políticas equivocadas que acabaram tornando mais difícil o naturalmente tortuoso caminho da reforma administrativa no Brasil. Às dificuldades culturais, históricas e estruturais que apontamos, juntam-se obstáculos que foram impostos pela conjuntura econômica extremamente adversa que marcou os oito anos do governo Fernando Henrique Cardoso.

Uma grande coincidência entre dois episódios desconexos parece caraterizar com precisão os impasses e dificuldades da reforma administrativa: a crise cambial de janeiro de 1999 e o fim do Ministério da Administração Federal e da Reforma do Estado, também naquele mesmo mês.

Acreditamos que um conflito entre o Ministério da Fazenda e o Mare, e posteriormente com o Ministério do Planejamento, Orçamento e Gestão, foi altamente prejudicial à reforma da administração pública. Basicamente, de duas maneiras esse conflito atrasou ou inviabilizou as reformas propostas pelo plano diretor: de um lado, o urgente, relevante e estratégico combate à inflação e a busca dos fundamentos macroeconômicos sugaram as melhores e mais importantes energias do governo Fernando Henrique Cardoso, ofuscando todos os outros objetivos de seu governo; de outro, a necessidade do ajuste fiscal inviabilizou a reforma administrativa, na medida em que ela demandava investimentos públicos, como por exemplo na área de recursos humanos e infraestrutura.

Vários autores[93] têm demonstrado uma espécie de contradição ou antagonismo inevitável entre as lógicas do ajuste fiscal (que inspirou boa parte das reformas administrativas pelo mundo afora) e da reforma administrativa, que na maior parte das vezes requer investimentos e exige um tempo de maturação que são incompatíveis com a racionalidade do ajuste fiscal.

Basicamente, a bibliografia especializada aponta que existe uma assincronia, ou, para empregar um conceito hoje muito utilizado, uma falha sequencial, entre a lógica do ajuste fiscal e as prerrogativas mais elementares da reforma gerencial. Por um lado, o ajuste fiscal requer contenção de gastos, melhores e maiores controles sobre a administração pública e concentração de poder em áreas estratégicas dos ministérios da área econômica. Por outro, as reformas gerenciais implicam flexibilizar a administração, desconcentrar poderes e atribuições, restringir a hierarquia, além de reduzir controles e processos burocráticos. Vejamos como Valeriano Costa expõe, de maneira feliz e condensada, esse perverso *trade-off*:

> Em resumo, as falhas sequenciais ocorreriam porque as reformas atuais exigiriam, contraditoriamente, mais controle fiscal e menos controle gerencial; este seria o "dilema do controle".[94]

Particularmente para os países em desenvolvimento essa contradição é verdadeira, sendo o caso brasileiro bastante emblemático de quão intensas essas lógicas são conflitantes. A necessidade de ajuste fiscal exigiu um rigoroso processo de privatização e um esforço descomunal para gerar crescentes

---

[93] Bressan, 2002; Abrucio, 2002; Martins, 2002.

[94] Costa, 2002:25.

superávits primários a fim de amortizar o pagamento da conta de juros, que cresceu de maneira vertiginosa exatamente no período de implantação da chamada nova gestão pública. É consensual que boa parte dos esforços de implantação da reforma administrativa brasileira foi boicotada ou neutralizada pelos poderosos ministros da área econômica.

Em trabalho recente, Flávio Rezende explora ao máximo essa contradição entre a política de ajuste fiscal e a proposta de reforma gerencial, inclusive apontando os reflexos desse antagonismo dentro do extinto Mare.[95] Segundo o autor, houve uma nítida divisão, dentro desse ministério, entre a Secretaria de Recursos Humanos (SRH) e a Secretaria da Reforma do Estado (SRE). Na medida em que o Mare intensificava os mecanismos de controle sobre os procedimentos de compras governamentais e execução orçamentária e a SRH estabelecia intenso acompanhamento e realizava auditorias sobre a folha de pagamento, ajudando no ajuste fiscal, o Mare obtinha o apoio do núcleo forte do Ministério da Fazenda e da Casa Civil. Por outro lado, a tarefa de reforma institucional, a cargo da SRE, que implicava diminuir os controles e aumentar a autonomia das agências administrativas, sofria a forte e definitiva oposição por parte do núcleo central da Esplanada. De modo geral, o Ministério da Fazenda, apegando-se à experiência da descentralização administrativa empreendida a partir de 1967, desconfiava, com certa razão, que a descentralização não traria ganhos de desempenho nem melhores níveis de *accountability*. Rezende aponta que a preocupação básica do Ministério da Fazenda era que o modelo de agências executivas e organizações sociais poderia implicar diminuição do desempenho e descontrole orçamentário, anulando ou impossibilitando os mecanismos de ajuste fiscal que a área econômica entendia como cruciais para manter o controle sobre a administração pública federal.

A prioridade do governo Fernando Henrique Cardoso sempre foi o ajuste fiscal e o controle da inflação, fazendo da área econômica o grande eixo de gravitação do Executivo. Para demonstrar essa importância, basta lembrar que Fernando Henrique foi eleito e reeleito tendo como plataforma eleitoral o Plano Real. Por isso, o Ministério da Fazenda foi crescendo a cada crise que enfrentava e superava, absorvendo a energia,

---

[95] Rezende, 2004.

os melhores quadros e recebendo o fortalecimento institucional e político necessário para buscar seus objetivos. Assim, todas as outras prioridades do governo tornaram-se relativamente mais secundárias à medida que os indicadores macroeconômicos pioravam, como aconteceu em boa parte do segundo mandato.

Com a reforma administrativa não aconteceu diferente. Apesar de já nascer com pouco prestígio, ela foi sendo paulatinamente abandonada à medida que as crises econômicas e financeiras se iam sucedendo. Essa posição do Palácio do Planalto é bem descrita por Humberto Martins:

> Em relação ao segundo elemento, as funções vitais da burocracia, há duas questões fundamentais na perspectiva presidencial: 1) a crença de que a efetiva administração burocrática não demande transformações estruturais profundas, ou seja, de uma mudança de paradigmas, requer apenas ajustes finos e melhorias localizadas; 2) a crença de que os órgãos vitais da burocracia pública federal (tais como Banco Central, Ministério da Fazenda e Itamarati) já estavam otimizados, tendo bons quadros e marcos institucionais bem definidos.[96]

Por outro lado, e também parte do mesmo problema, a necessidade de ajuste fiscal arrefecia a reforma administrativa na medida em que esta muitas vezes implica aumento de gastos. Na questão dos recursos humanos, a reestruturação e o aumento da remuneração das carreiras do ciclo de gestão foram sistematicamente boicotadas pelo Ministério da Fazenda. Do mesmo modo, a reforma administrativa gerencial requer amplos investimentos em treinamento e formação de servidores, além de exigir grandes investimentos nas áreas de informática e infraestrutura administrativa, o que colidia com prioridades do poderoso ministro Pedro Sampaio Malan. A sua permanência no cargo por oito anos já é uma demonstração de força, haja vista que, em nossa tradição política, a rotatividade de ministros é bem alta, especialmente na área da Fazenda.

A demonstração mais eloquente dessa divergência de prioridades entre o Ministério da Fazenda e o Mare já foi apontada e, pela sua contundência e importância, será novamente destacada: a queda das contratações para o

---

[96] Martins, 2002:217.

serviço público federal. Enquanto as contratações do primeiro mandato totalizaram 46.472 (90,03%), as do segundo não chegaram a 10% do total, ou seja, ínfimos 5.141 servidores admitidos. Esses números não deixam dúvidas de que a reforma administrativa vai perdendo espaço à medida que as necessidades de ajuste fiscal vão crescendo.

Assim, as vicissitudes e dificuldades da área econômica se não inviabilizaram, pelo menos dificultaram muito o naturalmente lento e tortuoso caminho da reforma administrativa no Brasil. Não restam dúvidas de que, ao elencar suas prioridades, o governo Fernando Henrique Cardoso foi impelido a preservar e prestigiar outras áreas que não as voltadas especificamente para a reforma administrativa.

Por outro lado, a situação institucional periférica do Mare, se comparada com os órgãos que empreenderam as reformas administrativas anteriores, é bem significativa, representando parte da explicação para a paralisação da reforma gerencial no período Fernando Henrique Cardoso. Enquanto o Dasp e a Seplan faziam parte do núcleo do governo e estavam fortalecidos nos anos 1930 e 1970, respectivamente, o Mare sempre representou um órgão relativamente marginal na Esplanada dos Ministérios, jamais contando com o apoio incondicional do presidente da República.

Outras questões importantes também explicam as dificuldades encontradas pela reforma administrativa. Em primeiro lugar, um aspecto temporal importantíssimo: as questões macroeconômicas referentes à taxa de inflação, de juros, câmbio etc. requerem atuação imediata e incisiva, em contraste com as questões ligadas à reforma administrativa, que são estruturais, não explodem com virulência ou de maneira definitiva, podendo eternamente ser postergadas e adiadas.

Como mencionado anteriormente, um dos meses mais críticos para o governo Fernando Henrique Cardoso, o famoso janeiro de 1999, que exigiu uma atuação precisa e rigorosa da Fazenda, também foi o mês em que foi extinto o Mare. Parece-nos cristalino que a extinção do Mare contribuiu profundamente para o estancamento da reforma administrativa, que ficou estacionada no meio do caminho. Por vários ângulos as consequências negativas dessa extinção podem ser constatadas: a regulamentação exigida pela EC nº 19 não caminhou; o número de contratações no segundo mandato foi drasticamente reduzido, e não o foi pelo fato de a demanda já estar satisfeita; as reformas na área de gestão estancaram; as carreiras do ciclo de gestão vagarosamente foram esquecidas, distanciando-se das carreiras de auditoria; a única agência executiva, o Inmetro, foi criada no final do primeiro mandato, entre outros.

Para produzir seus melhores frutos, a EC nº 19 precisa de várias regulamentações, que não foram ainda empreendidas. Em parte, atribuímos essa falta de legislação à ausência de um esforço mais coordenado, consistente, institucional e vigoroso que a extinção do Mare deixou de propiciar. Ao contrário do que tem sustentado o ex-ministro Bresser-Pereira, que considera correta a extinção do Mare naquele momento, acreditamos que a força institucional de um ministério criado especialmente para empreender e alavancar a reforma administrativa seria um importante diferencial. Por si só, o rebaixamento de um ministério, que volta a ser uma secretaria, já arrefece a equipe que está mais comprometida e envolvida com o projeto de reforma administrativa. Dessa forma, consideramos um grande equívoco a extinção do Mare, que comprometeu o curso normal da reforma administrativa, deixando-a à deriva no segundo mandato do governo Fernando Henrique Cardoso, inclusive colocando a perder as consideráveis conquistas anteriores.

Por esse raciocínio, entendemos que a extinção do Mare – que, se estivesse minimamente prestigiado, poderia tornar-se uma secretaria ligada diretamente à Presidência da República, e não ao Ministério do Planejamento, Orçamento e Gestão – representa, em alguma medida, a vitória final e definitiva da lógica do controle fiscal sobre a reforma administrativa. Enfim, prevaleceu o entendimento do núcleo forte do governo de que a reforma administrativa, tal como colocada no plano diretor, estava condenada ao fracasso pelas propostas exageradamente ambiciosas, inexequíveis e desencadeadoras de um intenso impacto em toda estrutura estatal.

Como largamente demonstrado,[97] as chances de sucesso da reforma administrativa, tanto em perspectiva com a trajetória histórica da administração pública no Brasil, quanto se comparada com a vasta experiência internacional, aumentam na medida em que ela se torna menos abrangente. Assim, faltou aos reformadores brasileiros uma visão estratégica mais realista,

---

[97] Lima Júnior, 1998; Abrucio, 2002; Costa, 2002.

pragmática e incremental, que deveria advogar uma proposta reformadora baseada nos princípios do gradualismo, focalização precisa e seletividade, além de buscar a multiplicação de pequenos mas consistentes e continuados exemplos bem-sucedidos etc.

Em outro aspecto, a "vitória" dos modelos que não estavam propriamente previstos no plano diretor sugere um agudo problema de coordenação da reforma administrativa, que praticamente tomou seu rumo de forma autônoma em relação aos trabalhos do Mare e, depois, da Seges. A multiplicação de agências reguladoras e Oscips, em detrimento das agências executivas e organizações sociais, aponta no sentido de ressaltar as deficiências políticas e gerenciais na condução da reforma na gestão pública, que ganha autonomia em relação ao plano diretor e aos setores incumbidos de empreendê-la.

Também a saída do ministro Bresser contribuiu para o arrefecimento da reforma, pela perda de um quadro valioso, que demonstrou possuir a garra, a idoneidade e o reconhecimento intelectual de que a reforma administrativa tanto necessita. A sua saída e a extinção do Mare implicaram a desarticulação de uma equipe que estava muito envolvida no projeto de reforma, retirando a vitalidade, a energia e a estrutura institucional que lhe eram fundamentais.

O grande esforço para a flexibilização da estabilidade dos servidores também mostrou-se um equívoco, uma vez que consumiu uma energia brutal e tem produzido frutos imperceptíveis. Através de dois mecanismos, a estabilidade do servidor foi flexibilizada: por excesso de despesas e por insuficiência de desempenho.[98] O fim da estabilidade custou muito caro ao governo, pois enfrentou uma forte resistência organizada dos servidores públicos. A discussão em torno da quebra da estabilidade monopolizou as atenções, intensificou atritos, consumiu o melhor das energias e ofuscou todos os outros aspectos da reforma administrativa. Basicamente, toda a

---

[98] A dispensa de servidor estável por excesso de despesa está prevista no art. 169 da CF/88. O §3º determina que, antes de dispensar servidores estáveis, deve haver um corte de 20% nos cargos em comissão e a demissão dos servidores não estáveis. A Lei nº 9.801, de 14 de junho de 1999, dispõe sobre as normas gerais para perda de cargo público por excesso de despesas.

agenda da reforma foi engolida pela questão da flexibilização, que atraiu a ira dos servidores e prejudicou avanços em áreas tão ou mais importantes para a reforma administrativa. Nesse sentido, acreditamos que teria sido mais estratégico e vantajoso atacar os problemas mais consensuais e com probabilidades melhores de discussão e aprovação, sem antagonizar excessivamente os atores políticos envolvidos.

Dessa forma, se os custos da flexibilização da estabilidade foram altíssimos, os resultados têm sido pífios, para não dizer nulos. Não temos conhecimento de nenhuma experiência considerável de demissão de servidores estáveis por excesso de despesa ou insuficiência de desempenho, em qualquer dos três níveis de governo. Nem mesmo os estados que estão em situação crítica para cumprir as diretrizes impostas pela Lei de Responsabilidade Fiscal vislumbram a possibilidade de demitir servidores estáveis.

Assim, gastou-se uma quantidade enorme de munição para atingir parcos resultados, consumindo energia e recursos que deveriam ser direcionados para outros aspectos também vitais para a reforma administrativa, como a fixação do teto, a regulamentação da distribuição de benefícios aos servidores pela economia de recursos nos órgãos, a regulamentação do processo simplificado de compras para empresas públicas e sociedades de economia mista etc.

É importante ressaltar que o resultado pífio da flexibilização da estabilidade demonstra, inequivocamente, a força da cultura patrimonialista no Brasil, sugerindo que gestores públicos e políticos ainda têm uma visão muito arcaica e clientelista da administração pública, recusando-se a utilizar instrumentos que impliquem descontentar clientelas e grupos políticos organizados. Por esse raciocínio, parece-nos cristalino que a ausência de dispensa não é pela razão de não existirem servidores que apresentam desempenho insatisfatório, ou que as máquinas administrativas públicas estejam enxutas. Entendemos essa atitude exatamente pelo lado contrário: a ausência de dispensa é prova contundente da persistência de práticas patrimonialistas que ainda dominam o ambiente cultural da administração pública no Brasil.

A lógica temporal e a natureza histórica da sociedade também foram muito relevantes no sentido de bloquear a reforma administrativa. Os interesses que ela imediatamente contrariava são os mais organizados da sociedade e a combateram de maneira aguerrida e tempestiva. Por outro lado, seus benefícios são de longa maturação e quase imperceptíveis a curto prazo. Os setores carentes e desorganizados da sociedade, a parcela da população que mais viria a se beneficiar com as reformas, ou desconheceram o projeto de reforma ou lhe emprestaram apenas um apoio discreto.

Por fim, cabe considerar que a reforma administrativa foi em parte inviabilizada pela não aprovação das reformas da previdência e tributária, que não foram atacadas com a vontade política necessária pelo governo Fernando Henrique Cardoso. A reforma tributária poderia trazer uma racionalização do nosso injusto sistema tributário, permitindo aumentar a arrecadação pela diminuição da sonegação e da injustiça tributárias, com a criação de condições mais estruturais e fontes de recursos imprescindíveis para o avanço da reforma administrativa.

Por outro lado, a reforma previdenciária, na medida em que aliviaria a pressão sobre o caixa do Tesouro pelo fim das aposentadorias integrais dos servidores públicos, seria de fundamental importância para alavancar a reforma administrativa. Como a reforma da previdência pública foi sistematicamente barrada, permitindo que o pagamento de inativos consuma cerca da metade da folha de pagamento da União, os recursos financeiros necessários para reformular carreiras, treinar servidores, estruturar a administração e contratar novos quadros ficaram comprometidos com a manutenção de privilégios de um pequeno grupo de servidores aposentados.[99]

No entanto, apesar das desventuras apontadas, além de um certo arrefecimento do ímpeto reformista ao redor do mundo, o tema da reforma da administração pública continuará ainda por muito tempo na agenda nacional. Essa discussão estará presente não por motivos políticos ou ideológicos, mas pela perversa e grave incapacidade da administração de formular e executar políticas públicas, desafiando galhardamente a sociedade, os governos e os partidos. As dificuldades encontradas na área da segurança pública são um retrato fiel e acabado da falência gerencial do Estado, que não consegue sequer impedir que traficantes presos continuem a ditar ordens e celebrar negócios de dentro das penitenciárias, isso na hipótese remota de mantê-los encarcerados.

---

[99] A reforma da previdência foi aprovada pela Emenda Constitucional nº 41, de 19 de dezembro de 2003. Para um entendimento do conteúdo da reforma, ver o adendo ao quarto capítulo.

Assim, por puro pragmatismo, o Brasil está condenado a enfrentar os problemas culturais, institucionais e legais que afligem a administração pública, impedindo que o Estado implante políticas públicas com o mínimo de eficiência e efetividade. O agravante é que o problema da incapacidade gerencial e operacional, ao contrário das crises econômicas, não explode de uma só vez, podendo ser adiado e postergado infinitamente, condenando a população brasileira a suportar um setor público absolutamente injusto e ineficaz.

Referências bibliográficas

ABRAMO, Cláudio Weber. Acesso à informação – um longo caminho a ser trilhado. In: *Transparência e responsabilização no setor público*. Brasília: Ministério do Planejamento, Secretaria de Gestão, 2002.

ABRUCIO, Fernando Luiz. O impacto do modelo gerencial na administração pública. *Cadernos Enap*, Brasília, n. 10, 1997.

_____. *Os barões da Federação*. São Paulo: Hucitec, 1998.

_____. Descentralização e coordenação federativa no Brasil: lições dos anos FHC. In: ABRUCIO, Fernando Luiz; LOUREIRO, Maria Rita (Orgs.). *O Estado numa era de reformas: os anos FHC*. Parte 2. Brasília: Ministério do Planejamento, Secretaria de Gestão, 2002.

AFONSO, Alexandre Borges. Uma avaliação da implantação dos novos modelos. In: *Balanço da reforma do Estado no Brasil*. Brasília: Ministério do Planejamento, Secretaria de Gestão, 2002.

ANASTASIA, Fátima; MELO, Carlos Ranulfo. *Accountability*, representação e estabilidade política no Brasil. In: ABRUCIO, Fernando Luiz; LOUREIRO, Maria Rita (Orgs.). *O Estado numa era de reformas: os anos FHC*. Parte 1. Brasília: Ministério do Planejamento, Secretaria de Gestão, 2002.

ARON, Raymond. *Etapas do pensamento sociológico*. São Paulo: Martins Fontes, 1987.

AVRITZER, Leonardo; NAVARRO, Zander (Orgs.). *A inovação democrática no Brasil*. Rio de Janeiro: Cortez, 2002.

BOBBIO, Norberto. *O marxismo e o Estado*. São Paulo: Graal, 1979.

_____; PASQUINO, Gianfranco; MATTEUCCI, Nicola (Orgs.). *Dicionário de política*. Brasília: UnB, 1986.

BOUDON, Raymond; BOURRICAUD, François (Orgs.). *Dicionário crítico de sociologia*. São Paulo: Ática, 2000.

BRASIL. Presidência da República. *Plano Diretor da Reforma do Aparelho do Estado*. Brasília, nov. 1995.

_____. Ministério do Planejamento, Orçamento e Gestão. Secretaria de Gestão. *A política de recursos humanos na gestão FHC*. Brasília, 2002a. (Coleção Gestão Pública).

_____. Presidência da República. Secretaria de Estado de Comunicação de Governo. *Brasil, a era do real: 1994-2002*. Brasília, 2002b.

_____. Ministério da Fazenda. Secretaria de Política Econômica. *Gasto social do governo central: 2001 e 2002*. Brasília, nov. 2003.

BRESSAN, Silvio. Reforma administrativa. In: LAMOUNIER, Bolívar; FIGUEIREDO, Rubens (Orgs.). *A era FHC*. São Paulo: Cultura, 2002.

BRESSER-PEREIRA, Luiz Carlos. Da administração pública burocrática à gerencial. *Revista do Serviço Público*, ano 47, v. 120, n. 1, jan./abr. 1996.

_____. GRAU, Nuria (Orgs.). *O público não estatal na reforma do Estado*. Rio de Janeiro: FGV, 1999.

CONTI, Sérgio. *Notícias do Planalto*. São Paulo: Cia. das Letras, 1999.

COSTA, Valeriano Mendes Ferreira. A dinâmica institucional da reforma do Estado: um balanço do período FHC. In: ABRUCIO, Fernando Luiz; LOUREIRO, Maria Rita (Orgs.). *O Estado numa era de reformas: os anos FHC*. Parte 2. Brasília: Ministério do Planejamento, Secretaria de Gestão, 2002.

DALLARI, Dalmo de Abreu. *Elementos de teoria geral do Estado*. São Paulo: Saraiva, 1995.

DINIZ, Eli. Governabilidade, *governance* e reforma do Estado: considerações sobre o novo paradigma. *Revista do Serviço Público*, ago. 1996.

DI PIETRO, Maria Sylvia Zanella. *Direito administrativo*. 9. ed. São Paulo: Atlas, 1998.

FAORO, Raymundo. *Os donos do poder*. Porto Alegre: Globo, 1984.

FAUSTO, Boris. *História do Brasil*. São Paulo: Edusp, 1994.

FERNANDES, Andréa. *E-Governo no Brasil*. Trabalho apresentado ao XIII Seminário Regional de Política Fiscal. Santiago do Chile, 22-26 jan. 2001.

FIGUEIREDO, Argelina; LIMONGI, Fernando. *Executivo e Legislativo na nova ordem constitucional*. Rio de Janeiro: FGV, 2000.

FRAGA NETO, Armínio. O futuro do Banco Central. *Folha de S. Paulo*, 10 nov. 2002.

FRANCO, Augusto de. Oscip: o primeiro passo de uma reforma social do marco legal do terceiro setor. In: *Balanço da reforma do Estado no Brasil*. Brasília: Ministério do Planejamento, Orçamento e Gestão, 2002.

HOBSBAWM, Eric. *A era das revoluções*. 2. ed. São Paulo: Paz e Terra, 1979.

IBGE. *Perfil dos municípios brasileiros*. Pesquisa de Informações Básicas Municipais. Gestão Pública – 2001. out. 2003.

LIJPHART, Arend. *Modelos de democracia*. Rio de Janeiro: Civilização Brasileira, 2003.

LIMA JÚNIOR, Olavo Brasil de. As reformas administrativas no Brasil: modelos, sucessos e fracassos. *Revista do Serviço Público*, ano 49, v. 122, n. 2, 1998.

LOUREIRO, Maria Rita; ABRUCIO, Fernando. As reformas fiscais no Brasil recente: gradualismo, negociação e *accountability*. In: *Balanço da reforma do Estado no Brasil*. Brasília: Ministério do Planejamento, Secretaria de Gestão, 2002.

MAINWARING, Scott. *Sistemas partidários em novas democracias: o caso do Brasil*. Porto Alegre: Mercado Aberto; Rio de Janeiro: FGV, 2001.

MAQUIAVEL, Nicolau. *O príncipe*. 5. ed. São Paulo: Nova Cultural, 1991.

MARSHALL, Thomas. *Cidadania, classe social e* status. Rio de Janeiro: Zahar, 1967.

MARTINS, Humberto Falcão. A ética do patrimonialismo e a modernização da administração pública brasileira. In: MOTTA, Fernando; CALDAS, Miguel (Orgs.). *Cultura organizacional e cultura brasileira*. São Paulo: Atlas, 1997.

_____. Reforma do Estado e coordenação governamental: as trajetórias das políticas de gestão pública na era FHC. In: ABRUCIO, Fernando Luiz; LOUREIRO, Maria Rita (Orgs.). *O Estado numa era de reformas: os anos FHC*. Parte 1. Brasília: Ministério do Planejamento, Secretaria de Gestão, 2002.

MARTINS, Luciano. Reforma da administração pública e cultura política no Brasil: uma visão geral. *Cadernos Enap*, Brasília: Escola Nacional de Administração Pública, 1997.

MEIRELLES, Hely Lopes. *Direito administrativo brasileiro*. São Paulo: Malheiros, 1996.

MELO, Marcus André. As agências regulatórias: gênese, desenho institucional e governança. In: ABRUCIO, Fernando Luiz; LOUREIRO, Maria Rita (Orgs.). *O Estado numa era de reformas: os anos FHC*. Parte 2. Brasília: Ministério do Planejamento, Secretaria de Gestão, 2002.

MERCHIOR, José Guilherme. *O liberalismo – antigo e moderno*. Rio de Janeiro: Nova Fronteira, 1991.

METTENHEIM, Kurt von. A presidência brasileira e a separação dos poderes (1988-2002). In: ABRUCIO, Fernando Luiz; LOUREIRO, Maria Rita (Orgs.).*O Estado numa era de reformas: os anos FHC*. Parte 1. Brasília: Ministério do Planejamento, Secretaria de Gestão, 2002.

MICHELS, Robert. *Sociologia dos partidos políticos*. Brasília: UnB, 1982.

MOTTA, Fernando Prestes; CALDAS, Miguel (Orgs.). *Cultura organizacional e cultura brasileira*. São Paulo: Atlas, 1997.

NICOLAU, Jairo Marconi. *Multipartidarismo e democracia*. Rio de Janeiro: FGV, 1996.

OLSON, Mancur. *A lógica da ação coletiva*. São Paulo: Edusp, 1999.

OSBORNE, David; GAEBLER, Ted. *Reinventing government*. Massachusetts: Addinson-Wesley, 1992.

OS PENSADORES (Coleção). São Paulo: Abril, 1979. (Jefferson; Federalistas; Paine; Tocqueville).

PEREIRA, Adaílton Vieira. *Experiências inovadoras do estado de Minas Gerais.* 1º Fórum Nacional do Sistema de Serviços Gerais. Brasília, set. 2002.

PERROW, Charles. *Análise organizacional, um enfoque sociológico.* São Paulo: Atlas, 1981.

PRZEWORSKI, Adam. *Capitalismo e social-democracia.* São Paulo: Cia. das Letras, 1989.

REZENDE, Fernando; CUNHA, Armando. *Contribuintes e cidadãos: compreendendo o orçamento federal.* Rio de Janeiro: FGV, 2002.

_____; _____ (Orgs.). *O orçamento público e a transição do poder.* Rio de Janeiro: FGV, 2003.

REZENDE, Flávio da Cunha. As reformas e as transformações no papel do Estado: o Brasil em perspectiva comparada. In: ABRUCIO, Fernando Luiz; LOUREIRO, Maria Rita (Orgs.). *O Estado numa era de reformas: os anos FHC.* Parte 1. Brasília: Ministério do Planejamento, Secretaria de Gestão, 2002.

_____. *Por que falharam as reformas administrativas?* Rio de Janeiro: FGV, 2004.

RODRIGUES, Leôncio Martins. *Partidos, ideologia e composição social.* São Paulo: Edusp, 2002.

ROUSSEAU, Jean-Jacques. *Do contrato social.* 5. ed. São Paulo: Nova Cultural, 1991.

SANTANA, Angela. Agências executivas e agências reguladoras. In: *Balanço da reforma do Estado no Brasil.* Brasília: Ministério do Planejamento, Secretaria de Gestão, 2002.

SANTOS, Wanderley Guilherme dos (Org.). *Votos e partidos. Almanaque de dados eleitorais: Brasil e outros países.* Rio de Janeiro: FGV, 2002.

SCHWARTZMAN, Simon. *Bases do autoritarismo brasileiro.* Rio de Janeiro: Campus, 1988.

SOMARRIBA, Mercês; DULCI, Otavio. A democratização do poder local e seus dilemas: a dinâmica atual da participação popular em Belo Horizonte. In: *Reforma do Estado e democracia no Brasil.* Brasília: UnB, 1997.

TORRES, Marcelo Douglas de Figueiredo. *Para entender a política brasileira.* Rio de Janeiro: FGV, 2002.

VILHENA, Renata. Governo eletrônico: transparência e interface com o cidadão. In: *Balanço da reforma do Estado no Brasil*. Brasília: Ministério do Planejamento, Secretaria de Gestão, 2002.

VIOL, Andreia Lemgruber. *O fenômeno da competição tributária: aspectos teóricos e uma análise do caso brasileiro*. [s.d.]. IV Prêmio de Monografia do Tesouro Nacional. ms.

WEBER, Max. *Economy and society*. New York: Bedminster, 1968.